WISCONSIN

MARY RELINDES ELLIS

WISCONSIN

roman traduit de l'américain
par Isabelle Maillet

BUCHET • CHASTEL

Titre original :
The Turtle Warrior

This edition published by arrangement with Viking Penguin,
a member of Penguin Group (USA) Inc.

7, rue des Canettes – 75006 Paris
ISBN 978-2-283-02162-0

Pour mon frère
Paul Alexander Ellis

À l'abri des nouvelles au bord de la rivière

Quand les étoiles se cacheront dans la lumière avant l'aurore
Quand les rousserolles chasseront le long du ruisseau
Quand les truites monteront rejoindre leur ombre
Quand la lumière laiteuse s'écoulera à travers les branches
Et se teintera de sang
Les hommes s'éveilleront

Dans une heure ce sera l'été
J'ai rêvé que le ciel dévorait la terre
À mon réveil il n'en est pas ainsi
Ce n'est pas le ciel
Je ne saurais déplorer les meurtres du troglodyte
Ni les dîners du blaireau
Dont dépend tout l'équilibre du monde
Si je n'étais pas un homme je n'aurais honte de rien

W. S. Merwin

Octobre 2000

Posté près du lampadaire de jardin, il consulta sa montre. Il était huit heures du soir et il ne voulait pas attendre plus longtemps, au risque de les inquiéter. Il alluma et éteignit la lumière une première fois puis renouvela la manœuvre quelques secondes plus tard. Allumer, éteindre. C'était un signal destiné à son jeune voisin, indiquant que tout allait bien à la ferme des Morriseau. Un rituel nocturne.

Il faisait sombre et froid, mais, au lieu de rentrer, il s'appuya contre le fût du lampadaire. C'était de nouveau l'automne, la saison où les souvenirs de son père étaient le plus vivaces. Celui-ci était mort depuis cinquante ans ; Ernie, lui, en avait maintenant soixante-seize. L'automne le rendait plus conscient de sa condition mortelle, et pourtant chaque année sa poitrine se gonflait d'excitation, le changement à venir réveillait ses sens. Il percevait avec une acuité particulière l'odeur piquante de l'écorce humide et des feuilles mouillées, la senteur âpre des pins, la fertilité parcheminée de l'herbe desséchée. Les feuillages déclinant toutes les nuances du feu, que la première tempête d'octobre emporterait comme de la fumée. L'étonnante beauté des branches nues dressées vers le ciel, comme s'il les avait déshabillées pour les mettre au lit.

L'automne lui permettait brièvement d'occulter son âge et de se complaire dans le souvenir d'avoir été un enfant tardif, choyé tel un trésor. Il avait aimé et respecté sa mère et son père ; il avait été le fruit et le témoin d'une union extraordinaire. Cependant, en essayant de se conformer à l'idée qu'il se faisait d'un bon fils, d'un citoyen du monde, il avait pris des décisions – certaines inévitables mais d'autres malavisées – qui avaient blessé ses parents, leur causant inquiétude et souffrance. Il n'avait pas été assez attentif. Le soir, il n'avait écouté que d'une oreille distraite son père lui raconter histoires et anecdotes pendant qu'ils effectuaient les travaux de la ferme – des récits de la vie qu'il avait connue dans la réserve, des légendes expliquant pourquoi la lune était pleine une fois par mois, pourquoi les oiseaux volaient vers le sud ou comment avaient été créés les papillons. Il entendait ses parents parler l'ojibwé – qui aurait dû être sa première langue – et il les comprenait. Mais Ernie n'en connaissait plus aujourd'hui qu'une demi-douzaine de mots, car ceux de sa génération n'avaient pas le droit de s'exprimer dans leur langue natale à l'école. S'il l'avait écoutée plus sérieusement, s'il l'avait apprise, peut-être aurait-il pu résoudre l'énigme que son père lui avait involontairement léguée et qui le troublait depuis des années.

Ce jour-là, partis chasser le cerf, ils s'étaient arrêtés pour se désaltérer et manger leurs sandwichs.

« Le printemps, avait brusquement dit son père en contemplant la cime des arbres, est la saison des femmes et de la naissance. L'automne est la saison des hommes et de la chasse. »

Ernie, alors âgé de seize ans, n'avait pas pensé à lui demander des éclaircissements, mais ces paroles étaient suffisamment singulières pour rester gravées dans sa mémoire.

En 1944, il était rentré de la guerre dans le Pacifique depuis deux semaines et venait de se marier quand son père avait eu une première attaque. Au lieu de partir en voyage de noces, sa femme et lui avaient soudain dû assumer la responsabilité de la ferme familiale d'Ernie à Olina et prendre en charge ses parents âgés. Durant les longues journées de travail, le temps semblait toujours manquer pour aborder des sujets autres que les considérations d'ordre pratique. De toute façon, Ernie hésitait ; il avait peur de bouleverser son père en le forçant à parler alors que celui-ci avait déjà le plus grand mal à formuler ses désirs et besoins les plus vitaux. Pourtant, les soins dont sa bru entourait le vieil homme et la patience dont elle faisait preuve pendant ses séances quotidiennes de rééducation semblaient presque lui rendre des forces. Malheureusement, au moment même où il paraissait sur le point de recouvrer sa capacité de parler et de marcher sans aide, il avait succombé à une seconde attaque dans son sommeil.

Ernie avait rapporté à sa mère les propos paternels deux ans plus tard, peu avant qu'elle ne disparaisse à son tour, espérant qu'elle pourrait en déchiffrer le sens. Mais son visage d'ordinaire jovial s'était chiffonné sous l'effet de la perplexité.

« Je ne vois pas. »

Elle avait secoué la tête.

« Non, je ne vois pas ce qu'il a voulu dire. »

Il aurait donné n'importe quoi pour pouvoir parler de nouveau à son père. Lui demander s'il avait vraiment compris le sens de cette phrase : les femmes appartenaient à la vie, les hommes à la mort – et les hommes tuaient à l'automne ce que les femmes avaient mis au monde au printemps. Même si elle n'était pas à prendre au sens littéral, la métaphore n'en restait pas moins terrifiante.

Il fourra ses mains nues dans les poches de sa veste puis leva les yeux vers le ciel piqueté d'étoiles. Un frisson le parcourut. La vieillesse n'apportait pas la paix. Le nouveau millénaire ne signifiait rien à ses yeux. Sa femme et lui s'étaient couchés de bonne heure le soir du nouvel an, indifférents à la peur nationale d'un attentat à la bombe, du terrorisme frappant à l'aveuglette. Ils n'avaient pas, comme certains de leurs voisins, constitué des réserves d'eau minérale, accumulé des boîtes de conserve, acheté d'énormes générateurs électriques ou transformé leur sous-sol en bunker. Ils avaient simplement dormi, se sachant de toute façon impuissants à modifier le cours des événements.

Sa main droite jouait avec le mouchoir au fond de sa poche. S'il avait bien appris une vérité dans la vie, c'était celle-ci : poser une question pouvait se révéler le plus rebelle des actes et aussi le plus indispensable ; laisser subsister les non-dits pouvait faire du mal, à soi comme aux autres.

Il en éprouvait chaque jour le goût, comme s'il avait croqué le fruit du clavalier. La brusque intrusion dans sa bouche d'une saveur acide avant qu'elle n'engourdisse ses gencives et sa langue. Même l'eau semblait incapable de la chasser.

L'amertume.

Juin 1967

Bill eut l'impression qu'on le poussait du coude lorsque les pétards explosèrent entre les mâchoires de la tortue-alligator, comme pour l'inciter à se rappeler ce moment et la sensation de nausée dans son estomac. Il vit James, son grand frère, et Terry, le meilleur copain de son frère, éclater de rire devant la gueule béante de la tortue et ses mâchoires mutilées. La main de James serrait une bière Pabst. Le filet de sang qui s'échappait de son pouce blessé striait le ruban bleu de la bouteille brune et gouttait sur la berge sableuse de la Chippewa, près du vieux pont de l'exploitation forestière, où se tenaient les trois garçons.

« La vache ! Cette putain de bestiole a failli m'arracher le pouce ! »

James se mit à lécher la plaie.

« Hé, suce pas ton sang, c'est dégueulasse ! » s'écria Terry, retroussant les lèvres en une moue de dégoût.

Il avala à son tour une gorgée de bière.

« Ah ouais ? Ben, suce-le, toi ! répliqua James en lui tendant son doigt rougi.

– Lâche-moi ! J'suis pas un vampire ! »

James s'avança vers Terry et lui fourra son pouce sous le nez, l'amenant à reculer gauchement. Les deux grands se bousculèrent sur la rive, criant et riant de plus belle.

Bill les regarda chahuter quelques instants avant de reporter son attention sur la tortue. C'était une grosse femelle. Elle progressait laborieusement en direction de la rivière, enfonçant ses griffes dans le sable pour se déplacer. De sa mâchoire inférieure pendante se détachaient de petits lambeaux de chair. Soudain, elle s'immobilisa et posa la tête sur le sable en produisant un son étrange. Il ne ressemblait pas au cri que poussent beaucoup de bêtes lorsqu'elles souffrent ; il s'agissait plutôt d'une sorte de grognement angoissé. Bill sentit les larmes lui monter aux yeux.

Pour lui, les tortues-alligators étaient à part. Rien ne les rapprochait des humains ni des autres animaux. Ni même de leurs cousines les tortues-boîtes et les tortues bourbeuses. Parfois couvertes d'algues, de vase ou encore d'une sorte de mousse, elles paraissaient à la fois repoussantes, pleines de sagesse et très, très vieilles. L'association de ces caractéristiques leur conférait une beauté insolite, une magnificence étrange qui enchantait Bill. C'étaient sans doute les créatures les plus proches du dragon qu'il connaîtrait jamais. Incapables de se mouvoir rapidement, elles devaient cependant leur nom à leur faculté de propulser leur tête vers une proie qu'elles emprisonnaient entre des mâchoires impossibles à desserrer. Bill aimait bien poser ses pieds nus sur les carapaces des tortues dont sa mère s'était servie pour préparer une soupe et sentir sous ses orteils les aspérités sur la surface semblable à du cuir. Comme la plupart de leurs congénères, les tortues-alligators possédaient une carapace non pas ronde mais ovale, dont certaines se distinguaient par une longue crête transversale allant de l'ouverture de la tête à celle de la queue. Bill en avait choisi une particulièrement imposante avant de demander à son frère de percer un trou à droite et à gauche dans la partie la plus large, censée protéger la peau sensible entre les pattes de devant et celles de derrière. Il avait ensuite tendu une corde à l'intérieur. Ainsi, il pouvait glisser son bras gauche dans la carapace transformée en bouclier.

Ses petits pieds dansaient et sautillaient autour de ses ennemis imaginaires sur la terre durcie de la cour de ferme. Pour ne pas se laisser aveugler par le soleil, il brandissait haut son bouclier au pourtour irrégulier. Il l'utilisait rarement pour se protéger le visage et la poitrine. Son épée fendait l'air si vite qu'il n'avait même pas le temps d'apprendre le nom de ses ennemis avant qu'ils meurent. Eux, en revanche, connaissaient le sien. Bill s'imaginait qu'ils l'avaient surnommé le Guerrier-Tortue et, à l'aide de l'épée en bois fabriquée par James, il leur transperçait la poitrine et leur pourfendait le cœur. Il savait que les tortues-alligators ne craignaient pratiquement rien ni personne. Alors, se disait-il, le Guerrier-Tortue ne craignait rien ni personne non plus.

La bête blessée s'ébranla de nouveau. Bill la saisit par l'arrière de sa carapace pour l'éloigner de l'eau. Une grande tache de sang s'étalait à l'endroit où elle avait posé la tête. Il ignorait pourquoi il la retenait ; qu'elle soit immergée ou à l'air libre n'avait plus aucune importance, puisqu'elle était perdue de toute façon. Privée de ses puissantes mâchoires en forme de bec, elle ne pourrait plus attraper de poissons ni manger de charognes ou n'importe quelle autre nourriture offerte par la rivière. Quatre pétards l'avaient condamnée à mourir de faim. La tortue grogna de nouveau. Conscient de son impuissance, Bill se contenta de la regarder se traîner vers la Chippewa.

James gardait son jeune frère en ce jour de juin, une semaine tout juste après le début des vacances scolaires. Il faisait bon mais pas encore chaud, et James venait de terminer ses corvées à la ferme quand son copain Terry Baker était arrivé.

« M'man ? avait-il appelé en passant la tête dans l'entrebâillement de la porte. J'ai fini mon boulot. Je peux aller pêcher avec Terry ? »

Leur mère, tout à sa vaisselle, ne s'était pas retournée en entendant la voix de son aîné. Bill, assis à la table de la cuisine devant un verre de lait, avait vu Terry, derrière James, lui taper sur l'épaule.

« La bière », avait-il articulé en silence.

Il s'était fendu d'un grand sourire en haussant les sourcils à la manière de Groucho Marx.

« Seulement si tu emmènes Bill », avait répondu leur mère, toujours de dos.

Enfin, elle s'était détournée de l'évier. Claire Lucas avait des yeux bruns cernés d'ombres bleuâtres qui les faisaient paraître immenses. Les coins de sa bouche s'affaissaient et la pâleur de ses lèvres était rehaussée par les traces de rouge subsistant sur leurs contours. Tout en s'essuyant les mains sur le torchon glissé dans la ceinture de son tablier bleu, elle avait regardé James. Bill, qui n'avait aucune envie d'accompagner son frère et Terry, s'était cependant abstenu de protester ; au lieu de quoi, il avait distraitement contemplé les mains maternelles desséchées, pareilles à des pelures d'oignon. S'il pleurnichait, elle risquait de le gifler devant les grands. La brûlure sur sa peau disparaîtrait mais la honte et l'odeur de l'eau de vaisselle s'attarderaient longtemps. Enfin, James avait hoché la tête à contrecœur et Bill s'était laissé glisser de sa chaise pour le suivre dehors.

« Rentrez avant le dîner, compris ? » avait encore crié leur mère.

Après avoir parcouru environ cinq cents mètres sur la piste

de terre battue qui partait de la ferme des Lucas, James s'en était pris à son cadet, qu'il avait secoué comme un prunier.

« T'avise pas de raconter à m'man qu'on boit de la bière, ou sinon on te fait passer encore une fois par-dessus le parapet. Sauf que ce coup-ci, on te lâchera ! avait-il ajouté en approchant son visage de celui de Bill.

– Je dirai rien. Promis. »

Du coin de l'œil, Bill avait vu le copain de son frère esquisser un sourire narquois. Il détestait Terry, son haleine qui puait la cigarette et ses grandes dents de castor. Il ne se rappelait que trop bien la vue des rochers déchiquetés en contrebas et le bourdonnement du sang dans ses oreilles quand James et son copain, sur le pont couleur de rouille, l'avaient suspendu dans le vide en le retenant par les chevilles. Il ne les pensait pas vraiment capables de le laisser tomber, mais comme ils avaient bu ce jour-là aussi, leur prise n'était pas aussi ferme qu'elle aurait dû l'être. À un certain moment, alors que Bill croyait ses tympans sur le point d'exploser sous la pression du sang dans ses oreilles, il lui avait semblé que la rivière lui faisait signe. Elle projetait vers lui ses bras liquides lorsque le courant rapide frappait les rochers et il en sentait les éclaboussures sur son visage. Il s'était dit qu'elle allait lui saisir la tête et l'arracher du reste de son corps. Mais pour finir, James et Terry l'avaient hissé par-dessus le parapet et balancé sans ménagement sur la route. Les deux grands s'étaient esclaffés quand leur malheureuse victime avait frénétiquement mouliné des bras avant d'atterrir sur le gravier.

« C'est un oiseau ! C'est un avion ! C'est... c'est... c'est Billy Babouin ! » avaient-ils braillé à l'unisson en se tordant de rire.

Alors que Bill essayait de reprendre son souffle et de rassembler ses esprits, il avait vu James recouvrer peu à peu son sérieux. Enfin, son aîné avait posé sa bouteille de bière et s'était approché de lui, l'air effrayé, avant de le remettre debout en l'attrapant rudement sous les aisselles. Bill avait alors compris que James ne l'aurait jamais lâché. Ce qu'il ne s'expliquait pas, c'était ce qui avait bien pu le pousser à le suspendre dans le vide.

James ne le maltraitait jamais, autrefois. Mais maintenant qu'il était plus vieux, et surtout lorsqu'il traînait avec Terry et ses autres copains, il entrait dans des phases de cruauté impitoyable. Lorsque Bill se retrouvait au milieu de leur bande, il se sentait submergé par la malveillance aveugle de son aîné. Dans ces moments-là, James semblait oublier qu'il avait un petit frère et même qu'il l'aimait. Sa mâchoire saillante se crispait, les muscles se contractaient le long de l'os. Son visage tout entier se figeait comme si l'hiver l'avait recouvert d'une croûte de glace. Pourtant, Bill cherchait toujours refuge auprès de lui quand leur père avait trop bu et que la colère chagrine de leur mère emplissait la maison.

La tortue avait presque atteint la rivière lorsque Terry s'écria : « Hé ! Faut pas la laisser s'échapper ! »

Les deux grands coururent le long de la berge. James attrapa la tortue par sa queue épaisse et dure, puis la tira en arrière tandis qu'elle labourait le sable de ses griffes. Il l'immobilisa d'un pied posé sur sa carapace.

« Qu'est-ce que tu vas en faire ? » demanda Terry.

James baissa les yeux vers l'animal en mâchonnant d'un air absent une tige de fléole des prés.

« P'têt la ramener chez nous. M'man pourra s'en servir pour la soupe.

– T'as plus de pétards ? On pourrait lui en fourrer de l'autre côté », suggéra Terry d'un ton enjoué.

Horrifié, Bill serra les fesses. Voir James et Terry à l'œuvre la première fois lui avait amplement suffi.

Ils avaient repéré la grosse tortue-alligator alors qu'elle descendait vers la rivière après avoir déposé ses œufs. James l'avait d'abord agacée avec un bout de bois gros comme ses poignets, puis il avait eu l'idée d'utiliser les pétards. Il s'était redressé, et de la poche arrière de son Levi's il avait sorti un paquet de tubes rayés rouge et blanc aussi fins que des cigarettes.

« Dis pas non plus à m'man que j'ai ces trucs-là », avait-il averti Bill, les yeux légèrement injectés de sang après ses quatre bières.

James avait encore provoqué la tortue avec son bâton ; soudain, elle avait propulsé sa tête vers l'avant et sa gueule avait failli se refermer sur le morceau de bois agité devant elle. Enfin, elle l'avait mordu et agrippé. La taille du bâton la forçant à garder les mâchoires écartées, Terry en avait profité pour insérer six pétards dans les interstices. James avait craqué une allumette sur son ceinturon en métal avant de se pencher pour les allumer. La tortue l'avait pris au dépourvu en lâchant brusquement prise pour s'attaquer à lui. Elle lui avait entaillé une bonne partie du pouce et, sans les pétards dépassant de sa gueule, elle aurait pu lui infliger une blessure plus profonde, voire lui trancher le doigt.

« Nom de Dieu ! »

Il avait retiré sa main. Au même moment, les pétards avaient explosé. Bill avait machinalement levé un bras pour se protéger le visage. Quand la fumée s'était dissipée, quelques secondes plus tard, son estomac s'était soulevé à la vue des dégâts causés par la petite explosion.

« Non ! »

Bill fut le premier surpris par son propre cri de protestation.

« Vous aimeriez qu'on vous bousille le cul, vous ? »

Plutôt que de s'adresser à Terry, il regardait son frère. Il l'avait déjà vu faire des choses cruelles, mais jamais rien d'aussi horrible. James ramassa sa bière, puis garda le bras loin de son corps, comme s'il n'arrivait pas à croire que ce membre puisse lui appartenir. Il semblait choqué par la vue du sang dégoulinant de son pouce, qu'il s'efforça de replier en travers de l'étiquette de la bouteille. La tortue n'avait réussi qu'à sectionner la chair et les veines, pas l'os ni les tendons qui lui permettaient de remuer le doigt.

« Tu… tu l'as mérité ! cria de nouveau Bill, tellement furieux qu'il sentait sa salive s'accumuler sur sa langue, formant un flot d'écume. Elle t'avait rien fait ! »

Les lèvres de son frère s'entrouvrirent et il soutint le regard de son cadet. Puis il laissa retomber mollement son bras le long de son flanc en reportant son attention sur la tortue. Lorsque celle-ci grogna, la honte empourpra le visage de James. Mais au lieu d'éprouver de la compassion pour son aîné, Bill redoubla de fureur :

« T'es qu'un… un… »

Il chercha les mots justes, les pires gros mots qu'il ait jamais entendus. Des mots qui damneraient son frère.

« Espèce… de… putain… de… salaud !

– Hé, tu vas le laisser te parler comme ça ? » lança Terry, incrédule.

Comme James contemplait toujours son frère en silence, Terry fit volte-face et, ouvrant sa grande bouche aux dents jaunies par le tabac, il se mit à hurler :

« Sale petit con ! C'est qu'une foutue tortue ! »

Bill recula aussitôt, devinant que Terry allait essayer de l'attraper. Ce dernier avait des paumes calleuses et des doigts boudinés aussi jaunes que ses dents. Déjà, il tendait les bras vers lui, prêt à le plaquer sur le sable près de la tortue.

« Dégage ! »

James, émergeant brusquement de sa torpeur, repoussa son copain.

« Moi, j'ai le droit de cogner mon frangin si ça me chante, mais pas toi. »

L'air renfrogné, Terry escalada la berge abrupte jusqu'à la route, donnant de temps à autre un coup de botte dans le sable.

« Écoute, dit James en se penchant vers Bill. Je regrette, OK ? Je suis désolé. C'était vraiment con de faire ça », ajouta-t-il dans un chuchotement rauque, lui soufflant au visage des relents aigres de bière.

Du dos de sa main valide, il s'essuya les yeux.

« File-moi ton foulard, je vais m'en servir comme pansement », reprit-il d'une voix incertaine.

Bill sortit de sa poche son bandana et le lui donna. James enveloppa son doigt dans le tissu rouge avant de se pencher pour attraper la tortue par la queue.

« Je peux pas revenir en arrière, c'est trop tard. Quand on sera rentrés, je l'achèverai d'un coup de fusil pour qu'elle souffre plus. Si m'man peut la cuisiner, elle sera pas perdue.

– Elle va deviner ce qui s'est passé, répondit Bill d'un ton hésitant.

– Je sais. Mais toi, tu lui dis rien. C'est à moi de le faire. Je lui raconterai. La ramène pas pour la bière, c'est tout. »

James leva la tête vers la route où Terry l'attendait.

« Bon, on y va, ou sinon m'man sera vraiment en rogne. Mais t'adresses plus la parole à Terry, d'accord ? J'ai pas envie qu'il te colle une raclée. »

Bill hocha la tête.

Son frère gravit la berge pentue. La tête de la tortue ballottait juste au-dessus du sol et le sang dégoulinant de ses mâchoires éclaboussait le jean de James. Bill lambina, attendant que les deux grands prennent de l'avance. Il jeta un coup d'œil à la rive : des bouteilles brunes étaient disséminées dans l'herbe et, à certains endroits, des taches rouges constellaient le sable griffé. Son regard se porta vers la surface mouvante de la rivière. *On n'est même pas allés pêcher.* Sa mère s'apercevrait-elle qu'ils avaient quitté la maison sans cannes ni moulinets ou qu'ils revenaient sans poissons ? Songeur, il rejoignit la route à son tour.

Il était toujours à la traîne derrière son frère et Terry, désormais à une bonne quinzaine de mètres de lui, lorsque ceux-ci atteignirent la route de gravier menant à la ferme des Lucas. Bill entendait le son de leurs voix graves ponctué d'un rire de temps à autre mais il ne distinguait pas leurs paroles. À aucun moment James ne se retourna pour voir si son cadet les suivait. Bill en profita pour l'examiner tout à loisir, tandis que ses baskets noires montantes soulevaient de petits tourbillons de poussière brune.

Le soleil déclinait lentement à l'horizon. Bill aurait préféré que James et Terry ne soient pas devant lui. S'il avait été tout seul, armé de son bouclier et de son épée en bois, il aurait combattu ses ennemis ici même, mettant à profit la lumière éblouissante de l'après-midi et le fossé herbeux le long de la chaussée. Et après le combat, une fois ses adversaires vaincus gisant sur le gravier, il serait retourné au bord de la Chippewa, où il aurait plongé pour rejoindre les autres guerriers-tortues dissimulés sous les feuilles de nénuphar. Lui seul était spécial, cependant : il pouvait garder sa forme humaine et vivre sous l'eau ou à l'air libre.

James et Terry s'étaient mis à chanter « *My baby does the hanky panky* ». Ils entonnèrent ensuite une chanson d'Elvis Presley dont Bill ne connaissait pas le titre. Il savait que c'était une chanson d'Elvis Presley parce que James la chantait tout le temps. En les regardant faire jaillir des nuages de poussière à hauteur de leurs genoux, Bill se rendit compte à quel point ils essayaient de ressembler au King. Ils avaient la même coiffure : cheveux enduits de brillantine, peignés en arrière, relevés sur les côtés et rassemblés sur la nuque pour former une pointe. Tous deux portaient des T-shirts blancs aux manches retroussées jusqu'aux épaules et Terry avait logé un paquet de Camel dans le revers de sa manche droite.

« Le toubib a dit qu'il avait les poumons tout noirs à force de cloper », avait un jour confié James à son frère. Par la suite, chaque fois qu'il voyait Terry, Bill ne pensait qu'à la haine qu'il lui inspirait et à ces poumons noirs racornis, réduits à la taille de champignons séchés.

Le regard de Bill descendit vers les jambes des deux copains. Ceux-ci arboraient des jeans Levi's sur des bottes noires de rocker pour compléter la panoplie Presley. Mais James ressemblait plus à Elvis que Terry, et, quand il s'en aperçut, Bill sentit son cœur se gonfler de fierté. Son frère avait des cheveux noirs soyeux et les yeux de leur mère, brun foncé. Il savait faire pivoter ses hanches et se hausser sur la pointe des pieds en resserrant ou desserrant les genoux d'une manière provocante, comme son idole. Pour chanter, il prenait une voix encore plus grave qu'à l'accoutumée, faisant remonter les notes du fond de sa gorge à la manière du King, en brandissant un vieil épi de maïs jauni en guise de micro.

Cette année-là, en 1967, les Beatles avaient déjà envahi les États-Unis mais le temps stagnait si obstinément dans la communauté d'Olina, six cents habitants, qu'ils auraient pu tout aussi bien ne pas exister. Le phénomène ne concernait pas seulement Olina, du reste, mais tout le nord du Wisconsin. James ne jurait que par Elvis, Roy Orbison et Jerry Lee Lewis. Quelquefois aussi il écoutait le Big Bopper, Ritchie Valens et Buddy Holly. Il passait leurs albums tellement souvent – la musique s'échappant à plein volume du fenil où leur mère avait relégué le tourne-disque – que Bill connaissait toutes les paroles et les chantait en combattant ses ennemis dans la cour.

Il entonnait *Don't Be Cruel* et levait haut son épée en bois. Plaf ! Un ennemi de moins. Il enchaînait avec *Love Me Tender*, le plus fort possible, sans se soucier de la mélodie, accélérant le rythme à mesure qu'il décapitait les têtes violettes des chardons près du poulailler. Il braillait les paroles de *Great Balls of Fire* en imaginant que leur chien bâtard, Beans, était un de ses pires ennemis, et il le poursuivait sans relâche autour de la ferme, parfois même jusque dans les champs. Quand il commençait à se lasser de ses jeux guerriers, il fredonnait *Blue Angel* assis sur la clôture derrière la grange où le chien s'était réfugié pour se reposer, la langue pendante, les yeux rivés sur son jeune tourmenteur.

Un jour où James dansait dans le fenil pendant que son cadet guerroyait et s'égosillait en bas, dans la remise à outils, leur père, fou de rage, avait déboulé à l'angle de la grange. Il avait ouvert la grande porte coulissante rouge en hurlant vers le fenil :

« C'est pas un peu fini, cette musique de sauvages ? Arrête ça, t'entends ? Arrête ça tout de suite ! »

Là-dessus, il s'était engouffré dans la remise, où il avait arraché l'épée des mains de Bill avant de le traîner par le bras jusque dans la cour. Tandis que son plus jeune fils tremblait comme une feuille, John Lucas avait jeté l'arme improvisée dans le champ voisin.

« Toi, je te conseille d'arrêter de rêvasser et de te rendre utile ! » avait-il hurlé en le soulevant par le col de sa chemise. Le bras de Bill pendait à l'intérieur de la carapace-bouclier. Il retenait son souffle. Son père puait l'huile de moteur, la sueur et le whisky Jim Beam. Enfin, John Lucas l'avait relâché pour retourner d'un pas tout aussi rageur vers le tracteur qu'il était censé réparer derrière la grange.

« Merde, il est bourré. On a dû le réveiller », avait murmuré James, descendu du fenil pour rejoindre Bill. Celui-ci avait vu son grand frère se tourner dans la direction où était parti leur père, lever un bras brun musclé et serrer le poing en gardant seulement le majeur dressé. Bill avait gravé dans sa mémoire ce geste de défi.

« Hé ! » cria James.

Bill redressa la tête.

« Ramène-toi ! »

À contrecœur, il se mit à trottiner pour rattraper les deux grands. Les flots de sang déversés par la tortue se réduisaient maintenant à un mince filet. Seules les crispations sporadiques de ses pattes indiquaient qu'elle était encore en vie.

« Arrête de lambiner, bon sang, et magne-toi un peu », lança James avec humeur en faisant passer l'animal dans sa main gauche.

Bill voyait bien que les effets de la bière commençaient à se dissiper chez les deux copains ; leurs épaules s'affaissaient et ils ne parlaient plus. Ils soulevaient à peine les pieds, se contentant de les traîner comme des petits vieux.

Quelques minutes plus tard, ils atteignaient la sortie du virage qui, de la route, cachait la ferme des Lucas, quand ils entendirent le grondement sourd d'un véhicule arrivant derrière eux.

« C'est qui ? demanda Terry. Ton vieux ? »

James tendit l'oreille, la tête inclinée en direction du bruit.

« Non, il est en ville. Je parie que c'est Ernie Morriseau. Je reconnais son pick-up. T'entends ces pétarades ? »

Grondement et pétarades s'intensifièrent. Espérant que c'était bien leur voisin, Bill se retourna et ses souhaits furent exaucés lorsque le pick-up Ford gris de 1964 apparut dans le tournant. Ernie Morriseau ralentit puis s'arrêta à la hauteur du trio. Il jeta un coup d'œil à la tortue que tenait James.

« Vous avez chopé cette bestiole à la rivière ? lança-t-il en se penchant par la vitre ouverte pour mieux voir.

– Ouais… On l'apporte à m'man pour qu'elle fasse une soupe », répondit James d'un ton guindé.

Ernie regarda les trois garçons.

« Elle a les mâchoires dans un drôle d'état… Qu'est-ce qui s'est passé ? »

Il avait posé la question à voix basse mais le trio l'entendit distinctement malgré le bruit du moteur.

« Rien, marmonna Terry. On voulait juste rigoler un peu. »

Bill vit leur voisin plisser les yeux tandis qu'il observait les deux grands. La tortue poussa un grognement, et de nouveau il sentit les larmes affluer à ses paupières. Enfin, Ernie coupa le moteur.

« Ta mère a vraiment besoin de cette tortue pour sa soupe ? » demanda-t-il.

Il bouillait de rage, comprit Bill. Quand il était en colère, la peau tannée de son cou, d'ordinaire brun-rouge, virait au bronze.

« Nan, pas vraiment, dit James en attrapant la tortue de la main droite.

– Bon, je vais vous l'acheter », déclara Ernie.

Déjà, il fourrageait dans la poche arrière de son pantalon.

« C'est dix dollars », décréta soudain Terry.

Durant quelques instants jouissifs, Bill crut qu'Ernie allait saisir le jeune garçon par ses cheveux gominés. Son cœur se mit à battre plus vite. *Peut-être qu'il va lui écrabouiller la figure contre la portière...* songea-t-il, tout réjoui par cette pensée. James, lui, constata-t-il, arborait cet air insolent révélant qu'il avait une frousse bleue.

« OK, répliqua Ernie d'un ton glacial. Ça fera donc dix dollars. »

Il descendit du véhicule et remit un billet non à Terry mais à James. En retour, celui-ci lui tendit la tortue.

« Attends. »

Ernie alla chercher une bâche à l'arrière du pick-up et l'étala sur le plancher côté passager. Après avoir saisi l'animal agonisant par sa carapace, il le plaça sur la toile. Puis il remonta dans la cabine, redémarra et s'adressa aux trois garçons silencieux :

« Pourquoi tu ne viendrais pas dîner chez nous, Billy ? proposa-t-il en le désignant du pouce. Rosemary serait ravie. »

Bill regarda son frère. Toute trace d'insolence disparue, James baissa la tête et contempla ses bottes.

« Vas-y, murmura-t-il à l'adresse de son cadet. Je dirai à m'man où t'es. »

Mais Bill hésitait encore. Leur voisin se pencha pour ouvrir la portière côté passager. Bill contourna lentement le véhicule par l'avant.

« T'aurais intérêt à soigner ton doigt, James. C'est pas beau à voir », reprit Ernie quand Bill grimpa à côté de lui et ramena ses pieds sur le siège pour éviter de les poser sur le dos de la tortue. Enfin, il appuya sur l'accélérateur et le véhicule s'ébranla. Bill se dévissa le cou pour regarder derrière lui par la vitre de la cabine. Juste au-dessus de la poussière brune soulevée par le pick-up, il distingua le visage de son frère qui, l'air dérouté, tenait de sa main valide son pouce blessé.

Lorsqu'ils s'arrêtèrent près de la ferme jaune, Bill vit Rosemary Morriseau apparaître à la fenêtre de la cuisine. En le découvrant sur le siège passager, elle lui fit aussitôt de grands signes.

« Rose ! On a un invité pour le dîner ! » cria Ernie par la vitre.

Bill descendit de son côté et contourna le pick-up afin de le rejoindre.

« Billy ! »

Rosemary poussa la porte-moustiquaire, dévala les marches de la véranda et se précipita vers lui pour le serrer dans ses bras, lui pressant le visage juste en dessous de ses seins. La chaleur de son étreinte et de son sourire balaya les remords de Bill à l'idée d'avoir abandonné son frère. Jamais leur mère ne l'avait accueilli ainsi. Elle ne sentait pas pareil non plus. Le nez dans le giron de Rosemary, il inspira. Elle portait un parfum à base de muguet auquel se mêlait la senteur de son corps. Il n'aurait pu lui donner de nom ; pour lui, c'était une odeur spéciale, capable de l'emplir de joie et d'un profond sentiment de sécurité.

« Le dîner sera prêt dans trois quarts d'heure », dit-elle.

En s'écartant, elle lui ébouriffa les cheveux.

« On arrive », répondit Ernie.

Elle ébouriffa de nouveau les cheveux du jeune garçon avant de retourner à ses fourneaux. Bill se hissa par-dessus le hayon arrière du pick-up pour s'asseoir sur le plateau. Ernie alla se garer derrière la grange, descendit, ouvrit la portière côté passager et sortit la tortue. Bill sauta à terre et le regarda placer l'animal sur un petit lit de paille. La tortue griffa sa couche de fortune mais ne parvint même pas à soulever la tête. Ses yeux vitreux semblaient fixés sur Bill.

« Tu peux m'expliquer ce que James lui a fait aux mâchoires ? demanda Ernie.

– Y avait pas que lui ! Terry y était aussi !

– OK, Terry y était aussi », répéta Ernie, avant de reposer la question : « Qu'est-ce qu'ils lui ont fait ? »

Bill hésita à répondre. « Les voisins n'ont pas besoin de savoir ce qui se passe chez nous », disait toujours sa mère avec nervosité quand les deux frères revenaient de la ferme Morriseau. Mais l'incident s'était produit au bord de la rivière, pas chez eux… Brusquement, Bill se sentit accablé de fatigue.

« Des pétards.

– Ah », murmura Ernie. Il se pencha pour examiner la tortue de plus près. « Je croyais pouvoir lui rafistoler la mâchoire du bas, mais, vu les dégâts, je crois que ce n'est pas la peine. »

Il se redressa puis recula pour s'adosser à la portière. Bill le rejoignit et s'assit sur le marchepied.

« Tu vas t'en servir pour faire une soupe ? hasarda-t-il.

– Non. »

Bill inspira profondément. Il reconnut l'odeur de la sueur après de rudes travaux et celle des chewing-gums à la menthe qu'Ernie fourrait toujours dans la poche de sa chemise.

« Cette bête-là, lui expliqua le fermier d'une voix douce, est le dernier des dinosaures. Tu sais pourquoi les tortues-alligators bougent encore même après leur mort ? »

Le jeune garçon fit non de la tête. Il pensait que c'était une réaction propre aux tortues-alligators, et, de toute façon, personne ne lui en avait jamais parlé. Quand son père en décapitait une, elle continuait de ramper dans la cour jusqu'au moment où il la clouait par la queue au montant du lampadaire pour la laisser se vider de son sang. Au bout de quelques heures, il la détachait en lui sectionnant la queue et, après l'avoir retournée, il l'extrayait de la carapace pour récupérer la chair. La queue, elle, pouvait remuer pendant des jours avant de s'immobiliser. Quand Bill la touchait, elle tressaillait comme si elle était douée de vie.

« Eh bien, d'un point de vue scientifique, on considère que ces créatures sont primitives, poursuivit Ernie. Leurs terminaisons nerveuses mettent longtemps à mourir. Cette tortue-là est très vieille, ajouta-t-il. On le voit à la forme et à la taille de sa carapace. Au moins, il semblerait qu'elle ait eu le temps de pondre ses œufs. Vous n'avez pas détruit le nid, au moins ?

– Non. »

Cette fois, Bill avait pu répondre en toute sincérité.

Ernie releva la tête et contempla l'avoine ondoyant sous la brise dans son champ.

« Si mon père était là, murmura-t-il, il te raconterait une histoire différente. Il te dirait que la tortue a créé le monde. »

Tous deux regardèrent l'animal encore un moment. Enfin, Ernie s'écarta du pick-up.

« Billy ? File donc à la maison aider Rose à préparer le repas. Moi, je vais m'occuper de cette bête. »

Il donna un petit coup de coude dans les côtes du jeune garçon. Celui-ci savait déjà ce qui allait se passer : Ernie irait chercher la 22 long rifle qu'il gardait dans la grange et abattrait la tortue d'une balle derrière la tête.

Ils venaient de finir le dessert quand ils entendirent le chien aboyer et une voiture s'arrêter dans l'allée. Ernie repoussa sa chaise puis se leva pour aller jeter un coup d'œil par la fenêtre.

« C'est ton papa, Billy. »

Celui-ci se raidit, incapable d'avaler le morceau de gâteau au chocolat collé sur sa langue. Il s'essuya la bouche et, escorté par Rosemary, sortit rejoindre Ernie. Le fermier appela son chien, Angel, pour l'éloigner du break afin de permettre à John Lucas de descendre. Il le rattrapa au moment où l'animal s'élançait vers le nouveau venu et dut le retenir par le collier jusqu'à ce que Rosemary s'agenouille pour l'emprisonner dans ses bras.

« Bonjour, John », dit Ernie en se redressant, la main tendue.

Le père de Bill la serra avec une répulsion visible, comme si elle était couverte de fumier.

« Je suis venu chercher Bill, déclara-t-il d'un ton glacial.

– Jimmy vous a dit qu'on l'avait invité à dîner ? »

John Lucas hocha la tête.

« On a besoin de lui à la maison, expliqua-t-il. Viens, fiston », ajouta-t-il à l'intention de son cadet.

Ernie posa une main sur l'épaule de Bill puis la laissa retomber quand celui-ci avança vers son père.

« Écoutez, John, si vous n'avez pas besoin de Jimmy cet été, je veux bien l'embaucher ici. Un coup de main serait le bienvenu. »

Manifestement surpris par cette requête, son interlocuteur relâcha la poignée de la portière.

« C'est que… c'est pas possible. Il sera pas là cet été. James s'est enrôlé. Il part demain. »

Bill se figea avant même d'être monté dans le break. *Enrôlé.* Ignorant la signification du terme, il guetta la réponse d'Ernie mais celui-ci paraissait frappé de stupeur. Alors il reporta son attention sur son père.

Grand, les cheveux couleur brun sale et le teint cireux, John Lucas dominait leur voisin. Pourtant, nota Bill, ce dernier était plus musclé, plus trapu. Lequel des deux l'emporterait-il s'ils en venaient aux mains ? se demanda-t-il. Il ne s'interrogea cependant pas longtemps ; il se rendait bien compte que malgré la différence de taille, Ernie n'aurait aucun mal à mettre K.-O. son adversaire. Il lui suffirait d'expédier un coup de poing dans le ventre blanc et mou de John Lucas pour que celui-ci s'effondre comme un pin coupé à la tronçonneuse en pleine forêt.

« Enrôlé, répéta Ernie comme s'il avait mal entendu. C'est vrai qu'il y a la guerre…

– Ouais. »

John Lucas émit un petit reniflement dédaigneux.

« En général, faut qu'y en ait une pour qu'on s'enrôle. Du moins, quand on est un homme digne de ce nom. James s'est engagé dans les marines. Comme moi autrefois. »

Il bomba le torse en toisant Ernie Morriseau, puis ouvrit sa portière et se glissa au volant du break. Ernie parut sur le point de dire quelque chose mais il se borna à hocher la tête avant de rejoindre sa femme. Si Bill ne voyait plus le chien, il l'entendait cependant aboyer comme un fou à l'intérieur de la maison.

Tendu, Bill s'attendait à une déferlante de hurlements ; or son père demeura silencieux durant le court trajet jusqu'à la ferme familiale.

« Tu veux me donner un truc à faire ? risqua-t-il quand ils descendirent de voiture.

– Non. Va jouer. »

Une fois son père rentré, Bill s'élança vers le fenil d'où s'échappaient les paroles de *Only the Lonely*.

James n'était pas en train de danser. Assis sur une balle de foin, il regardait dehors par la petite fenêtre qu'il avait posée quand il avait transporté son tourne-disque dans le fenil. La fumée de la cigarette fichée entre ses doigts s'élevait vers la charpente et la cendre tombait par paquets gris sur le plancher. Une bouteille ouverte de Pabst était posée à ses pieds. Bill fit quelques pas, guettant le moment où son frère le remarquerait.

Perdu dans la contemplation du paysage, celui-ci avait un air tellement inexpressif que Bill n'aurait su dire s'il était de bonne humeur ou non. Il décida néanmoins de risquer le tout pour le tout.

« Tes poumons vont devenir tout noirs, comme ceux de Terry ! »

James tourna la tête vers lui, mais sans paraître le voir. Bill frissonna. Enfin, son frère sourit.

« Comment s'est passé ton dîner ? »

Bill sautilla jusqu'à la balle de foin pour s'asseoir à côté de son aîné.

« C'était super !

– Ouais. Rosemary est une sacrée bonne cuisinière, c'est sûr. »

De sa main libre, James se frotta le menton. Il semblait avoir surmonté sa déception. Bill attendit qu'il l'interroge sur la tortue mais son frère se contenta de tirer une bouffée de sa cigarette et de tendre le bras pour retourner le disque en soufflant la fumée. La voix mélodieuse de Roy Orbison emplit l'espace autour d'eux. En silence, Bill chantonna les paroles de *In Dreams*.

Ils restèrent ainsi un bon moment, à écouter la musique. Enfin, Bill n'y tint plus.

« Papa a dit que tu t'étais enrôlé.

– Exact. »

James attrapa sa bière et en avala une longue gorgée.

« Ça veut dire quoi ? »

Les sourcils froncés, son frère lui jeta un bref coup d'œil.

« Oh, arrête… *Enrôlé*, quoi », rétorqua-t-il sur un ton exaspéré.

Mais Bill ne comprenait toujours pas.

« Bon, ça veut dire que je me suis engagé volontairement dans l'armée au lieu d'être appelé sous les drapeaux. Ou obligé d'y aller, si tu préfères. »

D'un coup de pied, Bill décolla un petit morceau de fumier desséché.

« Je m'en vais demain, ajouta James, qui lâcha sa cigarette et l'écrasa sous son talon. M'man et le vieux m'emmèneront à la gare routière.

– Pourquoi tu m'en as pas parlé ? »

Un frémissement parcourut la poitrine de Bill, qui sentit les larmes lui monter aux yeux.

« Je sais pas… Peut-être parce que après avoir signé, j'arrivais pas à croire que j'aie pu faire ça. C'était l'hiver dernier, tu sais, et j'avais l'impression que le jour où je devrais partir était pas près d'arriver. »

Cette fois, Bill se mit à trembler.

« Oh, merde ! s'exclama James. Pleure pas, frangin. Je comptais te le dire. »

Le cœur du jeune garçon cognait si fort qu'il entendit à peine ces paroles. James se raidit, pour se détendre presque aussitôt. Il passa une main dans ses cheveux lissés avant d'entourer de son bras les épaules de son cadet.

« Hé, murmura-t-il en le secouant doucement. C'est bien toi, le gosse qui cavale après tout et n'importe quoi avec cette fichue épée, non ? Quand je pense que le clebs ose même plus aller pisser quand il te voit débarquer avec ta carapace de tortue et ton bout de bois… Bon sang, ajouta-t-il avec un petit rire bizarre, tu devrais peut-être t'engager dans les marines aussi. J'aurai qu'à leur dire que t'es un nain, un truc comme ça… »

Un gloussement monta dans la gorge de Bill.

« Tiens, fit son frère en lui tendant sa bière. Bois un coup. »

Bill regarda les longs doigts refermés sur la bouteille. Les ongles de son frère avaient recouvré leur blancheur presque transparente alors que dans l'après-midi, ils étaient souillés de terre et de sang. Même le pansement sur son pouce était d'une propreté immaculée. C'était typique de James : il prenait toujours le plus grand soin de son apparence, veillant même aux détails les moins visibles, tels les ongles de ses orteils, parfaitement taillés. Bill ne parvenait pas à l'imaginer en soldat – du moins, comme ceux qu'il voyait dans les films sur la Seconde Guerre mondiale à la télé, pataugeant à travers les jungles boueuses du Pacifique ou terrés au fond d'un café italien détruit par les bombes. Il prit une petite gorgée de bière – qu'il avala bien vite pour faire disparaître le goût amer dans sa bouche –, puis rendit la bouteille à son frère et s'essuya le nez sur le devant de son T-shirt.

« En tout cas, le vieux est rudement content, déclara James. Il est enfin débarrassé de moi. Après une formation de base à San Diego, je serai sûrement envoyé au Vietnam. »

Il but encore une grande lampée de bière ; la condensation sur la bouteille lui mouillait les doigts.

« Papa était dans les marines pendant la guerre », dit Bill, persuadé que leur père se réjouissait parce que James allait suivre son exemple.

Son frère poussa une exclamation de mépris.

« Peuh, il y est allé qu'à la fin ! »

Un sourire dédaigneux aux lèvres, il se roula une autre cigarette.

« Pour Ernie, c'est une autre histoire, reprit-il en inclinant la tête vers la ferme voisine. Lui, il était aux Philippines, au cœur de l'action. Il a toujours des éclats d'obus dans le corps. Tu sais, ces espèces de bosses bleues dans son dos… »

Bill hocha la tête. Il se rappelait avoir vu ces bosses quand Ernie travaillait torse nu sous le soleil.

« Ben, c'est des bouts de métal qui remontent à la surface. Du métal qui a plus de vingt ans ! Rosemary se sert d'une lame de rasoir pour retirer les fragments les plus proches de la peau », ajouta James.

Au lieu de mettre un autre disque, il tira sur sa cigarette. Bill mâchonnait un brin de paille. La lumière en provenance de la fenêtre déclinait vite et les fins rais de soleil qui filtraient à travers les interstices des poutres avaient désormais disparu.

« On ferait mieux de rentrer », dit James en se levant.

Ils se dirigèrent vers l'échelle et James fit signe à Bill de descendre le premier. Soudain, il reprit la parole, sa voix grave résonnant au-dessus de la tête de son cadet : « Tu viens à la gare routière, demain ? »

Un pied déjà posé sur le barreau du dessous, Bill s'immobilisa et leva les yeux. Il était stupéfait par la question. Évidemment qu'il irait, parce que son frère partait et qu'il voulait lui dire au revoir ! Et puis, il n'avait que huit ans. Que pourrait-il faire d'autre puisqu'il était trop jeune pour rester tout seul à la maison ?

« Bien sûr ! »

Juste avant de soulever son autre pied, Bill crut voir une lueur briller dans les yeux de son frère mais celui-ci les détourna prestement, ne lui montrant que sa chevelure à la Elvis encore assombrie par le crépuscule.

Le lendemain matin, Bill sortit en pyjama et se précipita vers la remise à outils. Il récupéra dans le coffre à bois son épée et sa carapace de tortue puis se rua derrière la grange, où personne ne pouvait le voir. Toute la nuit, il avait entendu ses ennemis l'appeler et le mettre au défi de se présenter devant eux et de les combattre. Il se débarrassa de ses tennis déjà trempées par la rosée matinale et, pieds nus, se campa fermement sur la terre battue. Le bouclier-tortue placé devant son cœur, il serra l'épée dans sa main droite.

Plaf ! Un de ses adversaires avait failli le prendre au dépourvu mais Bill était parvenu à l'esquiver et à le toucher à la gorge. Quand les pas d'un autre guerrier résonnèrent derrière lui, il fit volte-face en brandissant son arme, de sorte qu'il le coupa en deux. Il dansa sur place, en arrière et en avant, à droite et à gauche, tandis que ses ennemis l'attaquaient avec l'énergie extraordinaire de ceux qui n'ont pas besoin de sommeil. Chaque fois qu'il les entendait crier son nom, il levait son bouclier pour s'identifier. Mais il était trop rapide pour eux, ils tombaient comme des mouches. Soudain, alors qu'il livrait bataille, acculé contre la grange, il entendit l'un d'eux crier le prénom de son frère.

James.

Il baissa son épée et l'ennemi devant lui disparut. Tous disparurent. Bill guettait de nouveau la voix inconnue lorsque sa mère s'exclama :

« William Lucas ! Viens ici et prépare-toi pour le petit déjeuner ! »

À contrecœur, Bill retourna dans la remise. Il ouvrit le coffre à bois et replaça épée et bouclier sur les bûches. Il se demanda brièvement où Ernie avait enseveli la tortue et si ce serait un péché de la déterrer pour récupérer la carapace.

« Bill ! Arrête de traînasser et rentre ! Tout de suite ! »

Docilement, il trottina vers la maison.

James allait bien quand ils prirent leur petit déjeuner – il échangea même quelques plaisanteries avec leur mère –, et il allait bien aussi quand il chargea son sac sur la banquette arrière avant de s'installer dans le break. Bill remarqua qu'il ressemblait plus que jamais à Elvis ce matin-là. Ses cheveux montaient particulièrement haut sur les côtés et ses bottes noires cirées de frais brillaient. Il adressa un clin d'œil à Bill quand leur père abreuva d'injures le camion qui se traînait devant eux. Mais lorsqu'ils s'arrêtèrent à la station-service Standard qui faisait également office de gare routière, son visage perdit toute expression et il descendit de voiture avec raideur.

Comme il restait une demi-heure avant l'arrivée du car, ils patientèrent à l'intérieur de la gare sur des chaises branlantes en plastique vert. Bill tua le temps en collant son nez contre la baie vitrée crasseuse afin d'observer les voitures qui s'arrêtaient près des pompes à essence pour faire le plein. Adossé à son siège, la tête renversée, leur père somnolait, les poils drus dans ses narines frémissant à chaque inspiration et expiration. Leur mère s'éventait nerveusement avec une vieille carte du Wisconsin alors qu'il ne faisait pas particulièrement chaud. Quant à James, il paraissait pétrifié. Bill regarda un moment les deux employés de la station s'activer entre les véhicules puis fixa son attention sur une Volkswagen garée derrière la dépanneuse rouge.

C'était la troisième fois qu'il voyait une de ces voitures arrondies qui ressemblaient bel et bien à des coccinelles. En ville, personne n'en avait. « Des bagnoles de hippies », avait raillé un jour son père. De l'avant à l'arrière, celle-ci était couverte d'autocollants ; Bill plissa les yeux pour tenter d'en lire certains. L'un d'eux disait : « Je ne veux pas connaître ton nom parce que je n'aime pas ton petit jeu » et un autre : « *Flower Power.* »

Celui-là, Bill le trouva plutôt drôle. Le pouvoir des fleurs… Quand il pouffa, sa mère cessa momentanément de s'éventer pour voir ce qui amusait son fils. Il plissa de nouveau les yeux.

Plusieurs autocollants étaient trop petits pour qu'il puisse distinguer les inscriptions. Soudain, il remarqua celui qui, énorme, ornait la portière du conducteur : « Évacuez le Vietnam ! »

Le Vietnam... Le pays où allait James. Il tira son frère par la manche en lui montrant la Volkswagen. « La portière », chuchota-t-il

James tendit le cou pour regarder par-dessus l'épaule de son frère. Il regarda longtemps.

Lorsqu'il se retourna enfin, ce fut au ralenti, comme s'il avait fallu à ses yeux quelques minutes pour aller de la Volkswagen à la baie vitrée, des employés qui s'affairaient toujours entre les voitures à la pile de magazines posée devant lui. Bill le vit avaler sa salive, sa pomme d'Adam montant et descendant comme un bouchon de pêche.

« Voilà le bus », annonça leur mère en pointant son plan vers l'énorme véhicule gris et blanc qui s'engageait dans la station-service. Bill se leva d'un bond et suivit ses parents jusqu'aux portes automatiques. Il était presque dehors lorsqu'il s'aperçut que James était encore assis sur sa chaise. Il se faufila prestement entre les battants qui se refermaient déjà pour se précipiter vers son frère.

« Grouille-toi ! Tu vas rater le car ! »

Il saisit la main bandée de James. Celui-ci se leva lentement. Quand Bill sentit les doigts de son aîné se crisper sur les siens, il l'entraîna d'autorité vers la sortie. Leur père se tenait près des pompes à essence.

« Faut y aller, maintenant, dit-il. J'ai déjà donné ton sac au chauffeur. »

Quand leur mère enlaça James, elle en profita pour glisser discrètement un billet de vingt dollars dans la poche de son blouson. Bill vit son frère l'étreindre en retour avec une telle vigueur qu'il la souleva du sol.

Le chauffeur leur fit signe qu'il devait repartir.

« Ça va aller, dit John Lucas en étouffant un bâillement.

– N'oublie pas de nous envoyer ta photo et ton adresse », ajouta leur mère, des sanglots dans la voix.

James la relâcha, puis se tourna vers Bill et le prit brusquement dans ses bras, le plaquant contre lui avec tant de force qu'il faillit lui couper le souffle.

« J'ai prévenu Terry et les autres que si jamais ils t'embêtaient, je leur casserais la gueule », chuchota-t-il. Bill sentit le souffle de son frère lui chatouiller l'oreille.

« Et écoute-moi bien, d'accord ? Surtout, *ne deviens pas comme moi.* »

Après avoir reposé son cadet sur le sol, il se dirigea vers le car.

Il avait posé une botte sur le marchepied quand il se retourna pour leur faire au revoir de la main. Bill leva le bras à son tour mais suspendit son geste en distinguant une sorte d'ombre au-dessus de la tête de son grand frère. Intrigué, il pencha la sienne, avança d'un pas et jeta un coup d'œil derrière lui pour voir si son père et sa mère avaient eux aussi remarqué quelque chose. Mais ils continuaient d'agiter la main comme si de rien n'était. Bill se dit alors que le soleil matinal éclatant lui jouait des tours, ou que ses rayons se reflétaient d'une manière particulière sur les cheveux gominés de James. Quand il reporta son attention sur son frère, l'ombre avait disparu.

Une fois James monté dans le bus, tous trois le regardèrent choisir un siège et agitèrent la main de plus belle lorsqu'il fut assis. « Voyagez Greyhound », disait le panneau sur le flanc du véhicule, et Bill examina le chien gris tout maigrichon qui cavalait devant l'inscription. Enfin, dans un nuage de fumée noire, le car s'ébranla en direction de l'autoroute, vers le sud. L'excitation qu'avait ressentie Bill quelques instants plus tôt était retombée ; à présent, il avait envie de vomir.

Sa mère et lui suivirent des yeux le car jusqu'à ce qu'il se réduise à une tache minuscule sur le ruban d'asphalte jaune et noir, puis disparaisse à l'horizon.

« On y va ? J'ai pas que ça à faire, moi », maugréa John.

Main dans la main, Bill et sa mère marchèrent lentement vers la voiture. Le jeune garçon marqua un temps d'arrêt avant d'ouvrir sa portière et regarda sa mère ouvrir la sienne.

« À mon avis, ils l'enverront au Vietnam dans six semaines. Tout ira bien pour lui », disait son père quand il grimpa sur la banquette arrière.

Il tourna la tête vers sa mère. Les yeux clos, elle était tassée sur son siège comme si elle dormait, mais Bill vit trembler sa lèvre inférieure. Il s'allongea sur la banquette pour empêcher son estomac de se soulever.

« Tout ira bien pour lui. Il s'en sort toujours », poursuivit son père d'une voix traînante, sans s'adresser à personne en particulier, tout en posant un bras sur le volant.

Bill croisa les mains sur sa poitrine et, tandis que le break fonçait sur l'autoroute, il regarda défiler par la vitre le paysage vert rendu flou par la vitesse. Enfin, il ferma les yeux.

Il ne les rouvrit qu'en sentant la voiture s'arrêter. Ils étaient arrivés, constata-t-il. Sans un mot, il sauta hors du véhicule et courut chercher son épée et son bouclier dans la remise à outils. Il attira ensuite le chien à l'intérieur en l'appâtant avec un biscuit sec et l'enferma pour qu'il ne le suive pas. Puis il coupa à travers bois, restant à l'écart de la route gravillonnée, longeant le vaste marais pour atteindre la Chippewa. La berge était toujours griffée, toujours tachée de sang brun-rouge. Bill prit une pleine poignée de sable souillé qu'il versa dans son bouclier. Il glissa ensuite l'épée sous la corde, dans la carapace.

Après avoir ramassé le bouclier ainsi lesté, Bill entra dans la rivière. Il avait de l'eau jusqu'aux genoux quand il plaça la carapace retournée à la surface. Ballottée par les flots, elle dériva jusqu'au milieu de la Chippewa. Là, le courant s'en empara et, la retenant captive, l'emporta en direction du sud.

Mon mari s'est garé sous l'orme près du poulailler. Au moment où la voiture s'arrêtait, j'ai senti Bill s'animer à l'arrière. Je l'ai vu ensuite s'extraire du break puis courir vers la grange. Je n'avais même plus la force de l'appeler, de lui demander où il allait ; il me restait juste assez d'énergie pour refermer ma main sur la poignée et pousser la portière. Mais avant que je sorte, mon mari m'a tapé sur l'épaule.

« Il doit y aller, tu comprends. Il doit servir son pays. C'est plus le petit garçon à sa maman. Le Vietnam l'obligera à grandir », a-t-il ajouté en soufflant de la fumée.

Il a guetté ma réaction en se fendant de ce sourire qui ponctuait toujours ses tentatives pour me faire du mal. Sur un enfant, un tel sourire – manifestant la joie d'avoir accompli un exploit au prix de gros efforts, comme par exemple placer des blocs ronds dans des trous ronds – aurait été touchant ; sur un adulte, il paraissait au contraire sinistre et menaçant. John avait déjà eu recours à ce genre de manœuvre pour essayer de provoquer une scène entre nous. Il m'avait fallu plusieurs années pour y parvenir mais j'avais appris à ne rien montrer de mes sentiments. J'avais peaufiné mes tactiques de défense passive.

Devant mon apparente impassibilité, il a pris un air songeur, comme s'il réfléchissait à la sagesse de ses propos ; de temps à autre, il expédiait par la vitre baissée la cendre de sa cigarette.

La sensation d'épuisement que j'éprouvais s'est brusquement dissipée. Les paroles de mon mari m'ont frappée comme la foudre, imprimant sur mon cerveau les vestiges calcinés de sa logique tordue, mettant au jour en moi un gisement de ressources dont je ne soupçonnais pas l'existence jusque-là.

J'ai contemplé mes mains, dans lesquelles se concentrait maintenant toute ma détermination.

Je suis descendue de voiture mais j'ai dû m'appuyer sur la portière pour ne pas chanceler. Lentement, j'ai entrepris de la contourner, une main après l'autre, paume pressée sur le côté du capot encore chaud. La tête droite, je regardais mon mari à travers le pare-brise, les mains poursuivant toujours leur étrange progression. John a retiré la cigarette fichée entre ses lèvres et il a laissé son bras pendre à l'extérieur. Sa bouche s'est entrouverte. Je me suis tournée face au break bleu dont je parcourais toujours la carrosserie à tâtons sans quitter John du regard. Il a plissé les yeux et renversé la tête. Ses doigts ont lâché la cigarette.

Parvenue près de lui, j'ai amené mon visage à la hauteur du sien. En même temps, j'ai écrasé d'un coup de talon le mégot encore fumant sur le gravier de l'allée.

« Mais qu'est-ce qui te prend, bon Dieu ?

– Fais attention », l'ai-je averti d'une voix si grave qu'elle a résonné comme le grondement sourd d'un chat défendant son territoire.

Je me suis redressée pour mieux le toiser.

« *Fais très attention.* »

Prête à courir le risque, je n'ai pas bougé. Il aurait pu m'expédier sa portière dans le corps. Ou m'attraper par les cheveux. Mais il avait la frousse. Il s'est écarté de la vitre et j'ai vu ses mains tremblantes retirer une autre cigarette du paquet de Salem posé sur le tableau de bord.

« T'es cinglée ! »

Sans répondre, je me suis dirigée vers la maison. Il avait redémarré avant que j'atteigne la porte ; je l'ai vu reculer dans la cour. Il a jeté un bref coup d'œil en arrière, puis il a redressé la voiture en faisant crisser les pneus pour foncer vers la ville. Je l'avais effrayé, je le savais. Au moins pour un temps.

Une fois rentrée, je me suis préparé une tasse de café et je suis allée m'asseoir sur les marches de la véranda. Je me suis demandé où était Bill avant de décider de lui accorder une heure. Après, je partirais à sa recherche.

Dans l'intervalle, j'ai tenté de me remémorer l'époque où tout était différent. Et la première fois que j'ai vu mon mari.

J'ai rencontré John à un bal. C'était après la guerre, et, apparemment, tout le monde rencontrait son futur conjoint dans les bals organisés par la VFW [1]. Il était blond, élancé et infiniment séduisant dans son uniforme – comme tous les hommes. Il se penchait vers moi pour m'écouter, me laissant supposer que mes réponses à ses questions avaient un sens aussi profond que celles d'Aristote. Il avait de grands projets, en particulier faire des études grâce à l'aide du GI Bill [2]. Persuadée qu'il s'agissait

1. Veterans of Foreign Wars : Association des vétérans des guerres à l'étranger. *(N.d.T.)*

2. Le GI Bill of Rights, ou Servicemen's Readjustment Act, de 1944, avait pour but d'offrir des opportunités aux anciens combattants en leur fournissant une aide matérielle dans différents domaines : hospitalisation, achat d'un logement ou d'une entreprise, et, surtout, éducation. *(N.d.T.)*

d'une saine ambition, j'ai dit oui quand il m'a demandé de l'épouser. Je me croyais amoureuse. Il a prononcé ses vœux de mariage d'une voix presque larmoyante, comme si j'étais le plus beau cadeau qu'on lui ait jamais offert. Je m'imaginais établie pour la vie ; il remplirait son rôle de mari aimant et de chef de famille, je remplirais celui d'épouse aimante et de bonne mère. Mais il a abandonné l'université un an après notre mariage. Titulaire d'un diplôme, j'enseignais dans un lycée depuis deux ans. Il ne l'aurait admis pour rien au monde, mais il m'en voulait. À l'entendre, je devais démissionner car je ne gagnais pas assez ; mes talents seraient mieux employés à la maison. Il se moquait de mes expéditions à la bibliothèque, du nombre et du genre de livres que je lisais, tournait en dérision mon éducation libérale. Au bout de six mois d'union, sa voix a commencé à se dépouiller de ses inflexions aimantes, ses paroles se sont teintées de sarcasme. C'est seulement quand il a voulu s'établir plus au nord qu'il a retrouvé une partie de son ancien charme, dont il a usé et abusé pour me convaincre d'accepter. Je me suis dit que ce serait bénéfique pour notre couple, que les travaux de la ferme combleraient mes aspirations secrètes et me permettraient de prendre mes distances avec ma mère qui, à certains égards, avait fait de ma vie à Milwaukee un enfer comparable à celui que John avait connu avec son père.

Je me rappelle encore la première fois que j'ai vu la ferme. Elle semblait tellement typique du Nord, tellement sauvage… C'était au début de l'automne et la vieille Mme Hausherr m'a fait visiter les lieux. J'ai laissé échapper un hoquet de stupeur en découvrant les énormes souches de pins blancs de part et d'autre de la clôture.

« *Ja*, a-t-elle dit en remarquant mon étonnement. Autrefois, il y avait de grands pins ici. Mais il a fallu faire de la place pour les cultures. Les gros rondins, dans la grange, c'est du pin blanc. »

Certaines des souches devaient mesurer près de deux mètres de diamètre. Leur vue m'a impressionnée, ramenant à ma mémoire des souvenirs vivaces de l'histoire française. Ces restes tronqués m'évoquaient les illustrations du XVIIIe siècle représentant des hommes et des femmes dont la tête avait été tranchée par la guillotine. Des cous sanglants, pulpeux. La sève avait suinté à la surface, exactement comme du sang. Elle n'était plus collante mais durcie et brune, en bonne voie de former de l'ambre.

Les Hausherr avaient tous les deux plus de soixante-dix ans, et, de toute évidence, la perspective de partir leur fendait le cœur. Leurs enfants les voulaient près d'eux, à Milwaukee, parce qu'ils en avaient assez de faire les longs allers-retours pour s'assurer que tout allait bien. Notre chassé-croisé m'a paru ironique : le couple descendait vers le Sud chercher une vie plus facile alors que nous montions vers le Nord pour la même raison.

Pendant qu'Emil Hausherr s'entretenait avec John, Anna Hausherr m'a montré la maison et la cour.

« La plomberie est toute neuve ! m'a-t-elle annoncé avec fierté.

– Oh. Quand l'avez-vous fait changer ?

– Comment ça, changer ? Y en avait jamais eu ! »

Elle m'a guidée vers la véranda et nous avons regardé par la fenêtre. C'est à ce moment-là seulement que j'ai remarqué la cahute à proximité du poulailler.

« Y a deux ans, on se servait encore de la cabane d'aisances. Ou plutôt, a-t-elle rectifié sur le ton de la plaisanterie, des

"Schmidt", comme les appelle Emil depuis qu'ils ont publié ce dessin humoristique dans le *Milwaukee Journal.* On y voyait le Père Noël et tous ses rennes perchés sur le toit de la cabane d'aisances, et le Père Noël disait : "Rudolph ! J'ai dit les Schmidt, pas les chiottes !" Ça nous a bien fait rire. Vous comprenez, le nom de nos voisins au sud, c'est Schmidt. On ne s'est jamais entendus avec eux. »

De la main, elle a indiqué la direction du sud.

« Vous devriez peut-être la garder en dépannage. Je me méfie quand même de toute cette tuyauterie… Les gosses s'en sont mêlés et ont tout fait installer pour nous, mais moi, ça ne me dérangeait pas d'aller aux Schmidt. »

Manifestement, elle était fière de sa maison. Mais quand nous sommes sorties dans le jardin, sa voix s'est brisée et elle s'est couvert la bouche comme pour tenter de refouler son émotion.

« Y a des cailloux, c'est vrai, a-t-elle murmuré. Y a toujours des cailloux. Des fois, je me dis qu'ils poussent dans la terre, comme du chiendent. Tous les ans, j'en déterrais de nouveaux, et les enfants, quand ils étaient plus jeunes, détestaient les ramasser. Mais ça ne m'a pas empêchée de faire pousser des bonnes laitues, des bonnes tomates et aussi des bonnes patates. Et puis des belles fleurs. Des zinnias, des soucis, quelques marguerites… Imogene Morriseau m'a appris à me servir d'un châssis de couche pour les faire germer plus tôt. Son mari, Claude, a appris à Emil comment fabriquer du sirop d'érable. »

Quand nous sommes rentrées, elle m'a emmenée à la cave pour me montrer les cadeaux de bienvenue qu'elle comptait nous laisser : des rangées entières de conserves – légumes, pickles, sirop d'érable, baies. Les bocaux brillaient comme des joyaux sous la lumière terne d'une unique ampoule. Myrtilles sombres, betteraves couleur rubis, cornichons au vinaigre d'un beau vert émeraude.

« Oh, Seigneur ! ai-je dit, sidérée, en me rappelant que ma mère nous recommandait autrefois de ne jamais accepter la nourriture offerte par des inconnus. Vous ne préférez pas les emporter ? Votre mari en voudra sûrement, et vos enfants aussi.

– *Ach !* Mes enfants n'aiment que les légumes achetés dans les magasins. Ceux-là, ils sont bien meilleurs », a-t-elle ajouté comme si elle avait lu dans mes pensées. Un sourire radieux a illuminé son visage.

« J'ai une étagère entière pleine des rubans que j'ai gagnés à la foire du comté avec mes conserves. »

Je savais qu'elle avait de nombreux enfants – neuf, je crois –, aussi me suis-je étonnée qu'aucun d'eux ne veuille la ferme.

« Oh ! si, a-t-elle dit, nous avions un fils qui aurait bien aimé la reprendre. Le plus jeune, Joseph. C'était mon petit dernier, il adorait cet endroit. Mais il s'est enrôlé et il est parti en France. Il est mort là-bas.

– Désolée. »

Nous sommes restées longtemps dans la cave, silencieuses toutes les deux. Puis elle m'a prise par la main pour m'entraîner dans l'escalier et hors de la maison. Elle avait dû deviner la nervosité et la peur que m'inspiraient de telles étendues sauvages.

« Vous vous y ferez, vous verrez. »

Elle m'a tapoté la joue.

« Vos enfants s'y plairont et vous aussi. »

Elle s'est détournée légèrement pour regarder son époux et John bavarder dans l'allée.

« La culture, ça le connaît, votre mari ? » a-t-elle demandé.

Je revoyais encore ses mains calleuses, épaissies par les rudes travaux des champs. Ses jambes enveloppées dans des bandes de contention censées soulager ses varices. Son visage rougeaud, sillonné de petites rides. Ses prunelles bleues sous ses paupières lourdes. L'expression sur son visage quand elle avait évoqué son plus jeune fils. Elle lui avait probablement dit adieu sur ces mêmes marches où j'étais assise.

Quand on achète une maison, hérite-t-on aussi de la douleur dont elle est imprégnée ? me suis-je demandé en repensant à la façon dont Anna Hausherr m'avait tapoté la joue et couvée d'un regard empli de sollicitude, comme si elle me donnait des provisions en prévision d'un long voyage.

J'ai avalé le restant de mon café en songeant que je devrais faire une sieste. Je n'avais pas fermé l'œil de la nuit et je me sentais aussi tendue que la corde d'un arc depuis que j'avais vu Jimmy monter dans ce car. Non seulement j'avais mal à la tête mais j'entendais aussi en permanence une sorte de bourdonnement dans mes oreilles.

J'ai repensé au sourire de John. À cette joie mauvaise sur son visage. J'étais tellement furieuse que j'avais presque l'impression de percevoir l'odeur de la fumée laissée par cet éclair invisible qui m'avait foudroyée une demi-heure plus tôt. Je n'arrivais toujours pas à croire que mon mari ait pu prononcer ces mots.

Le Vietnam l'obligera à grandir.

Quelque chose s'est brisé en moi.

Depuis que son frère était parti pour le Vietnam, Bill faisait toujours le même rêve. Sauf que c'était moins un rêve qu'une sensation – celle d'un frémissement sous ses paupières quand il apercevait le soleil à travers les plumes blanches qui se déployaient au-dessus de lui pour prendre leur essor sur un courant aérien. Il avait beau se trouver dessous, il ne voyait qu'elles. Elles battaient l'air sur fond d'astre jaune éclatant tandis que le vent sifflait à ses oreilles. Il se laissait porter sans avoir la moindre idée de sa destination, car il lui était impossible de tourner la tête ; on la lui maintenait dans une étreinte d'acier presque douloureuse. Soudain, alors qu'il écoutait le sifflement mélodieux du vent, celui-ci se muait en cri perçant, et, au même moment, il tombait. Paniqué, il moulinait des bras en vain. Sa voix résonnait à ses oreilles mais elle ne prononçait pas les mots attendus, ceux qu'il avait en tête. Elle ne disait pas : « Maman ! » ou « Au secours ! » Non, elle disait juste :

« Billy ! »

La voix de sa mère interrompit sa chute.

« Tiens », murmura-t-elle en lui secouant l'épaule. Il ouvrit les yeux avec peine et constata que le jour ne s'était pas encore levé. Dans la pénombre, il distinguait la silhouette de sa mère mais pas les détails de son visage. Elle lui montrait quelque chose de blanc.

« De la part de ton frère », ajouta-t-elle en lâchant l'objet sur le lit avant de s'éclipser.

Il retira un bras de sous les couvertures et tâtonna à la recherche du rectangle blanc. Une lettre. Toujours ébranlé par son rêve, il sortit de son lit et se laissa glisser sur le sol vers la veilleuse près du placard. Encore tout ensommeillé, il croisa les jambes et déchira le haut de l'enveloppe. Puis il approcha de la faible lumière jaune la fine feuille de papier.

Camp Schwab, Okinawa, sept. 67

Cher Billy Babouin (non, c'est pour rire),

Je sais que je ne t'ai pas écrit depuis un bon moment. Cette semaine, on est coincés au camp. C'est dur d'avoir un peu de tranquillité ici. Les rares fois où ça arrive, les gars veulent toujours jouer au poker ou faire un truc. Mais je leur ai dit que ce soir, je voulais écrire à mon frangin. Comment ça va ? Et comment va Beans ? Je viens de recevoir une lettre de maman, alors je sais que de son côté, ça va. Enfin, comme ça peut aller.

Moi, ça va. Bon sang, si tu voyais ce temps ! Plus jamais je ne me plaindrai des étés dans le Wisconsin. Il fait une chaleur d'enfer ici, l'air est tellement lourd et humide que j'ai l'impression d'être tout le temps trempé. Si t'étais là, tu cavalerais partout cul nu – sauf que t'aurais pas le droit parce que tu serais une cible en mouvement. Mon sergent dit que je suis un bon tireur. Mais je m'en fous de bien tirer. Quand je reviendrai, faudra plus me parler de fusils. Même si je dois les fracasser sur la tête du vieux, je me débarrasserai de tous ceux qu'on a chez nous. Et du vieux aussi, par la même occasion.

Je t'ai dit qu'on m'appelait Elvis Junior ? Mon copain Marv l'a même peint sur mon casque. Je ne sais pas trop pourquoi ils m'appellent comme ça, vu que j'ai la boule à zéro. Au fait, t'as planqué mes disques, comme je te l'avais demandé ? Si tu penses que le vieux risque de mettre la main dessus, emporte-les chez les Morriseau. Rosemary les gardera pour moi.

Bon, je dois te laisser. Écris-moi encore pour me raconter ce qui se passe à la maison. Moi, je t'écrirai plus tard – avant qu'ils nous expédient près du Laos, j'espère, mais pour le moment, c'est juste une rumeur. Ne t'en fais pas, je vais bientôt rentrer.

Je t'aime, frangin.

James

P.-S. : J'ai envoyé de l'argent à maman, mais surtout, ne le dis pas au vieux. Il serait bien foutu de mettre la main dessus pour se faire une fiesta de bière. Je t'en ai envoyé aussi. Glisse-le sous ton matelas, ou mieux, enterre-le dans la grange pour les cas d'urgence.

Bill jeta un coup d'œil aux deux billets de vingt dollars tombés par terre pendant qu'il lisait. Il les ramassa. Étourdi par cette somme astronomique pour un petit garçon de huit ans, il leva les yeux vers le lit en face de lui. Le lit de James. Leur mère l'appelait « Jimmy », comme tout le monde à Olina, mais Bill disait toujours « James ». Comme James Dean, l'autre idole de son grand frère. Ou comme saint James, même si son aîné avait été tout sauf un saint avant son départ. Il y avait le bon James et le méchant James, mais de toute évidence, les lettres venaient du bon.

Il retourna se coucher, souleva le matelas et glissa l'enveloppe en dessous, à côté des autres. Puis il plia les billets – c'était la première fois que James lui envoyait autant d'argent – et les fourra sous son oreiller. Le lendemain, avant d'aller à l'école, il lui faudrait réfléchir à une cachette dans la grange pour son trésor. Il remonta les couvertures jusque sous son menton. En sentant le froid des draps au niveau de ses pieds, dans la zone terrifiante, il ramena les genoux vers sa poitrine et recroquevilla les orteils. Depuis le départ de James, il avait plus peur que jamais de la créature sous son lit. Car à présent, personne, ni sa mère profitant enfin de quelques heures de paix ni son père abruti par la bière, ne l'entendrait crier.

Il se tourna sur le côté pour pouvoir regarder de nouveau le lit voisin couvert d'une courtepointe blanche au crochet, intouchée depuis maintenant cinq mois. Il songea aux lettres en dessous de lui et à cette façon si particulière, presque fantomatique, qu'avait sa mère de le tirer du sommeil pour les lui donner. Comme si elles n'existaient pas à la lumière du jour. Comme si son frère lui-même n'existait que la nuit, à travers des mots tracés à l'encre noire sur du papier blanc.

Le vent chuchotait dans les pins derrière la vitre. Bill ferma les yeux, attendant de voir apparaître les plumes.

De bonne heure le lendemain matin, il se glissa dehors, chargé d'un gros bocal bleu. Il avait dissimulé lettres et argent sous sa chemise, mais, dans sa hâte de remplir sa mission avant le réveil de ses parents, il avait oublié son blouson. Or le mois d'octobre touchait à sa fin, et, lorsque Bill atteignit la vieille porte de la grange, il tremblait violemment sous la morsure de l'air glacial. Une fois son trésor fourré à l'intérieur du bocal, il l'enterra profondément dans un coin, puis le recouvrit d'une couche de foin que son père ne toucherait jamais. Après avoir jeté un coup d'œil à la cour et constaté qu'elle était toujours déserte, il la retraversa en un éclair et se faufila dans la maison.

« Billy ? Pourquoi tu ne vas pas jouer dehors ? lui demanda sœur Agnes ce matin-là, au début de la récréation. Le froid n'est pas si terrible !

– Euh, no-non… bredouilla-t-il, cherchant une excuse. Je voulais faire un exercice d'écriture. »

Les mots franchirent ses lèvres plus facilement qu'il ne l'aurait cru et un sourire approbateur éclaira le visage de sœur Agnes.

« Très bien. »

Il regarda la longue jupe noire de la religieuse glisser vers la porte donnant sur la cour de récréation, puis il ouvrit son cahier et commença à griffonner.

Mercredi

Cher Elvis Junior (ha, ha),

Moi aussi ça va. J'ai caché les sous dans la grange. Papa n'a pas pris tes disques. Il a encore baucou bu. Maman et moi on l'a trouvé samedi endormi dans le pré. Et puis il a écrasé Beans.

Bill s'interrompit et laissa son regard dériver vers la fenêtre de la classe, les larmes jaillissant de ses yeux au souvenir de la mort récente de son chien. Après les avoir essuyées, il continua sa lettre.

Je l'ai enteré derrière la grange. Est-ce que vous lancez des bombes ? Dis, tu pourras m'apprendre à tiré avant de cassé les fusils ? Je t'écris à l'école. Il fait assé froid mais il n'y a pas de neige. On aura de la dinde pour Thanksgiving. Maman elle dit c'est parce que t'es pas là pour tué une oie. Je vais l'aidé à préparé des cookies. Comme ça, après, on pourra te les envoyé.

Soudain, il entendit les rires déchaînés d'une multitude d'enfants dans le couloir de l'autre côté de la porte.

La récré est fini. Faut que je te laisse.
Je t'aime aussi.

Bill

Il fit prestement disparaître la lettre dans son pupitre au moment où la classe se remplissait d'élèves de CE2.

« Alors, comment va l'écriture ? lança sœur Agnes derrière lui.

– Mieux, répondit-il d'une toute petite voix, en se ratatinant sur sa chaise.

– Parfait. »

Elle lui tapota l'épaule, et sa longue jupe balaya le sol près de lui quand elle s'éloigna.

Bill poussa un soupir et se redressa, le soulagement l'ayant délivré du poids qui l'accablait.

Dès son retour de l'école, il demanderait à sa mère une enveloppe et un timbre. Il s'appliquerait pour écrire l'adresse de James, en tout petits caractères pour éviter que l'encre ne traverse le papier. Sous sa propre adresse, dans le coin supérieur gauche, il inscrirait « USA » en grosses lettres, et sous celle de

James « SUD-VIETNAM ». Ensuite, sa mère apporterait au besoin des corrections avant de faire disparaître le pli jusqu'au lendemain matin, où il verrait par la vitre du car couverte de givre sa silhouette familière glisser deux enveloppes (la lettre de Bill plus la sienne) dans la boîte gris clair marquée « LUCAS » sur le côté, puis redresser le petit drapeau rouge pour signaler au facteur qu'il y avait du courrier à ramasser.

Chaque jour, dans le car scolaire qui redémarrait sur la route de gravier en direction de la ville, Bill regardait sa mère s'éloigner d'un pas traînant vers la longue allée bordée de pins rouges. Elle portait toujours la même tenue – vieille paire de bottes en caoutchouc vert par-dessus ses pantoufles, veste à carreaux noirs et blancs sur une blouse à pois d'un bleu passé –, et ses cheveux noirs étaient encore captifs des rouleaux roses en mousse qui, de loin, sous le fin foulard en Nylon bleu, lui faisaient penser à des souriceaux nouveau-nés. En général, le silence s'abattait dans le bus dès que Bill y montait, et tous les matins il priait pour que sa mère attende qu'ils aient disparu au détour du virage avant de se mettre à parler aux pins en gesticulant comme si elle expliquait quelque chose ou touchait quelqu'un à côté d'elle.

Là-dessus, inévitablement, les attaques fusaient :

« Hé, Luuucasss ! »

Merton Schmidt le narguait en se fourrant parfois un doigt dans le nez.

« Hé, Luc-la-crasse ! Comment ça se fait que ta mère est une cinglée et ton père un sale poivrot ? P'être parce que vous êtes tous des Luc-la-crasse. Hé ! Mon frangin dit que le tien mériterait de prendre une balle dans le crâne pour avoir eu la connerie de s'engager ! Mais bon, c'est un Luc-la-crasse, pas vrai ? »

Et Merton d'éclater d'un gros rire qui résonnait dans le car comme un coup de tonnerre.

À treize ans, Merton Schmidt était exceptionnellement costaud pour son âge, à tel point que les autres, qui le surnommaient Schmidt-les-chiottes, n'osaient jamais le faire devant lui au risque de devoir par la suite prendre leurs petites jambes à leur cou chaque fois qu'ils le croisaient. James, lui, avait baptisé Merton « le jeune Hun », mais ces surnoms n'apaisaient en rien la haine de Bill pour son tortionnaire – une haine dont l'intensité dépassait même celle qu'il éprouvait pour son père. Alors il gardait le nez collé contre la vitre en essayant de refouler ses larmes pour ne pas s'attirer les piques tant redoutées. Souvent, il tentait en vain de penser à son grand frère ; seule la vision de sa mère parlant toute seule dans l'allée lui emplissait l'esprit. Alors, le regard fixe, il mordillait sa lèvre tremblante. Tous les jours, il devait affronter les mêmes railleries.

Un matin, après avoir subi les sarcasmes blessants de Merton, Bill découvrit à la sortie du tournant le break familial bleu tombé dans le fossé au bord de la route. Son père avait la tête renversée et un sourire béat flottait sur son visage inconscient. Le car ne s'arrêta pas.

« Hé, Billy ! cria le chauffeur. J'appellerai quelqu'un pour aller le sortir de là quand on sera en ville ! »

Un rictus moqueur déforma les traits de Merton, qui décocha aussitôt à sa victime de nouvelles flèches empoisonnées. Bill sentit son cœur se serrer. Il demeura blotti sur son siège, les yeux arrivant tout juste au niveau de la vitre. Une nuée de corneilles tournoyait au-dessus des pins, et, en les voyant, il regretta amèrement de ne pas être l'une d'elles.

Par chance, Merton prenait rarement le bus pour rentrer chez lui après l'école, préférant se faire raccompagner par son père, employé au magasin d'alimentation pour bétail. Quant à la mère de Bill, elle n'apparaissait jamais dans l'allée pour venir l'accueillir quand le car orange et noir bringuebalant le ramenait à la maison.

Bill plongea sa cuillère dans l'océan de flocons d'avoine gris-brun au milieu duquel flottait une île de beurre de cacahuète. Sa mère, appuyée contre le plan de travail, regardait par la fenêtre de la cuisine les champs, le marais et les bois gelés. Il n'avait jamais oublié ce jour où il avait entendu leur voisine, Rosemary Morriseau, dire à son mari, sans méchanceté mais avec tristesse :

« Pauvre Claire… »

Elle achevait la vaisselle du dîner pendant qu'Ernie cirait ses bottes. Bill, qui faisait semblait de lire dans leur salon, observait discrètement la maîtresse des lieux. Elle s'était tapoté la tempe.

« Elle est un peu touchée. »

Il avait cru comprendre le sens de l'expression mais pas la référence à sa mère. Sœur Agnes le disait souvent quand elle décrivait les divers saints. « Ils ont été touchés par la grâce », expliquait-elle ; autrement dit, par Dieu. N'était-ce pas une chance, alors ? Devait-il en conclure que sa mère était une sainte, d'où son comportement parfois bizarre ?

Le week-end, elle errait dans la maison toute la journée en marmonnant sans interruption, et son visage fatigué au regard hanté apparaissait de temps en temps à la fenêtre lorsque Bill jouait dehors. Avant, il lui arrivait de le frapper. Et de le secouer si fort qu'il finissait par imaginer sa tête sur le point de se détacher, de rouler sur le sol comme une boule de bowling et de heurter les pieds des meubles. Depuis le départ de James, cependant, elle ne portait plus la main sur lui. Quand la colère lui empourprait le visage, elle gardait les bras collés le long de son corps et se contentait de crier. Mais même ses cris avaient faibli. Peu à peu, elle était devenue son alliée.

Il se laissait de nouveau porter dans les airs. Cette fois, il parvint néanmoins à baisser les yeux ; en contrebas, la Chippewa ressemblait à une corde noire sinuant au milieu du paysage enneigé. Le sifflement lui emplissait la tête. L'étreinte n'était plus aussi puissante mais elle demeurait ferme. Bill agita ses orteils dans le vent. Étrangement, l'air n'était pas froid mais tiède, pareil à du sirop d'érable versé sur des crêpes chaudes. Au moment où Bill écartait les bras pour éprouver la même sensation qu'au niveau de ses pieds, le sifflement se mua en mélodie familière – un air qu'il avait entendu dans un passé pas si lointain. En même temps, il revit le visage de son frère, ses cheveux gominés, ses yeux sombres étrécis. Ces notes, c'était… Bill tendit l'oreille. Oui, c'était « *My baby does the hanky panky* » !

« James ! » Bill éclata de rire, le cœur gonflé de bonheur. Il riait face au vent qui, par vagues, lui soulevait les cheveux. Et il se mit à chanter…

« Chuuut. Réveille-toi », dit-elle en lui posant une main sur la tête. Noël approchait et une autre lettre se matérialisa dans l'obscurité pour atterrir sur la couverture de Bill. Celui-ci cligna des yeux afin de mieux cerner les contours indistincts de la silhouette maternelle. Elle lui caressa le front puis s'éclipsa. Il faillit tomber du lit dans sa hâte de s'installer près de la veilleuse. Quand il ouvrit la lettre, le sifflotement de James résonnait toujours à ses oreilles.

Déc. 67

Salut Bill,

J'ai du mal à croire que ce sera bientôt Noël. Il ne neige pas ici, près de Khe Sanh, mais il pleut. Ça n'en finit pas de pleuvoir. En attendant, c'est quand même beaucoup mieux qu'à Okinawa. On dirait qu'il y a de la neige sur les hauts plateaux mais c'est difficile à dire – ils sont surtout verts avec un peu de violet. J'ai rêvé l'autre nuit que toi et moi on était au bord de la rivière, en train de pêcher ou un truc comme ça. C'était un rêve rudement agréable. Ça m'a fait du bien parce qu'on vient de passer une mauvaise semaine. J'ai perdu un de mes meilleurs copains, Rick. On était partis en patrouille de reconnaissance et j'ai entendu le coup de feu avant même de voir Rick s'écrouler. On s'est tous jetés à terre. Je n'ai même pas pu pleurer. Tout est arrivé trop vite. J'ai roulé sur le sol, et après, au moment où je levais mon fusil, j'ai aperçu ce petit salopard de Viêt. Bon, il n'aura plus l'occasion de tuer personne. Tu me diras, il n'était sûrement pas tout seul. Tu te rappelles, c'est ce que répétait toujours maman : si tu vois une souris, c'est qu'elles sont au moins vingt. Évidemment, puisque c'est toi qui les ramènes à la maison (ha, ha).

Je ne suis toujours pas trop en forme. J'ai aussi une espèce de truc dégueulasse sur les orteils ; le toubib a parlé de pied d'immersion, c'est un peu comme des verrues mais en pire. J'ai des panards énormes, comme les boules de pâte à pain que prépare maman. Bon sang, ce que j'ai hâte de rentrer !

Écoute, je suis désolé pour Beans. Le vieux est vraiment qu'un sale con. Faut qu'il bousille tout ce qu'il touche. Il devrait venir ici, à ma place. Je parie qu'il cavalerait partout dans les rizières, comme une grosse poule mouillée. Tu sais pourquoi ? Parce qu'il a LA TROUILLE. Avant, je me posais des questions sur lui, mais depuis que je suis au Vietnam, j'ai compris plein de trucs. Tout lui fout la pétoche, surtout maman. Elle vaut mieux que lui et il en est bien conscient. Quand je rentrerai, il aura intérêt à se méfier, parce que je vais lui éclater son putain de crâne.

Désolé de ne pas t'avoir envoyé de cadeau pour Noël. C'est pour ça que je t'ai mis des sous. J'en ai mis aussi à maman en lui disant de les utiliser pour elle. Tâche de t'en assurer, d'accord? Merci pour les cookies, ils étaient vachement bons. La sœur de mon copain Marv lui en a expédié aussi mais ils étaient durs comme des grenades. J'en ai mangé un seul et j'ai cru que mon bide allait exploser. Les autres, on en a fait des cibles pour s'entraîner au tir.

Prie pour moi. Certains jours, j'ai l'impression que je suis en train de pourrir sur place. C'est sûrement ma faute. Dès que j'en ai l'occasion, j'écluse presque autant de bières que le vieux. J'en ai besoin pour oublier que je suis là. Écris-moi encore. Les gars trouvent tes lettres géniales. Joyeux Noël.

Je t'aime, frangin.

James

Sur la feuille, des taches se dessinaient à certains endroits, où l'encre avait coulé. Bill les effleura du bout des doigts. Son grand frère avait pleuré. En frissonnant, il regarda la lune hivernale toute blanche encadrée par la fenêtre. Elle se réfléchissait sur les pins rouges couverts de neige près de la maison et emplissait la chambre d'une clarté blafarde. Sans quitter l'astre des yeux, il tripota distraitement l'argent envoyé par James – soixante-quinze dollars au total. De nouveau, un frisson le parcourut. Son frère lui avait parlé comme jamais encore il ne l'avait fait. Il lui avait parlé comme à *un copain*, pas comme à un gosse. Il ramassa la lettre pour la lever vers le clair de lune. Elle avait été écrite en décembre mais il ne savait pas quel jour ni à quelle heure ; son frère changeait et il ne pouvait ni le voir ni le toucher.

De retour près de son lit, il souleva le matelas pour y dissimuler la lettre et l'argent jusqu'au matin. Puis, après avoir récupéré son cahier et son crayon abandonnés sur le sol, il retourna s'asseoir à côté de la veilleuse. Il allait remonter le moral de James.

Vendredi

Cher James Dean (ha, ha),

Je vais te raconté mon rêve. Il y avait juste toi et moi et on volait au-dessus de la rivière. Toi, tu chantais. Et tu avais des ailes. Mais pas des ailes de poulet ! Non, des grandes ailes. J'ai vu Bunny au magasin. Elle a dit de te dire bonjour et aussi que t'es rudement mignon. Sœur Agnes dit que j'ai fait des progrès en orthografe. J'ai baucou joué avec Angel. C'est un bon chien et Mme Moriso dit que je peux joué avec lui autant que je veux. Mais je ne peux pas l'amené à la maison parce que tu sais pourquoi. Je vais acheté à maman du parfum pour Noël. On t'a envoyé tes cadeaux la semaine dernière. Maman m'a coupé les cheveux. Maintenant, il m'en reste plus. J'ai froid aux oreilles. Je peux prendre ton bonnet rouge ? Je l'abîmerai pas, promis juré. Je t'écris en pleine nuit. La lune est toute blanche. Ça me rappelle les renards que tu m'as montré. Ils étaient tout blancs eux aussi. On a baucou beaucou de neige. Maman et moi, on va allé à l'église prié pour toi. Je serai sage et je prirai très fort. Maintenant, il faut que j'aille me couché.

Ton frère qui t'aime.

Billy Babouin

P.-S. : Je prirai aussi pour ton copain Rick.

Bill plia la lettre, qu'il plaça sur son cahier pour ne pas l'oublier le lendemain matin. Une fois recouché, il se recroquevilla en position fœtale, les yeux fixés sur l'ombre des branches de pin que le clair de lune projetait sur le mur. Sans James, Noël s'annonçait sinistre. Mais il avait envoyé de l'argent, ce qui faciliterait un peu les choses. Leur père buvait de plus en plus et travaillait de moins en moins, sauf les deux semaines précédentes, où il avait été recruté comme bûcheron par la scierie d'Olina. Malheureusement, il reviendrait pour Noël. Bill remonta les couvertures sur sa figure puis ferma les yeux en serrant très fort les paupières pour essayer de retrouver les images du rêve. Au lieu de quoi les larmes affluèrent et il s'endormit en sanglotant.

« Qu'est-ce qu'il écrit quand il t'écrit ? »

Bill détacha son regard de ses flocons d'avoine. C'était un samedi et il ne se pressait pas pour avaler son petit déjeuner. Sa mère avait le visage creusé, livide, comme si elle n'avait pas dormi. Elle plaça ses coudes sur la table et se prit la figure entre les mains.

« Qu'est-ce qu'il écrit quand il t'écrit ? répéta-t-elle.

– Ben, c'est juste des lettres », marmonna Bill, qui enfourna une autre cuillerée de céréales.

Sa mère poussa un profond soupir.

« Je sais bien qu'il y a un problème. Même s'il prétend toujours qu'il va bien. Et il envoie tellement d'argent... »

Bill faillit immobiliser sa cuillère à mi-parcours, mais il se ressaisit juste à temps et la dirigea droit vers sa bouche. Il sentait le regard de sa mère l'envelopper comme une couverture.

« Billy ? Je peux lire les lettres qu'il t'envoie ? Je ne dirai rien, je te le promets. »

Il reposa doucement sa cuillère. Il avait secrètement redouté une telle demande. De nouveau, il leva les yeux et scruta en silence les traits maternels. Il cherchait un signe quelconque – un sourire forcé, trop de larmes ou même une seule larme – qui révélerait ses véritables intentions, signalerait la présence de cette vieille colère qui l'amènerait à le traîner par les cheveux à travers la cuisine s'il s'avisait de répondre non. Mais il ne vit rien. Rien qu'un épuisement si total qu'il faisait d'elle une sorte de coquille vide ; c'était tout juste s'il n'entrevoyait pas l'évier à travers son corps.

« D'accord, je te les donnerai à midi. Mais faudra que tu me les rendes avant... »

Il n'eut pas besoin de terminer sa phrase ; sa mère avait déjà compris. Elle hocha la tête en tendant la main vers la tignasse couleur teck de son plus jeune fils. Bill en resta bouche bée quand le bras maternel s'approcha de lui, et soudain, il eut l'impression qu'un fin rayon de soleil lui effleurait la tête.

Prie pour moi.

Il avait toujours imaginé l'église du Sacré-Cœur comme une immense grotte en brique. Sauf que l'air y était sec, et non humide, et que le plafond caverneux s'ornait de fresques – où l'on voyait des anges souffler dans des trompettes et la Vierge

Marie monter au ciel – peintes par les Allemands fondateurs d'Olina. L'édifice était étrangement désert en ce samedi après-midi. Bill suivit sa mère dans le silence impressionnant de l'église vide en s'efforçant de ne pas taper sur le sol ses grosses bottes d'hiver. De part et d'autre de l'autel se dressaient deux porte-cierges en fer forgé sur lesquels étaient disposées quatre rangées de douze petits lumignons blancs, dont la plupart ne brûlaient pas. Chacun était muni d'un tronc également en fer avec une fente où glisser les pièces de monnaie. Une pièce pour allumer une bougie, une bougie allumée pour prier le ciel d'aider un proche, une flamme pour entretenir la prière.

Sans un mot, comme par une sorte d'accord tacite, Bill et sa mère se séparèrent au bout de la nef ; elle se dirigea vers le porte-cierges de gauche tandis qu'il allait s'agenouiller devant celui de droite. Elle mit une pièce dans le tronc, prit un cierge et l'enflamma à une chandelle déjà allumée. Enfin, elle alluma sa propre bougie. Bill l'entendit réciter à voix basse « Je vous salue Marie » et « Notre Père ». Une fois sûr qu'elle se concentrait sur ses prières, il retira de la poche de son jean un billet de dix dollars. Après l'avoir plié en un minuscule carré, il l'inséra prestement dans la fente.

De nouveau, il coula un regard en direction de sa mère. Elle avait baissé la tête, et sa voix, bien que tremblante, continuait de résonner. Il choisit à son tour un cierge pour l'approcher de la seule bougie allumée de son côté. Au même moment, les paroles de sœur Agnes lui revinrent à l'esprit : « Ces bougies servent à prier ou à faire un vœu, en général pour quelqu'un d'autre, mais vous pouvez aussi prier pour le salut de votre âme. Leur flamme signifie que votre prière durera éternellement. »

« Éternellement » voulait dire « pour toujours ». Bill dirigea son cierge vers la rangée du fond, dont il alluma les douze bougies. Il fit de même avec la deuxième rangée, la troisième, et enfin la quatrième où il n'y en avait que onze à enflammer. Puis, après avoir éteint son cierge, il joignit les mains. Les yeux clos, il pensa à son frère et aux copains de son frère, Rick et Marv. Le sifflotement familier s'éleva aussitôt dans sa tête, lui arrachant un sourire. « *My baby does the hanky panky.* » Il tenta de se remémorer une prière. Mais les formules consacrées n'avaient aucun sens pour lui. Alors il chuchota la seule chose qui lui venait à l'esprit : « Rentre à la maison, rentre à la maison, rentre à la maison… »

« Billy ! Tu avais vraiment besoin de toutes les allumer ? »

Il se redressa, la figure empourprée par la chaleur, la flamme éternelle des quarante-huit bougies se brouillant devant ses yeux. « Prie pour moi », avait dit son frère.

« Bien sûr », répondit-il, le *s* s'échappant d'entre ses lèvres comme le sifflement d'un serpent.

Il neigeait lorsqu'ils reprirent la route. Le ciel avait viré au gris perle et les flocons glissaient sur le capot bleu pâle du break. Bill se sentait particulièrement heureux. Sa mère conduisait sans dire un mot mais il devinait qu'elle éprouvait la même chose que lui. Ils s'arrêtèrent au drugstore d'Olina avant de rentrer. Elle lui acheta une nouvelle chemise, un jean et un énorme Père Noël en chocolat. Il eut l'impression qu'elle lisait dans ses pensées quand elle adressa un sourire radieux à Bogey Johnson, le propriétaire du magasin, en disant : « Monsieur Johnson, mon fils voudrait un de ces Pères Noël. Croyez-vous que nous pourrions lui en donner un ? »

Sa mère fredonnait. Bill mordit dans le bras dodu de son Père Noël en regardant les champs et les bois blanchis défiler lentement derrière la vitre tandis que les pneus de la voiture crissaient sur la neige fraîche. Alors que le coude de chocolat fondait sur sa langue et qu'ils approchaient de la ferme, sa mère freina prudemment, et enfin se gara sur le bas-côté à la sortie du virage. Elle retira le paquet de lettres de son sac à main parfumé aux chewing-gums Wriggley Doublemint et le posa sur le siège à côté de Bill. Celui-ci sentit le chocolat liquide lui glisser dans la gorge.

« Merci de m'avoir laissée les lire, mon cœur. »

Elle se tourna vers lui. Son visage scintillait comme la neige fraîche, et pour la première fois de la journée Bill remarqua qu'elle avait ôté ses rouleaux roses. Ses cheveux noirs bien coiffés formaient de belles boucles autour de son visage. Stupéfait, il se rendit compte qu'elle pouvait devenir très jolie.

« Tu sais, reprit-elle d'un ton neutre, Jimmy va revenir. Je le sens. »

Elle plaça une main sur son cœur avant de répéter :

« Je le sens, là. Et tu veux que je te dise encore une chose ? » ajouta-t-elle presque joyeusement.

Bill hocha la tête, les yeux fixés sur sa mère radieuse. Machinalement, il croqua le pompon sur le bonnet du Père Noël.

« Tout va s'arranger, Bill. De toute façon, ça ne peut guère aller plus mal. Mais toi, moi et Jimmy, on est capables de faire tourner cette ferme, tu ne crois pas ? »

Incapable de répondre, Bill repoussa à l'intérieur du sachet sa friandise grignotée. Puis il gratifia sa mère d'un regard circonspect. Elle n'avait pas remarqué son absence de réaction, apparemment, et se tenait de nouveau face au volant. Mais son expression avait changé du tout au tout ; elle avait l'air triste, à présent, et des larmes coulaient sur ses joues.

« Je vous aime beaucoup, tous les deux... vraiment beaucoup. Mais, chuchota-t-elle en contemplant au loin leur maison nichée parmi les pins rouges, si j'avais des ailes, il y a longtemps que je me serais envolée. »

Déc. 67

Cher Bill,

Cette lettre risque d'arriver juste après la dernière, mais le lieutenant Miller a dit qu'il y aurait une levée supplémentaire pour le courrier de Noël, alors j'en profite. Il pleut toujours et je t'écris à l'intérieur d'un bunker. Tu te rappelles combien j'aimais le bruit de la pluie sur le toit ? Sauf que Beans hurlait toujours à la mort dès les premières gouttes. Je regrette de lui avoir jeté ma botte à la tête cette fois-là. C'est pour le coup qu'il s'est vraiment mis à hurler, tu te souviens ? Bref, il pleut comme si c'était le déluge. À force, ça me donne plus ou moins envie de dormir. Des fois, quand on n'entend plus les tirs ni les explosions, ou même quand les avions (on les appelle les « oiseaux de guerre ») se taisent un moment, je fais semblant d'être chez nous. Ou dans un vrai pays, si ça ne marche pas. Je veux dire, c'est un vrai pays, bien sûr, mais j'ai des fois l'impression de flotter au-dessus du sol, de ne pas pouvoir le toucher. Ou alors, de me retrouver dans une espèce de maison de poupée, parce que tous les soldats américains sont grands, moi y compris. Les Yards – les habitants des montagnes, qui nous aident et qui ne sont PAS vietnamiens – ont à peu près ta taille, Bill. À côté, je suis un géant. Finalement, tu aurais pu t'engager dans les marines avec moi (ha, ha). En parlant de géants, tu devrais voir les RATS ! Je regrette de m'être moqué de tes souris. Ces rats-là ressemblent à des monstres sortis tout droit d'un film d'horreur, et en plus, ils MORDENT. Marv les dégomme avec son 45. C'est te dire à quel point il les déteste ! Moi aussi, remarque. Faut pas nous en vouloir, tu sais. Sérieux, ils te BOUFFERAIENT TOUT CRU.

Il y a deux jours, on ouvrait une piste à travers la jungle quand j'ai failli tomber dans une fosse punji. Je t'explique : l'armée nord-vietnamienne et les Viêt-congs creusent des trous et plantent des pieux en bambou au fond. Après, pour les rendre invisibles, ils les recouvrent avec des feuilles et même de la merde de buffle. Si tu tombes dedans, les pointes traversent tes bottes et s'enfoncent dans tes jambes. Ça m'a flanqué une de ces trouilles !

N'en parle pas à maman, mais j'ai des éclats d'obus dans le bras. Le toubib vient de nettoyer la blessure et de me faire une piqûre de pénicilline. Je n'ai pas trop mal. Est-ce que maman va bien, au fait ? Sa dernière lettre était bizarre.

Merci pour la tienne – elle était super ! Et elle est arrivée assez vite. Bien sûr que tu peux prendre mon bonnet, je m'en fiche si tu l'abîmes. De toute façon, je ne le mettrai plus. Hé, je suis content de ne pas avoir des ailes de poulet, jamais elles ne réussiraient à me faire décoller.

Tiens, l'autre jour, j'ai vu un énorme oiseau. Un peu comme un héron, mais encore plus gros. J'ai demandé à un des ARVN ce que c'était. (Les ARVN, ce sont les soldats de l'Armée de la République du Vietnam, qui se battent de notre côté.) Il m'a répondu en rigolant que c'était une grue. Il a dit : « T'avais jamais vu de grue avant ? » On en a peut-être dans le nord du Wisconsin, mais en général, elles restent dans le Sud. En tout cas, elles sont magnifiques, Bill. J'espère que j'en verrai d'autres. Elles doivent sûrement se faire tuer par les bombes et les tirs croisés. J'aimerais avoir des ailes comme elles. Elles m'ont rappelé les oies de chez nous, à l'automne. Cette année, elles m'ont manqué.

Je t'envoie une photo de moi. J'ai l'air rudement sale, mais ici, on l'est tous. Merci pour les cadeaux et aussi pour le cake. Allez, petit homme, faut que je te laisse. Embrasse maman pour moi. Dis au vieux d'aller se faire foutre (non, c'est une blague, tais-toi). Dis bonjour de ma part aux Morriseau si tu les croises.

Je t'aime, frangin.

James.

Bill contempla le Polaroïd de son frère. Le casque cachait ses cheveux taillés en brosse, mais le reste ressemblait *grosso modo* à James. Sauf que le sourire n'était pas naturel. On aurait dit que des doigts invisibles lui étiraient les coins de la bouche, tendant la peau sous le nez. Ses yeux sombres étaient profondément enfoncés dans leurs orbites et il avait maigri. Outre la photo, l'enveloppe contenait aussi de l'argent ; Bill compta cinq billets de dix dollars. Il s'adossa au mur. *Petit homme*. Oui, il se sentait bel et bien devenu un homme – comme si, après le départ de James, toutes les raisons secrètes ayant poussé son frère à s'en aller s'étaient soudain éclairées pour lui, le faisant vieillir d'un coup.

Noël était passé depuis déjà une semaine. John Lucas était rentré, s'était soûlé et avait dormi comme une souche le soir du réveillon et presque toute la journée du lendemain, ne se levant que pour venir manger. Bill avait été surpris, en le regardant dévorer sa part de dinde, de faire aussi peu de cas de ce grand escogriffe à la peau jaunâtre assis en bout de table. Depuis quelque temps, sa vie de garçon de neuf ans tournait tellement autour de sa lutte quotidienne pour survivre à l'école, de l'attente angoissée des lettres de James, de la ferme et des champs environnants, et enfin du fragile univers maternel, qu'il en avait oublié la prudence de mise en présence de cet homme empestant la bière dont il évitait de croiser la route, lui semblait-il, depuis sa naissance. Il avait avalé une bouchée de farce avant d'accrocher le regard de sa mère. Elle lui avait adressé un petit sourire. Ses yeux sombres n'étaient pas éteints comme à l'accoutumée, ils brillaient. *Tout va s'arranger*. Quand Bill s'était tourné de nouveau vers son père, à l'autre bout de la table, il avait éprouvé un élan de pitié inattendu. James était à des milliers de kilomètres d'eux, dans un pays que même Bill, pourtant doté d'une imagination débordante, ne pouvait se représenter, mais qu'il portait dans son cœur sous le nom de *Vietnam* – un pays de montagnes violettes, de fosses mortelles creusées par l'homme et de bombes remplies d'éclats tranchants, où certains oiseaux étaient plus gros que les oies du Canada, où le métal brûlant volait. Pourtant, c'était son père, et non son grand frère, qui vivait dans une contrée inconnue dont il ne sortirait jamais, où il était le seul à raisonner comme il le faisait et dont il ne franchissait parfois les frontières que pour frapper sa femme ou humilier ses fils.

En attendant, maintenant que John Lucas était rentré pour les vacances, Bill se demandait comment il allait se débrouiller sans son frère pour les protéger, sa mère et lui. En même temps, il savait qu'il devait tenir bon. James allait revenir, et alors il dirait au prêtre que son prêche de la messe de Noël était faux : la fraternité entre les hommes, ça n'existait pas.

Dimanche,

Cher James,

Maman et moi on a prié pour toi. J'ai mangé baucou de chocolat à Noël et j'ai eu mal au ventre. Papa a été viré, alors main-

tenant il est à la maison. Avec maman, on a fait de la luge. Elle a perdu plusieurs de ses roulos mais elle ne s'est pas fâché. Elle s'est assise devant pour que je ne reçoive pas la neige dans la figure. J'ai recommencé l'école. Sœur Agnes a dit de cherché dans le ciel les étoiles de janvier. Là-bas aussi, il y a des étoiles ? On a vu une grosse chouette blanche posée sur la clôture près de la grange. Maman dit que c'est une chouette des neiges venue du Canada, qu'elle n'avait plus rien à mangé dans son pays. Maman a pleuré. Elle dit que tu devrais allé aussi au Canada. Mais moi j'ai dit, maman, s'ils n'ont rien à mangé, pourquoi James devrait y allé ?

Bill s'interrompit. En bas, dans la cuisine, sa mère criait et les casseroles s'entrechoquaient. Quand la voix grave de son père s'éleva à son tour, il se raidit. Puis il entendit un choc sourd. Sa mère cria de nouveau. Bill soupira.

Peut-être qu'ils voudront bien te laissé partir plus tot ?

Il immobilisa son stylo au-dessus de la feuille. À présent, sa mère sanglotait.

S'il te plait, rentre à la maison. J'ai peur. J'aime bien ta photo. Je pourrai avoir ton casque quand tu rentreras ? M. Moriso a promis de nous emmener voir les grues. Il dit qu'elles volent au-dessus du lac Supérieur. Les Moriso te disent bonjour. Si les marines veulent bien te laissé partir plus tot, tu reviendras ? Bon, je te laisse, il faut que j'aille me couché.

Je t'aime, frangin.

Bill

Il reposa son cahier. Les pleurs de sa mère se calmaient. Il grimpa sur son lit et se boucha les oreilles pour ne plus entendre les échos assourdis du désespoir maternel. C'était maintenant la mi-janvier, et bizarrement, le dégel avait déjà commencé. Les mésanges avaient entonné leur chanson printanière ce jour-là. Bill avait ouvert sa fenêtre afin de laisser entrer un vent exceptionnellement chaud pour la saison, qui faisait voltiger les rideaux ivoire comme des danseurs nocturnes. Il se sentait à la fois euphorique et honteux d'avoir avoué ses peurs à son frère. Mais autant il avait envie de déchirer sa lettre, autant il était persuadé qu'elle lui ramènerait son frère. Peut-être même, songea-t-il en écoutant la glace goutter des pignons, pourrait-il persuader sa mère de téléphoner aux marines pour leur dire que James devait rentrer à la maison. Qu'il avait fait une erreur en s'engageant.

Il se tourna sur le flanc en essayant de ne pas penser au lendemain. Le lendemain, il y avait école. Le lendemain, il lui faudrait affronter Merton. Les rideaux dansaient toujours. Leurs mouvements avaient un effet hypnotique sur ses yeux déjà fatigués, et, associés au goutte-à-goutte régulier et apaisant de la glace qui fondait, ils amenèrent peu à peu ses paupières à se fermer. Demain, ce n'était pas encore tout de suite.

Les ailes blanches se replièrent, l'enveloppant pendant quelques secondes, lui caressant le visage et le torse. Quand elles s'ouvrirent de nouveau, portées plus haut par le vent puissant, Bill constata qu'elles se déployaient à perte de vue. Ses jambes nues se balançaient d'avant en arrière ; cette fois, on l'avait attrapé par les épaules. L'atmosphère était lourde et humide, tellement humide qu'il avait l'impression d'être aussi glissant qu'un poisson – et tout aussi vulnérable, ainsi emprisonné entre les serres d'un aigle. Pourtant, ses épaules ne lui faisaient pas mal ; il se sentait solidement maintenu, en sécurité. Laissant retomber sa tête, il regarda en contrebas.

Ils survolaient la ferme des Morriseau avec ses deux silos et sa grande mare aux canards. Le champ de quatre-vingts acres derrière la maison était constellé de petits nuages de poussière, chacun explosant comme les spores d'une vesse-de-loup écrasée. Pouf ! Pouf ! Pouf ! De minuscules silhouettes noires couraient en tous sens, et chaque fois que l'une d'elles touchait un nuage, elle se transformait aussitôt en boule de feu. Bill entendait des cris mêlés aux claquements sourds des détonations. Peu à peu, l'air se chargea de poussière. Bill sentit sa poitrine se creuser, ses lèvres se mettre à trembler. Il toussa violemment et se couvrit la bouche de ses mains.

Puis les ailes se replièrent de nouveau, emprisonnant son petit corps dans un cocon de plumes. Lorsqu'elles s'écartèrent, il découvrit le champ désert et une nuée de vachers à tête brune tournoyant en dessous de lui. L'air circulait librement dans sa gorge, à présent, et il n'avait plus envie de pleurer. Soudain, il perçut un sifflotement. Il y avait quelqu'un en bas, qui lui faisait de grands signes. Glissant sur un courant ascendant, les ailes emmenèrent Bill jusqu'au bout du pré avant de revenir.

Bill poussa une exclamation de joie. C'était James, coiffé d'un casque d'un vert terne dont un côté s'ornait du nom « Elvis » peint en lettres noires. Il avait calé son fusil sur ses épaules et il le posa pour pouvoir agiter les deux mains.

« Hé, Billy ! Hé, Billy Babouin !

– Jaaaames ! Jaaames ! » s'époumona Bill, mais le vent qui s'engouffrait entre les plumes au-dessus de lui noya son cri.

« Par ici ! » hurla son frère. Il ramassa son fusil pour le pointer vers leur propre champ. Une seule silhouette noire filait sur la terre brune labourée. Comme si elles répondaient à un signal, les ailes battirent plus vite. Elles franchirent la distance en un éclair, faisant descendre Bill de plus en plus bas.

« Hé, Merton-les-chiottes ! lança-t-il joyeusement. T'as intérêt à te dépêcher ! T'es dans la merde jusqu'au cou ! »

Merton courait maladroitement, trébuchant dans les profonds sillons. Bill remonta les genoux et recroquevilla les orteils. Les ailes le firent descendre encore. Il coinça ses pieds sous les aisselles de son vieil ennemi et, les jambes devenues aussi solides que des câbles d'acier, le souleva de trois mètres avant de le lâcher.

« Fais pas de mal au petit Hun ! recommanda James. Contente-toi de lui flanquer la trouille ! »

Un grognement échappa à Merton quand il tomba sur le sol fraîchement retourné. Mais il se releva aussitôt et se remit à courir en essayant de repérer Bill. Celui-ci poussa un cri de triomphe. Merton, les yeux exorbités, accéléra encore l'allure. De nouveau, un courant aérien amena Bill juste derrière le fuyard. Cette fois, au lieu de le soulever, il replia ses jambes contre sa poitrine puis les détendit d'un coup, atteignant Merton entre les omoplates, l'envoyant tête la première dans la terre meuble où il demeura à plat ventre, le souffle court, toussant et crachant. Mais il n'était pas blessé, juste effrayé. Tandis que les ailes l'éloignaient, Bill contempla son adversaire étalé dans le champ. Puis son désir de vengeance disparut aussi soudainement qu'il était venu et il retourna vers son frère, presque invisible dans son uniforme vert jungle parmi les hautes herbes du champ voisin.

James avait enlevé son casque et, un sourire jusqu'aux oreilles, le regardait approcher. Les ailes portèrent Bill juste au-dessus de son frère, lui permettant d'effleurer de ses orteils les courts cheveux hérissés. Il ne pouvait pas parler. Une expression peinée se peignit sur le visage de James, qui attrapa les chevilles de son cadet et lui embrassa les pieds.

« Bon sang ! Ça me fait rudement plaisir de te voir, Billy Babouin, dit-il d'une voix douce. Ouais, rudement plaisir... »

Il le relâcha pour désigner le paysage alentour.

« Je rêve tout le temps de cet endroit. Tout le temps. »

De nouveau, il embrassa les pieds de Bill.

« Ne pars jamais, Bill. Toi et moi, on... on s'amusera bien quand je rentrerai. »

Bill tendit les jambes au maximum pour tenter de toucher le crâne de son frère mais les ailes l'emportaient de nouveau. James recoiffa son casque et ramassa son fusil. Il s'essuya le visage avec sa manche en disant, une main levée en signe d'adieu :

« Je dois y aller, maintenant. Mais t'en fais pas, hein ? Je t'aime, Billy ! Et, ajouta-t-il en désignant son casque, Elvis t'aime aussi ! »

Cette fois, Bill le vit s'élancer hors du champ puis disparaître dans le marais. Son cœur cognait à grands coups sourds. Quand l'écho d'un sifflotement lui parvint, il sourit à travers ses larmes. « *My baby does the hanky panky.* » Il aurait voulu appeler James mais aucun son ne franchit ses lèvres. Alors qu'il écoutait les notes de la chanson, une pensée le frappa soudain : si son frère était en bas, qui pouvait bien être au-dessus de lui ? Qui le maintenait ?

Il eut beau tendre le cou pour tenter d'apercevoir quelque chose, il ne vit que le soleil jaune d'or, aveuglant. Les ailes se refermèrent, lui couvrant le visage, lui chatouillant les joues. Un cri guttural résonna dans l'air autour de lui. Les ailes l'enveloppèrent une dernière fois, avant de le ramener au sein du cocon plus familier des draps et des couvertures et de l'abandonner à la tranquillité d'un sommeil sans rêves.

Il y avait tant de choses que je ne savais pas quand je suis parti.

Et tant de choses que je savais.

Je n'avais pas l'habitude d'écrire. Maman me tannait tout le temps pour que j'envoie des petits mots de remerciement à la famille quand on recevait des cadeaux d'anniversaire ou de Noël – une famille qui ne venait jamais nous voir et qu'on n'allait jamais voir. Mais au Vietnam, le courrier, c'était le truc qu'on espérait tous. Qu'on appelait de tous nos vœux. Il n'y avait pas de cabines téléphoniques. Si on voulait recevoir une lettre, il fallait d'abord en expédier une. Je me montrais prudent lorsque j'écrivais à ma mère. Je ne voulais pas l'inquiéter ; ce que je ne pouvais pas lui dire, je le disais à Bill. Et pour la première fois de ma vie, j'ai terminé mes courriers par « Je t'aime ».

Je n'ai pas écrit à Rosemary et Ernie. Je ne leur ai même pas dit au revoir. C'est nul, surtout après tout ce qu'ils ont fait pour moi. Je me doutais bien, quand j'avais signé, qu'ils tenteraient de me raisonner. Or je ne voulais pas. Je n'avais pas un sou en poche et il fallait que je trouve un moyen de me tirer d'Olina.

Les Morriseau ne se sont jamais vraiment étendus sur leur expérience dans l'armée. Rosemary en parlait un peu. Ernie, presque pas. Il avait des médailles mais je ne les ai jamais vues. Souvent, je l'imaginais sous les traits d'un de ces gars dans les films sur la Seconde Guerre mondiale qu'on regardait avec Bill. John Wayne se battant pour sauver sa peau à Bataan. Des histoires de tripes et de gloire.

Les tripes, c'est pas ça qui manque ici, mais la gloire, mon cul. Il y a des tripes couvertes de mouches. Des tripes mouillées par la pluie. Des tripes sanguinolentes. Des longueurs et des longueurs de tripes. Tout le monde est trempé en permanence. J'ai les pieds enflés, en sang, dans mes bottes. Pourtant, vues de la base, à une certaine distance, les collines sont rudement jolies. On dirait le jardin d'Éden. Ce qu'elles étaient autrefois pour les gens qui vivent ici – ou du moins, qui essaient de vivre ici. Aujourd'hui, c'est plus qu'un putain de champ de mines. Un endroit que le lieutenant Miller appelle « surréaliste ». J'aime bien ce mot. Cette sensation d'être entre la réalité et l'irréalité.

Moi, je lui ai dit, peut-être que c'est moins « SUR-réaliste » que « SI réaliste ». Il a rigolé. Ici, les choses ne sont pas ce qu'elles paraissent.

Un jour, j'ai levé la main pour cueillir une orchidée violette sur une plante parasite. Kho, notre éclaireur bru, m'a expédié un coup de poing dans le ventre, si bien que mon bras s'est replié automatiquement.

« Non, non, a-t-il chuchoté. Regarde. »

Bon sang ! Il y avait une grenade artisanale attachée à l'orchidée, presque invisible.

Qu'est-ce que je pourrais dire à Ernie et à Rosemary ? Comment écrire « Oh, eh bien, moi ça va. Et vous ? » après un truc pareil ? Que se serait-il passé sans l'intervention de Kho ?

Comment aurais-je pu écrire : « Je me suis fait sauter la main en essayant de cueillir une putain de fleur ? » Les Morriseau étaient différents. Si je leur avais raconté ça, ils auraient compris. Mais justement, c'est ce qui m'a retenu. Je ne pouvais pas l'écrire et je ne pouvais pas mentir ; ils m'auraient percé à jour. Je n'avais pas le droit de leur faire du mal. Alors j'ai préféré garder le silence. Pas de lettres. Même quand j'écrivais à maman et à Bill, terminer par « Je t'aime » ne me paraissait pas suffisant. Voilà ce que je ne savais pas : on peut aimer quelqu'un au point de ne pas avoir assez de mots pour l'exprimer.

Mais ce que je savais m'a préparé au pire même si je ne m'en suis rendu compte qu'au moment où c'est arrivé.

On a patrouillé toute la deuxième quinzaine de novembre. Moi, le lieutenant Miller, Rick, Marv, Kho, Cracker Jack, notre radio, et Doc Motown, dont le vrai nom est Solomon Jackson et qui adore le son Motown sans pour autant être originaire de Detroit. On nous avait appris que les Nord-Vietnamiens rassemblaient leurs troupes.

« Fait chier ! Juste pour Noël, en plus ! » avait râlé Cracker Jack, qui n'aimait pas les patrouilles de reconnaissance.

On était censés relever des signes indiquant la présence de forces ennemies et déterminer leur nombre. Combien de camps abandonnés avions-nous découverts ? De coins de terre retournés dissimulant peut-être une fosse punji ou peut-être un tas de merde laissé par des humains ou des éléphants ? Avions-nous trouvé des cadavres ? Des blessés ? Des traces de sang ? Il fallait aussi envoyer un message radio chaque fois qu'on nous canardait. Si on nous canardait beaucoup, alors les rumeurs étaient fondées.

« Tu veux que je te dise ? ai-je glissé une fois à Rick pour que Marv n'entende pas. Toutes ces histoires de reconnaissance, c'est du flan. On est juste des putains d'asticots sur un hameçon. »

Certains jours, on n'entendait que le bruit de nos pas. Jusqu'au moment où, tout d'un coup, on se retrouvait à plat ventre sur le sol à cause d'une rafale de tirs. En tant qu'éclaireur, c'était à moi d'ouvrir l'œil, d'essayer de localiser une éventuelle flamme de bouche même en plein jour. De toute façon, même si je n'en voyais pas, j'étais capable de me repérer au son. Je ne me servais presque jamais de mon lance-grenades ; mon bras m'était beaucoup plus utile. Je dégoupillais la première grenade et je la projetais dans la direction voulue. Blam ! Juste après résonnaient les pop ! pop ! pop ! pop ! d'un AK-47, comme en réponse à ma question. *C'était exactement ce que je voulais.* Je jetais encore quelques grenades dans le coin. Entre-temps, Cracker Jack avait communiqué notre position par radio et on ne bougeait plus jusqu'à ce qu'on entende un Cobra ou un Skyhawk au-dessus de nos têtes. Chaque fois, on priait pour que les pilotes aient bien reçu le message et ne nous mitraillent pas ou ne nous lâchent pas une bombe dessus.

Ce n'étaient pas les coups de feu qui nous ébranlaient le plus. Non, c'était le silence entre les tirs. Marv se tapotait nerveusement la poitrine et se bouffait les ongles. Quand il n'a plus eu d'ongles, il s'est bouffé le bout des doigts. Rick grinçait des dents. Cracker Jack, lui, serrait les fesses, et le lieutenant Miller frottait son lance-grenades comme s'il s'astiquait le manche. Mais tous finissaient par s'arrêter parce qu'on ne pouvait pas s'agiter longtemps. Au bout d'un moment, on se fatiguait. C'est ce dont je me souviens le mieux : l'épuisement. Cette terreur qui vous vide à l'idée de ne jamais savoir ce qui va arriver, de se sentir cerné, observé en permanence. Si on n'y prenait pas garde, elle pouvait vous amener à faire des conneries. Les yeux de Miller devenaient vitreux et il se mettait à marcher comme si ses batteries se déchargeaient. Je me sentais également affecté, mais moins. Cracker Jack se maîtrisait mieux lui aussi. J'avais de l'entraînement, et d'après le peu qu'il m'avait raconté, j'avais deviné que Cracker Jack avait appris la peur à Chicago. Moi, j'avais connu ça toute ma jeunesse : ne jamais savoir ce que réserve l'avenir, toujours s'attendre à l'inattendu.

On sortait du couvert de temps en temps pour se risquer parmi les herbes à éléphants. Des herbes plus hautes que nous. Tranchantes. On avait les bras tout écorchés, et parfois aussi le visage. Ces coupures pouvaient s'infecter, et chaque fois qu'on se reposait, on soulevait les croûtes pour faire sortir le pus. Cracker Jack mettait de la pommade dessus.

Rick venait d'Austin, dans le Minnesota. Là-bas, disait-il, ils avaient une variété particulière de graminées, la spartine anglaise, presque aussi tranchante. Répandue surtout dans les endroits humides, elle éraflait plus qu'elle n'entaillait. Mais elle n'était pas aussi haute. Pas étonnant qu'ici on parle d'herbe à éléphants. Seul un éléphant peut s'aventurer sans problème parmi ces plantes qu'il domine, parce qu'il a la peau dure.

Il ne nous restait plus que deux jours à passer dans la jungle avant de rentrer à la base quand Rick s'est fait descendre.

Je ne me suis pas remis de sa mort. En tant qu'éclaireur, j'avais pour mission de m'assurer qu'il n'arrivait rien à la patrouille de reconnaissance. Mais les sous-bois étaient particulièrement denses, et nous, on progressait aussi discrètement que des grosses oies. La jungle n'est pas faite pour les Américains ; on est trop grands, trop lourds. Les Yards, eux, sont tout petits. Les Nord-Vietnamiens aussi. Pourtant, même sans avoir repéré les fosses qu'ils avaient creusées ou perçu l'odeur de leur sauce de poisson, je sentais leur présence. Ils étaient partout, mais invisibles au milieu de cette végétation impénétrable, de cette atmosphère sombre et effrayante. Jamais je n'avais éprouvé une telle impression. J'avais grandi entouré de forêts familières. Ici, quand je regardais les arbres, je devais en scruter les branches pour vérifier que tel ou tel enchevêtrement de feuilles et de lianes ne dissimulait pas un tireur en embuscade. On était tellement crevés qu'on avait à peine la force de lever les pieds. Même moi je n'en pouvais plus. Vivre dans la peur m'avait miné. J'avais perdu l'appétit, ce qui était tout aussi bien. On ne bouffait ces putains de rations C qu'une fois par jour, et bizarrement, la diversité ne figurait pas au menu. Saucisses de Francfort et haricots, jambon et haricots de Lima.

« Bon Dieu, Cracker ! m'étais-je exclamé en regardant ma portion de jambon-haricots cuire sur un morceau d'explosif C-4. C'est tout ce que t'as trouvé à emporter ?

– C'est tout ce qu'y avait en stock, avait-il répondu en haussant les épaules. Petites bites et haricots, jambon et saloperies. Désolé, vieux. T'as qu'à imaginer que c'est un steak ! »

Plus tard ce même jour, j'ai entendu le pop d'un AK-47. On s'est tous jetés à terre et on a roulé pour se mettre à couvert. Tous sauf Rick. Au moment où je me laissais tomber sur le sol, je l'ai vu tressauter en tous sens, comme s'il avait entamé une sorte de danse bizarre, tandis qu'une tulipe rouge s'épanouissait sur sa poitrine. Ce Viêt était vraiment trop con. Il n'arrêtait pas de tirer comme s'il voulait à tout prix vider un chargeur entier sur Rick. J'ai encore roulé deux fois et j'ai visé l'endroit où j'avais aperçu la flamme de bouche. Ce qui pouvait passer de loin pour une masse de plantes parasites enroulée autour d'une branche était en fait un homme. La première balle a dû le toucher à la gorge. On a entendu un gargouillement, et après, une espèce de grand souffle qui s'est achevé par un soupir étranglé. Mais il a fallu que je lui vide mon chargeur dans le corps pour qu'il dégringole comme une gélinotte huppée perchée sur une branche.

« Bouge pas », ai-je sifflé entre mes dents en voyant Marv tenter de rejoindre Rick. J'ai entendu Cracker Jack lancer un message de détresse par radio. J'étais sûr qu'il y avait d'autres tireurs dans les parages et qu'on allait tous y rester. Or il ne s'est rien passé. Je n'arrivais pas à croire qu'il ait été le seul salopard en embuscade. Ils ne devaient cependant pas nous estimer dignes de gaspiller des munitions. En temps normal, j'aurais rampé vers le cadavre ennemi pour le fouiller à la recherche de tout ce qui pourrait nous fournir des informations utiles : cartes, photos, le genre d'uniforme qu'il portait… Mais Marv suffoquait comme s'il ne parvenait plus à respirer.

Après la mort de Rick, Marv avait souvent le regard perdu dans le vague, et je devais lui taper dans le dos pour l'obliger à se concentrer. C'était lui l'auteur du « Elvis » peint sur mon casque, ce qui non seulement m'avait transformé en cible visible à plus d'un kilomètre à la ronde mais m'avait aussi valu un sacré savon parce que j'attirais l'attention sur tous les autres. Il avait remis un coup de peinture dessus pour l'effacer. Il rigolait tout le temps et il nous faisait tout le temps rigoler. Jusqu'à ce que Rick y passe. Il s'est accroché à la housse mortuaire et j'ai bien cru qu'il me faudrait lui casser les bras pour l'obliger à lâcher prise, à laisser les gars charger le corps de Rick dans un hélico H-34 et le ramener chez lui.

Marv a chialé longtemps la nuit, par intermittence. Apparemment, pleurer le soulageait, mais moi, ça me portait sur le système, et au lieu de me rendre triste, ça me foutait en rogne.

À l'approche de Noël, on a eu deux nuits tellement calmes qu'on a dû retenir notre souffle pour nous assurer que le silence était bien réel. Sauf que je ne devrais pas parler de silence. Les bestioles faisaient un sacré raffut dans la jungle autour de la base, mais, tout comme le bourdonnement des moustiques, c'était devenu pour nous le fond sonore habituel.

Pour Noël, Marv a acheté une guitare à un *papa-san* au marché noir. J'ignore comment il s'y est pris ou contre quoi il l'a échangée au village de Khe Sanh, mais en tout cas, elle n'était pas trop pourrie. Jusque-là, je ne savais même pas qu'il en jouait. Un soir où je lisais allongé sur des sacs de sable à l'intérieur du bunker, Marv a sorti la guitare interdite et s'est mis à chantonner.

Ne reconnaissant pas l'air, j'ai demandé :

« C'est quoi ? »

Il s'est arrêté.

« T'arrives vraiment du fin fond de la cambrousse, hein ? »

Marv venait de Philadelphie.

« Y a pas qu'un style de musique dans le monde. T'as jamais entendu parler des Beatles ?

– Ta gueule. Bien sûr que si.

– Et de Beethoven ? a-t-il insisté.

– Pour le coup, tu vas vraiment la fermer, ta grande gueule ! Ma mère adore Beethoven. Elle était prof, avant. Elle a fait ses études dans une université privée à Milwaukee. Merde ! J'ai grandi en écoutant Beethoven, Tchaïkovski et Debussy. Tu vois le topo ? Les classiques, quoi.

– Les classiques… »

Il s'est fendu d'un sourire moqueur.

« Alors, où est-ce que t'as merdé ? »

Je lui ai expédié une boîte de bière vide. Il s'est baissé en rigolant. C'était bon de l'entendre rire de nouveau après ce qui était arrivé à Rick. Là-dessus, il s'est remis à chanter.

Hello darkness, my old friend,
I've come to talk with you again,
Because a vision softly creeping,
Left its seeds while I was sleeping,
And the vision that was planted in my brain
Still remains
Within the sound of silence[1].

C'était la première fois que je prêtais vraiment attention aux paroles de Simon et Garfunkel. Cette chanson m'est restée. Durant tout le mois de janvier, je l'ai fredonnée à mi-voix, comme une prière.

1. Salut la nuit, ma vieille amie,/ Je suis venu te parler encore une fois,/ Parce qu'une vision furtive/ A semé ses graines pendant que je dormais,/ Et la vision plantée dans mon cerveau/ Demeure toujours/ Dans le son du silence. *(N.d.T.)*

J'ai bien cru que 1967 ne s'achèverait jamais. Le mois de décembre s'est accroché avec une telle ténacité qu'il est devenu officiellement mémorable, se distinguant par des températures et des conditions dont les météorologues se serviraient comme repères dans les années à venir. L'hiver avait commencé par une avalanche de neige déversée par le ciel de novembre et des bourrasques d'une force inhabituelle en provenance du lac Supérieur. En décembre, nous avons eu jusqu'à moins vingt-cinq. Le vent ne faisait qu'aggraver la situation, hantant les journées de son souffle glacé, torturant les animaux les plus résistants, comme les coyotes, les obligeant parfois à se réfugier dans un fenil, à la grande surprise du fermier.

Puis janvier est arrivé, réchauffant enfin le ciel bleu et froid. Une brise tiède et humide descendue du Canada a balayé le nord du Wisconsin, amorçant un dégel pour le moins étonnant en plein hiver. Les mésanges ont entonné leurs sérénades printanières en cherchant brindilles et brins d'herbe pour fabriquer leurs nids. Un jour, j'ai mis du linge à sécher dehors. Après avoir accroché la dernière chemise, je me suis tournée vers le vent, le laissant écarter les pans de mon peignoir.

Quand, il y a dix-sept ans, nous avons quitté Milwaukee pour cette exploitation agricole de deux cent cinquante acres où abondent marais, cailloux et pins, je ne connaissais pas l'histoire de la région et ne comprenais pas pourquoi le terrain était aussi bon marché. Il ne m'était pas venu à l'idée d'en parler avec Emil et Anna Hausherr, car, de toute évidence, ils avaient vécu heureux dans cette ferme. Nous nous sommes établis non loin d'Olina, une ville dont le nom avait une consonance suédoise bien que presque tous les habitants fussent d'origine allemande. Moi qui jusque-là vivais entourée de ma famille et de mes amis, j'ai fait l'expérience d'un isolement presque total. Et j'ai eu l'impression de remonter le temps.

La communauté rurale d'Olina se composait des petits-fils et petites-filles d'immigrants séduits par le miroir aux alouettes qu'avaient brandi le ministère de l'Agriculture et l'industrie du bois. Quand les nouveaux arrivants avaient découvert un sol appauvri par la déforestation et un climat trop rigoureux pour permettre les cultures à grande échelle, il était trop tard : ils n'avaient plus un sou pour repartir. Leurs enfants et les enfants de leurs enfants avaient donc appris à se contenter de peu, à mener une existence étriquée. Ils tenaient stoïquement le coup et passaient leurs dimanches matin à écouter le père Wallace expliquer d'une voix monocorde le grand dessein de Dieu, puis dispenser sur un ton pontifiant ses opinions personnelles, selon lesquelles les gens attiraient souvent eux-mêmes le malheur sur leur tête à cause d'une spiritualité inexistante ou dévoyée. D'après lui, les pécheurs étaient ceux qui ne se conformaient pas aux normes et aux traditions d'Olina – parmi lesquelles, entre autres, la dépression. C'était un péché, par exemple, que de souhaiter ou de vouloir le bonheur. D'espérer l'amour. Pour ma part, j'assistais à l'office parce qu'on m'y avait habituée depuis ma naissance ; c'était devenu aussi instinctif que respirer. J'avais peur, si j'en manquais un, de provoquer une terrible catastrophe. Il s'agissait là d'une crainte superstitieuse que ma mère m'avait inculquée par la terreur, avec une efficacité redoutable. Pourtant, j'avais beau écouter avec attention le prêtre, je refusais de croire que le malheur frappait seulement ceux que l'Église considérait ou définissait comme en état de péché.

Le père Wallace était un bon exemple de l'hypocrisie de l'Église. Il ne trempait pas les lèvres dans le sang du Christ mais le buvait à la bouteille avant, pendant et après la messe. Ce n'était pas non plus une vulgaire piquette mais un merlot français assez cher. Je m'en doutais déjà avant que Jimmy me le confirme au cours des deux années où il avait été enfant de chœur. Un jour, il m'avait rapporté une bouteille vide pour me la montrer. Comme la plupart des êtres prêchant la vertu, le père Wallace n'avait pas de termes assez durs pour dénoncer chez les autres ce qu'il était le premier à pratiquer : le péché. J'étais surprise qu'aucun paroissien ne cherche à savoir comment le prêtre avait pu se payer un énorme téléviseur couleur et une Cadillac, ou si le nom de Wilson – Elizabeth Wilson, Robert Wilson, M. et Mme Wilson, John Wilson, Alvira Wilson – inscrit sur presque tous les vitraux de l'église avait un quelconque rapport avec son train de vie. Notre subsistance dépendait en grande partie de la scierie Wilson, le seul employeur de la région – et encore, seulement de façon saisonnière.

La première année, j'allais à la messe surtout pour me sentir mieux ; c'était un rituel familier et aussi la seule occasion de porter mes plus jolies tenues – robes, tailleurs, chaussures et chapeaux. L'absence d'événement social à Olina rendait inutile tout effort vestimentaire. Après avoir chaudement habillé

Jimmy, je me rendais à l'office tous les matins à six heures et demie, juste pour sortir de la maison avant mon mari. À cette heure-là, il n'y avait que très peu d'hommes à l'église. L'assistance se composait surtout de femmes assises sur les bancs du fond, égrenant leur chapelet entre leurs doigts. Bon nombre d'entre elles appartenaient aux Daughters of Isabella, une association caritative dont les membres assistaient à tous les services funéraires, même ceux des membres les plus misérables, les plus délaissés de la communauté. Elles récitaient « Je vous salue, Marie » et « Notre père », psalmodiant à l'unisson jusqu'au moment où, d'un hochement de tête, le prêtre signifiait le début de la messe.

En général, Jimmy s'endormait sur le banc à côté de moi. Parfois, les fidèles les plus âgées le regardaient en s'extasiant doucement sur ses cheveux noirs bouclés et ses joues roses. Je sortais un rosaire de mon sac. Je n'étais pas aussi douée que certaines de ces femmes d'origine allemande ou slave, dont les mains fines formaient un contraste saisissant avec leur corps trapu. Elles dévidaient leur chapelet du bout des doigts avec cette même agilité dont elles faisaient preuve dans leurs ouvrages au crochet et au tricot – dix « Je vous salue, Marie » à l'endroit, un « Notre Père » à l'envers. Leurs lèvres parcheminées remuaient en silence tandis que, comme en transe, elles contemplaient l'immense crucifix accroché au mur derrière l'autel. Je ne les jugeais ni stupides ni particulièrement zélées. En vérité, c'était le seul moment de la journée où elles disposaient d'une heure de répit personne ne pénétrait dans l'église sauf en cas d'extrême urgence, aucun mari ni aucun enfant n'osait violer ces instants sacrés. Sans doute ne l'auraient-elles admis pour rien au monde, mais avant tout, elles priaient pour ne pas perdre la tête et garder la force de ne pas s'appesantir sur leur malheur quotidien. Je le savais, parce que ma mère allait à l'église tous les jours quand j'étais petite. Et je connaissais la raison d'une telle ferveur.

En janvier, lorsque le temps a déraillé, je n'y ai pas vu un signe de mauvais augure mais au contraire un cadeau du ciel indiquant peut-être que 1968 apporterait une certaine paix et des hivers plus doux que les précédents.

Les yeux clos, j'offrais mon visage à la caresse du vent. Je n'étais catholique que dans la pratique. Au cours de cette première année, alors que je passais la semaine toute seule à la maison avec un nouveau-né, j'ai pris conscience d'un souffle ou d'une respiration. J'évoluais à l'intérieur, et, peu à peu, il est devenu l'aune à laquelle je mesurais tous les autres sons. J'entendais les corneilles crailler de loin en loin quand je poussais le landau sur la route de terre battue dans l'espoir d'endormir Jimmy. Une famille dans tel arbre, une deuxième dans tel autre, peut-être apparentées. Parfois, leurs cris se faisaient plus intenses et cassants, comme si elles se disputaient. À d'autres moments, les oiseaux laissaient échapper une sorte de ha-ha-ha comique, comme si l'un d'eux avait raconté une bonne blague. Et au moins une fois par jour, je distinguais un timbre plus grave. Un croassement qui effrayait les corneilles. Un corbeau. Son cri brisait le silence telle une déclaration officielle, formulée parfois sur un ton menaçant, parfois dans une sorte de gloussement rauque, mais le plus souvent d'une manière rassurante tandis que le gros oiseau noir, perché au sommet d'un pin blanc tel un magicien du Nord, nous affirmait que tout allait bien. Pareil à un gong, il annonçait le lever du jour, midi et le coucher du soleil.

Puis, au crépuscule, s'élevait le cri d'une chouette rayée. *Où est le loup ? Où est le loup ?* Certains soirs aussi, je percevais le hurlement des coyotes. Alors notre chien de l'époque s'agitait et essayait à son tour de signaler sa présence. Mais sa voix, sorte de pauvre cri tremblant, ne pouvait rivaliser avec leurs octaves plus élevées et plus pures. Il s'obstinait et s'obstinait encore jusqu'au moment où la meute se taisait, sans doute découragée par les efforts de notre humble bâtard pour gâcher son hymne respectueux à la lune.

Mais toujours ce souffle. Toujours cette pulsation.

L'année où Jimmy a eu quatre ans, j'ai emprunté des livres au bibliobus d'Olina, comme d'habitude, mais cette fois j'ai choisi des ouvrages sur la flore, la faune et la géologie de la région. Je voulais savoir ce qui se trouvait sous mes pieds quand je m'engageais dans l'allée pour aller chercher le courrier. Je voulais savoir ce que j'entendais, ce que je sentais. Je m'étais rendu compte que Jimmy percevait la même chose que moi à la façon dont il inclinait sa petite tête et regardait les arbres avant de glisser son pouce dans sa bouche comme pour réfléchir.

Quel immense soulagement j'ai éprouvé en découvrant la réponse ! Nous vivions sur le Bouclier canadien – une épaisse couche de roche si vieille et si dure que même le dernier glacier à en racler la surface n'avait pas réussi à la briser. Certains géologues l'appelaient le cœur de l'Amérique du Nord. Pas étonnant qu'on ne puisse pas pratiquer la culture à grande échelle dans la partie septentrionale du Wisconsin… Il n'y avait que très peu de terre entre ce socle rocheux et mes pieds. Il n'était pas fait pour accueillir les semences mais pour prier. Cette semaine-là, j'ai arrêté d'aller à l'église. Quand l'air était doux, j'attendais que mon mari parte au travail. Ensuite, j'emmenais Jimmy et, ensemble, nous pressions nos mains sur le sol pendant que je lui expliquais comment celui-ci s'était formé. Je lui parlais de ce cœur qui battait en dessous de nous. Quelquefois aussi, après l'avoir couché pour sa sieste de l'après-midi, je ressortais et je répétais la manœuvre toute seule. J'appuyais mes mains sur le sol. Sous le cœur de pierre, j'imaginais une âme. Liquide, incandescente. Capable de réchauffer cette gigantesque table sur laquelle étaient gravés des commandements invisibles, portant des voix jusqu'à la surface. Voilà d'où venaient le souffle et la pulsation. Du cœur et de l'âme.

C'est cet endroit – cette forêt boréale et ces marais foisonnant de cèdres rabougris – qui a progressivement érodé mes manières de citadine. Qui a mis à nu l'artifice de ma religion. Qui m'a offert le réconfort maternel dont j'avais toujours été privée. Mes voyages à Milwaukee pour aller rendre visite à ma mère et à mes proches se sont raréfiés, parce que je ne supportais plus la pitié dans leurs yeux ni leur refus de reconnaître ma souffrance ou de me soutenir alors que mon mariage se révélait désastreux. J'avais besoin d'une aide ancestrale, plus avisée et dénuée de tout jugement quand je me sentais découragée. Quand je pleurais. Quand je confessais mes craintes et mes péchés. Le souffle ne mentait pas, lui ; il ne m'ordonnait pas de réciter dix « Je vous salue, Marie » pour que tout rentre dans l'ordre. Le cœur de pierre palpitait dans la maison les soirs où j'étais lasse de combattre la solitude, le désespoir et ce que je considérais comme une existence gâchée – où je regardais les veines sur mes poignets en songeant combien ce serait facile. Cette pulsation extérieure qui faisait irruption dans le calme de mon univers me rappelait que j'en avais également une en moi, trop sacrée pour être interrompue. Que les affluents de mes veines se jetaient dans la rivière de mon corps. Que mon existence avait une certaine valeur, un certain sens, si modestes fussent-ils.

J'ai compris alors que le pouvoir de la vie était bien plus important que celui d'un Dieu fabriqué par l'homme, même lorsqu'il m'éprouvait au-delà des limites raisonnables de l'endurance. J'en ai eu de nouveau la preuve avec cette chaleur inhabituelle en janvier, cette odeur de terre en plein dégel. J'ai pris une profonde inspiration. C'était bon signe que le temps se montre enfin clément et nous laisse respirer sans nous glacer les poumons.

Une semaine plus tard, j'avais la tête dans le four pour mieux le récurer et j'écoutais tout en le huant le présentateur radio annoncer un temps « inhabituel » pour la saison quand mon plus jeune fils s'est précipité dans la maison.

« Maman ! Y a un renard assis près de la grange ! Je t'assure, il bouge pas ni rien ! Viens vite ! »

Bill m'a pris par la main pour m'entraîner dehors et nous nous sommes tous les deux frayé un passage jusqu'à la grange entre les ornières boueuses de la cour. Un renard se tenait bel et bien près du poteau de clôture à l'angle sud-est de la grange, tranquillement assis comme si c'était le chien de la ferme. Je me suis dirigée vers lui d'un pas hésitant en obligeant mon fils à rester derrière moi. Il m'est venu à l'esprit – trop tard, hélas – que j'aurais dû apporter un fusil au cas où l'animal serait malade. Celui-ci semblait cependant indifférent à ma présence. Quand je me suis retrouvée suffisamment près pour mieux le voir mais suffisamment loin pour ne pas courir de risques, j'ai compris pourquoi.

Au lieu d'arborer son épaisse fourrure d'hiver brun-roux, il pelait par plaques. Même sa queue était toute dégarnie. J'aurais sans doute pu m'approcher de lui et l'attraper par la peau du cou sans qu'il offre la moindre résistance, tant il paraissait affaibli par la faim et rongé par la gale. Et il n'était pas le seul à souffrir.

Juste avant Noël, Bill et moi avions aperçu une chouette harfang perchée sur la barrière le long de l'allée. Comme il était rare de voir ces grands oiseaux blancs dans la région, j'avais tout de suite su ce que cela signifiait : la chouette avait du mal à trouver de quoi se nourrir au Canada, son territoire habituel, et elle s'était aventurée plus au sud pour essayer de survivre. J'ai frissonné. Quelque chose ne tournait pas rond si un renard et une chouette crevaient de faim lors d'une saison d'abondance pour les prédateurs. L'état de malnutrition évident de l'animal en face de moi a sapé ma bonne humeur.

« Le pauvre, ai-je dit à Bill qui, toujours derrière moi, l'observait à la dérobée. À mon avis, c'est un jeune qui n'arrive pas à chasser. Mais on n'y peut rien. Il faut laisser faire la nature. »

La mine triste, mon fils n'a pas répondu. Je lui ai caressé les cheveux, fascinée comme je l'étais toujours par la différence entre mes deux garçons. L'aîné aurait abattu le renard pour mettre un terme à ses souffrances ; il n'aurait pas eu tort, puisqu'il se serait contenté d'activer un processus naturel. Mais Bill s'apitoyait sur le sort de tous les êtres blessés et très jeunes. Il croyait, tel un héros de bandes dessinées, pouvoir sauver de la mort n'importe quelle créature, et, que ce soit au printemps ou en été, sa chambre apportait la preuve vivante qu'il y parvenait souvent. La pièce grouillait d'animaux orphelins ou estropiés : oiseaux, souris, lapins, et même, une fois, une portée de couleuvres tout juste sorties de l'œuf, qui n'avaient pas besoin d'aide et l'avaient prouvé lorsque, à peine désenchevêtrées, elles s'étaient éparpillées dans la maison. Durant des mois, j'avais vécu dans un état d'anxiété permanent au souvenir du jour où, voulant prendre un sucre, j'avais découvert un serpent lové à l'intérieur du bocal. Jimmy avait de plus en plus de mal à supporter que leur chambre soit transformée en zoo, et des querelles éclataient à tout propos entre les deux frères. Où que je sois, je tendais l'oreille. Si la dispute me paraissait s'envenimer au point de présenter un risque d'affrontement physique, je me précipitais à l'étage pour intervenir. En général, ils étaient tellement remontés l'un contre l'autre qu'ils ne s'apercevaient de ma présence qu'au moment où je devenais par inadvertance la cible d'un objet volant à travers la chambre : une fois, j'avais reçu en pleine tête une chaussette roulée ; plus tard, c'était une chaussure qui m'avait heurté les reins.

J'ai pris Bill par la main.

« Viens, on rentre. »

Ce soir-là, j'ai fait semblant de ne rien remarquer quand il a récupéré les restes dans le réfrigérateur puis les a fourrés dans son blouson avant de se faufiler dehors. Durant les trois jours suivants, j'ai accommodé le gibier dont Jimmy avait rempli le congélateur l'hiver précédent. Peu à peu, le réfrigérateur s'est vidé de son contenu.

Je devais me retenir d'interroger Bill pour savoir si le renard mangeait les restes, si la gentillesse qu'on lui manifestait l'avait rendu moins sauvage, ne serait-ce que temporairement. Je me demandais aussi, en voyant mon fils partir tête et mains nues, où il avait laissé ses moufles et son bonnet de laine rouge. Mais au lieu de le bombarder de questions, j'attendais qu'il quitte la maison. Ensuite, je le regardais par la fenêtre de derrière – je regardais mon petit garçon de neuf ans courir vers la grange en soutenant le bas de son blouson. Il ne parlait plus du renard. J'étais persuadée que l'animal était mort et que toute la nourriture entassée par Bill derrière la grange avait pourri ou fait les délices des coyotes.

Le ciel crépusculaire, piqueté de nuages pareils à des touffes de laine éparpillées, se distinguait ce jour-là par sa couleur rouge orangé aussi spectaculaire qu'inhabituelle en cette saison. Ernie déblayait le fumier depuis environ une heure derrière la grange, grossissant le tas qui s'élevait contre le mur, quand il s'arrêta pour admirer le coucher de soleil en fumant une cigarette. Dans la journée, la température avoisinait les cinq degrés depuis une bonne semaine, mais à la tombée de la nuit elle chutait brutalement. Après avoir écrasé son mégot, Ernie se dépêcha de terminer son travail, car une demi-heure plus tard il ne serait plus capable de voir ni de sentir ses mains sur la pelle. Tout en s'activant, il entendait Angel explorer l'épaisse couche de neige autour de la grange.

Il peinait pour soulever une énorme pelletée de paille souillée lorsqu'il entendit le chien cesser de rôder autour de lui et émettre un bref jappement. Pensant qu'il venait de découvrir une souris, Ernie jeta le fumier sur le tas et s'apprêtait à retourner en chercher quand il s'aperçut que son chien s'était figé. Il se redressa, et au même moment un long hurlement déchira le silence. Un frisson parcourut Ernie, qui lâcha sa pelle. Soudain,

Angel fila à côté de lui, sauta par-dessus l'outil tombé à terre et s'élança dans le champ voisin couvert de neige. Ernie, qui le suivait des yeux en se demandant ce qui avait pu l'effrayer à ce point, le vit piler net et demeurer pétrifié, la tête et la queue levées haut. Et soudain, devant Angel, il découvrit Jimmy Lucas.

Sur le coup, il se dit que Jimmy avait été démobilisé plus tôt que prévu et rentrait enfin à la maison. Mais le jeune homme portait son casque, sa tenue de combat et son fusil M-16. Ernie avança vers lui, s'enfonçant dans la neige jusqu'aux genoux, agitant la main.

« Jimmy ! »

Au lieu de répondre, celui-ci ôta son casque et le jeta dans la neige, sur laquelle il roula comme s'il s'agissait d'une surface dure. Au même instant, Ernie remarqua que Jimmy lui-même ne s'y enfonçait pas. Brusquement, il comprit ce que signifiait cette vision.

Il tomba à genoux.

« Oh non, Jimmy… chuchota-t-il. Non, non… »

Le jeune homme abandonna aussi son fusil et se détourna lentement. Angel jappa de nouveau, mais sans esquisser le moindre mouvement pour suivre Jimmy, qui s'éloignait maintenant en direction du grand marais bordant la ferme des Morriseau et celle des Lucas. Au moment précis où la silhouette disparaissait sous le couvert, le chien se remit à hurler puis se rua lui aussi vers le marais.

Il s'écoula bien une heure avant qu'Ernie trouve la force de se relever. Après avoir rangé la pelle dans la remise à outils, il regagna la maison à contrecœur. Il avala son dîner machinalement, sans un mot, avant de gravir pesamment l'escalier jusqu'à la chambre. Le croyant sans doute fatigué, sa femme se contenta de lui demander où était le chien.

À son réveil, le lendemain matin, Ernie mit sa vision de la veille sur le compte des rudes efforts qu'il avait fournis. Trompé par la douceur de l'air, il avait travaillé sans veste ni gants. Ses mains s'étaient peu à peu engourdies et il avait dû ressentir les premiers effets de l'hypothermie, qui a tendance à rendre rêveur. Il regarda par la fenêtre de la chambre. La journée s'annonçait encore belle pour la saison. De l'eau gouttait des pignons.

Rosemary prépara le petit déjeuner puis embrassa son mari en lui disant qu'elle avait des courses à faire en ville. Il épandit du foin pour le bétail, donna à manger et à boire aux poules, changea le filtre et l'huile du pick-up, et retourna à son tas de fumier.

En fin de matinée, Rosemary n'était toujours pas revenue. Ernie se confectionna un sandwich au salami, et il branchait la cafetière quand le téléphone sonna. Pensant que sa femme appelait pour demander s'il avait besoin de quelque chose, il décrocha sans la moindre appréhension.

« Allô ?

– Ernest Morriseau ?

– Lui-même.

– Monsieur Morriseau, je suis le lieutenant Hildebrandt, du corps des aumôniers de la Marine. Je vous appelle de la base arrière de Madison, à la demande du soldat James Lucas, qui a inscrit votre nom sur la liste des personnes à contacter en cas d'urgence. »

Ernie sentit son cœur se serrer et son souffle s'accélérer comme s'il avait couru. Il étira le cordon du téléphone pour pouvoir s'asseoir sur une chaise à la table de la cuisine.

« Monsieur Morriseau ? Vous êtes toujours là ?

– Oui. »

Il marqua une courte pause avant d'ajouter :

« Jimmy est mort, c'est ça ?

– Non, monsieur Morriseau. Le soldat Lucas est porté disparu au combat.

– Alors il est peut-être toujours vivant ?

– Nous l'espérons, en tout cas. Il n'a pas encore été retrouvé. Je passerai demain en compagnie d'un autre officier pour informer sa famille... »

Quand son interlocuteur s'interrompit, Ernie entendit un bruissement de papier à l'autre bout de la ligne.

« Le soldat Lucas a sollicité votre présence lors de l'entretien. Habitez-vous près de chez les Lucas ?

– Oui. Je possède la ferme voisine.

– Le soldat Lucas a laissé des instructions très précises sur son formulaire. Il tenait à ce que vous soyez là. Et il ne voulait pas que nous allions voir sa famille le soir, mais plutôt dans la journée. Pouvez-vous venir avec nous demain ?

– Oui, bien sûr.

– J'aurais besoin d'indications pour me rendre chez vous. Nous devrions arriver vers dix heures. »

Ernie lui expliqua le trajet jusqu'à la ferme, puis il raccrocha. Ses mains tremblaient. Il songea à la façon dont le casque avait roulé sur la neige sans s'y enfoncer.

Lorsque Rosemary rentra, une demi-heure plus tard, elle le trouva toujours assis près du téléphone.

« Je t'ai appelé de la cour. Tu n'as pas entendu ? J'avais besoin de toi pour décharger les provisions », dit-elle en posant deux sacs sur la table de la cuisine.

Il tourna la tête vers elle. Il lui fallut une bonne minute pour s'apercevoir qu'elle était là et déceler la pointe d'agacement dans sa voix.

« Je viens de recevoir un coup de fil... » commença-t-il.

Le corps raidi par la tension, Rosemary s'approcha de l'évier et se pencha pour regarder par la fenêtre. Ernie la suivit des yeux, forçant ses pensées à se concentrer sur elle. Il n'ignorait rien de ce qui se passait en lui, de la façon dont le corps se cuirassait contre la blessure. Ce genre de nouvelle causait un choc qui se muait rapidement en déni – une réaction physiologique qui tenait de l'instinct de survie, estimait-il. Une étape nécessaire pour laisser le temps au cerveau d'affronter l'indicible. Soudain, alors qu'il regardait sa femme, il eut une pensée qu'il jugea d'abord incongrue en de telles circonstances mais qui, à la réflexion, ne le surprit pas. Son esprit esquivait la réalité pour aller se réfugier dans un endroit plus sûr, et il avait choisi l'un de ses souvenirs les plus heureux.

Le soir où il avait rencontré Rosemary.

Dès sa sortie de l'hôpital, à Hawaii, il avait pris l'avion pour San Diego, et de là, le train. Il était descendu à Milwaukee pour une courte pause avant la dernière étape de son voyage jusqu'à la ferme familiale. Il n'avait pas de vêtements civils, juste un deuxième uniforme plus habillé que l'hôtel Pfister avait promis de nettoyer et de repasser avant le début de la soirée. Ernie voulait essayer de retrouver de vieux copains ou au moins d'avoir de leurs nouvelles s'ils avaient eu la chance de rentrer vivants. Lorsqu'il avait entendu parler du bal de la VFW dans East Wisconsin Avenue, à quelques centaines de mètres seulement de l'hôtel, il s'y était rendu en pensant peut-être tomber sur une connaissance. La grande salle rectangulaire était bondée. Il s'était frayé un passage parmi les danseurs, payé une bière et assis à une table dans un coin, bien décidé à s'immerger dans l'anonymat de la foule, dans cette liesse générale favorisant l'oubli que l'alcool et un groupe de swing local, sur le modèle de Benny Goodman, contribuaient à engendrer.

Il lui avait fallu un moment pour s'habituer à voir tant de couleurs et d'activités joyeuses. Il y avait beaucoup de jolies femmes dans l'assistance et la plupart dansaient, soit avec des hommes, soit entre elles. La salle comportait trois bars, un de chaque côté et le dernier, plus important, au fond. Ernie n'avait reconnu aucun visage familier. Il balayait encore une fois la foule du regard quand il l'avait repérée.

Elle s'appuyait contre le bar principal, vêtue d'un fourreau de satin noir à fines bretelles, avec un décolleté en forme de cœur – une robe qui, contrairement à celles des autres femmes, n'était pas faite pour virevolter autour du corps mais pour le mouler. En outre, alors que ses semblables avaient dessiné au crayon à sourcils des coutures sur leurs mollets pour tenter de reproduire l'aspect des bas, elle en portait des vrais. Comment s'était-elle débrouillée pour en dénicher une paire ? s'était demandé Ernie. Ils étaient manifestement en soie, non en rayonne orange, et ils gainaient des jambes incroyablement longues. L'inconnue était élancée et les sandales dont les lanières noires lui enserraient la cheville la faisaient paraître plus grande encore. Elle avait laqué de rouge les ongles de ses orteils. Choisi un rouge à lèvres carmin. Et rassemblé en chignon ses cheveux de jais.

Elle n'était pas du Wisconsin, il en aurait mis sa main à couper. Il l'avait vue se pencher vers le comptoir et commander un autre verre. Puis elle s'était juchée sur un tabouret haut et, avec une nonchalance de star de cinéma légèrement éméchée, avait fait face aux danseurs. Quand elle avait croisé les jambes, Ernie avait pris conscience du vide autour d'elle.

Aucun des hommes présents n'essayait de flirter avec elle. Il avait tenté d'accrocher son regard pour lui adresser un clin d'œil et ainsi évaluer son humeur, mais elle était ivre et ne semblait pas se concentrer sur un seul individu.

Oh, et puis zut! avait-il songé. Après tout, il quittait Milwaukee quelques jours plus tard. Il s'était dirigé vers elle d'une démarche quelque peu titubante et lui avait effleuré le bras, prêt à essuyer une rebuffade. Lorsqu'elle avait tourné la tête vers lui, il en avait eu le souffle coupé. Son visage reflétait une désillusion et une lassitude au moins égales aux siennes. Le sentiment d'avoir perdu quelque chose à tout jamais. Or Ernie savait parfaitement de quoi il s'agissait. Il l'avait compris lui aussi quand il s'était rasé dans la salle de bains de sa chambre d'hôtel : sa jeunesse était désormais derrière lui.

C'était troublant de déceler sur les traits d'une femme l'expression d'une colère et d'un chagrin qu'il éprouvait lui-même. Pour autant, elle ne paraissait pas fragile; il fallait du cran – et une silhouette irréprochable – pour porter une telle robe. Cependant, même si elle avait présenté une apparence plus douce, plus avenante, les hommes ne l'auraient sans doute pas abordée; son audace avait quelque chose de profondément troublant et, déstabilisés, ils préféraient garder leurs distances.

Rassemblant tout son courage, Ernie lui avait offert son plus beau sourire.

« La guerre est finie. Vous dansez ? »

Elle avait posé son verre et s'était laissée glisser de son tabouret. Son haleine sentait le gin tonic, le parfum piquant des baies de genièvre. Ernie s'était efforcé de réprimer un frisson quand elle lui avait placé une main sur l'épaule.

Ils avaient dansé pendant des heures. À un certain moment, il s'était légèrement écarté d'elle.

« Vous êtes infirmière, n'est-ce pas ?

– Je l'étais. Dans l'armée, aux Philippines. Je viens de rentrer.

– J'étais dans l'armée moi aussi.

– Je sais », avait-elle dit en tapotant d'un doigt la chemise militaire qu'il arborait.

Après le bal, Ernie l'avait emmenée dans sa chambre au Pfister, un hôtel chic tout de marbre et de cuivre dont on lui avait vanté les mérites et qu'il avait décidé de se payer dans un moment d'insouciance. Au début, il ne s'était pas vraiment senti à l'aise dans cet établissement trop luxueux à son goût, mais ce soir-là, en présence de Rosemary, il s'était félicité de cette dépense inconsidérée, y voyant même un signe du destin. Elle s'était assise au bord du lit et il s'était agenouillé devant elle pour défaire les lanières de ses sandales. Puis il l'avait regardée remonter le bas de sa robe, détacher de ses jarretelles les précieux bas et les rouler délicatement. Il l'avait aidée ensuite à se dévêtir et, quand elle s'était retrouvée nue, il avait ôté les épingles de son chignon, une à une, pour les poser sur la table de chevet. La vue des épais cheveux noirs qui lui retombaient jusqu'au bas du dos l'avait littéralement hypnotisé. Toutes les infirmières qu'il avait rencontrées aux Philippines les portaient courts.

« Tes cheveux… murmura-t-il.

– Ils sont longs, hein ?

– Oui. Tu ne les as jamais coupés ?

– Non. Pour moi, c'est comme un membre ou une partie de mon corps, je ne pourrais pas vivre sans. »

Il ne se lassait pas de plonger les doigts dans cette opulente crinière, de la déployer autour de ce beau visage. Cette nuit-là, il avait accueilli avec bonheur la lumière provenant du réverbère dans la rue. Ainsi, il pouvait contempler Rosemary. Lorsqu'il l'avait incitée à venir sur lui, il avait vu ce que les blessés fiévreux avaient dû voir quand elle se penchait pour leur prendre le pouls ou leur tâter le front : deux grands yeux bruns bordés de cils interminables, une gorge pâle emperlée de sueur, des mèches noires égarées dans son cou…

Lorsqu'elle lui avait posé la main droite sur la poitrine, il avait frémi. De la main gauche, elle avait ensuite doucement pressé sa peau comme pour mieux sentir les battements de son cœur.

Au petit déjeuner le lendemain matin, dans le bar de l'hôtel, il l'avait demandée en mariage. Puis il avait voulu savoir d'où elle venait.

« Tu n'es pas d'ici, j'en suis sûr », avait-il ajouté.

Elle avait souri d'un air espiègle, faisant apparaître une fossette dans sa joue.

« Qu'est-ce qui te fait penser ça ?

– Personne ne porterait une robe pareille dans le coin, avait-il affirmé.

– C'est pour ça qu'elle me plaît. Je l'ai achetée à San Diego, en même temps que les chaussures. Et un des médecins avec qui je travaillais m'a offert les bas en guise de cadeau d'adieu. Au cas où tu t'interrogerais sur leur provenance… »

En allumant une cigarette, il s'était rappelé la façon dont elle avait lentement roulé ces bas, se dévoilant comme une statue de marbre. C'était un beau cadeau. Ernie hésitait à l'interroger sur ses relations avec ce fameux médecin quand elle avait repris la parole :

« Ma mère va en chier des cacahuètes quand elle verra ce fourreau ! »

Ernie avait soufflé la fumée et éclaté de rire en même temps.

« Tu ne m'as pas répondu, Rose. »

Il avait avalé une gorgée de café.

« D'accord, avait-elle dit. Je veux bien t'épouser. Et je suis née à Cedar Bend. »

Il avait manqué s'étouffer.

« J'allais te poser la même question », avait-elle poursuivi en lui prenant sa cigarette. Elle en avait tiré une bouffée pendant qu'il essuyait son visage et le devant de sa chemise.

« C'est si terrible que ça d'être née à Cedar Bend ?

– Pas du tout. »

Il s'était éclairci la gorge.

« Je suis d'Olina.

– Non ! C'est vrai ? »

L'incroyable comédie du destin… Il était tombé amoureux d'une femme qui non seulement se trouvait dans l'armée et aux Philippines à la même époque que lui, mais qui avait grandi dans une petite ville à moins de trente kilomètres de la sienne. *Bon sang*, s'était-il dit. *Cedar Bend*. Comment était-il possible qu'il ne l'ait jamais vue ?

Ils avaient été pris d'un fou rire qui, peu à peu, s'était mué en gloussements étouffés et, dans le cas de Rosemary, en petits hoquets incroyablement charmants. Puis ils s'étaient regardés en silence. Sur le moment, Ernie n'avait même pas envisagé qu'elle puisse vivre ailleurs, que la posséder puisse signifier pour lui quitter le nord du Wisconsin. Cette pensée-là ne lui avait jamais traversé l'esprit pendant la guerre. Il retrouverait son foyer. Exactement comme certains animaux retournent toujours nicher au même endroit, il n'imaginait pas s'établir ailleurs que dans la région de son enfance, avec ses forêts boréales, ses marais et le lac Supérieur.

Jusqu'à la soirée de la veille, il avait ressenti tour à tour du chagrin, de la peur, de la terreur et enfin une sorte d'engourdissement. Mais un peu plus tôt ce matin-là, quand il s'était réveillé, il s'était rappelé le geste de Rosemary, la façon dont elle lui avait caressé la poitrine, dont elle l'avait ouverte sans fendre la peau, écartant doucement les tissus comme s'il s'agissait d'eau. De fait, en ouvrant les yeux, il avait senti ses poumons se gonfler réellement pour la première fois depuis un an, l'air circuler plus librement en lui. Il était maintenant certain que si elle le lui demandait, si elle ne voulait pas s'installer dans le nord du Wisconsin, il accepterait de s'en aller. Son corps l'avait compris avant son esprit, avait-il découvert avec stupeur. La puissance de l'instinct qui le poussait vers elle le prenait de court. Il s'était rendu compte, en regardant Rosemary fumer, qu'elle avait réussi à lui faire exprimer physiquement quelque chose qu'il savait au fond de lui mais n'aurait pu décrire : un foyer pouvait parfois paraître déconcertant ou difficile d'accès. Ainsi en allait-il de la terre de sa jeunesse, raison pour laquelle il l'aimait tant. Rosemary était ainsi. Une beauté douée d'un instinct de survie plus fort que tout. Il y avait en elle mille choses qu'il reconnaissait. Et dix mille qui le déroutaient. C'était exactement ce qu'il désirait. Il aspirait à percer ce mystère.

Il avait posé de l'argent sur la table et s'était levé. En lui tendant la main.

« Viens, on remonte se coucher. »

Il repoussa sa chaise et enlaça sa femme. Elle prit une profonde inspiration, se retourna et appuya la joue contre son torse.

Elle lui avait dit quelques semaines après leur mariage qu'elle n'avait jamais voulu épouser un homme parti au front, un ancien soldat accablé par le fardeau de cette terrible expérience. Mais quand elle l'avait rencontré, elle avait compris qu'elle s'était abusée : ce qu'elle refusait était exactement ce dont elle avait besoin. Qui, sinon un autre vétéran, aurait pu croire certaines des choses qu'elle avait vues, supportées et faites ?

Ernie contempla la cuisine. Bien que réaménagée après la mort de ses parents, elle n'en restait pas moins cette pièce où sa mère et son père avaient reçu un télégramme annonçant que leur fils avait été blessé dans le Pacifique. Rien d'autre, pas de détails. Ils ne savaient même pas s'il survivrait, jusqu'au moment où, deux semaines plus tard, était enfin arrivée une lettre de lui postée d'Hawaii.

Il n'avait jamais vraiment repensé à cette époque. À la douleur qu'avaient dû éprouver ses parents. Mais ils avaient eu de la chance, en un sens : leur ignorance de tout ce qui touchait à la guerre moderne les protégeait d'une souffrance plus grande encore.

Ses épaules s'affaissèrent. Il sentait sa femme en pleurs trembler contre lui. Eux, rien ne les protégeait.

Le temps chaud et couvert s'est maintenu, si bien qu'un samedi à la fin du mois de janvier je me suis mise à rêver d'un printemps précoce. Je regardais dehors par la fenêtre de la salle à manger, imaginant déjà où planter mes soucis, mes pétunias et mes volubilis, quand j'ai vu le pick-up gris d'Ernie Morriseau approcher de la ferme, suivi par un nuage de fumée blanche. Au moment où il tournait dans la cour, j'ai aperçu une voiture derrière, jusque-là dissimulée par les gaz d'échappement. Je ne m'étais pas rendu compte que ma tasse s'était inclinée entre mes doigts avant de sentir le café chaud imprégner le devant de ma blouse. Je n'ai réagi qu'en reconnaissant l'insigne sur la portière de la berline : le souffle coupé, j'ai lâché la tasse et je me suis ruée au salon.

« Va jouer dans ta chambre », ai-je ordonné à Bill.

Sans ménagement, je l'ai forcé à se lever puis poussé vers l'escalier.

« Qu'est-ce qui se passe ?

– *Tout de suite !* »

Lorsque Bill a disparu à l'étage, je me suis précipitée à la cuisine. Je ne savais pas quoi faire. J'ai couru vers la table, puis vers le réfrigérateur, zigzaguant dans la pièce, touchant toutes les surfaces avant de m'immobiliser enfin près de l'évier. J'ai agrippé le bord de la cuvette en guettant le coup frappé à la porte de derrière. Il a résonné une première fois, puis une deuxième. Quelques secondes se sont écoulées ainsi, ponctuées par le tambourinement régulier sur le battant. J'ai fini par l'ouvrir lentement, pour découvrir d'abord le visage d'Ernie, et, ensuite seulement, les deux hommes en uniforme derrière lui.

« Bonjour, Claire. Nous devons absolument vous parler. Pouvons-nous entrer ? »

Je me suis effacée. Les trois hommes ont pénétré dans la cuisine.

« Claire, a repris Ernie, voici le lieutenant Hildebrandt, aumônier dans la Marine, et le lieutenant Schlessinger, également officier de marine. Ils viennent de la base arrière de Madison. Mais nous ferions peut-être mieux de nous asseoir ?

– Allez-y. »

Tous trois ont pris place autour de la table. J'ai préféré rester debout, adossée au plan de travail.

« Vous ne voulez pas vous joindre à nous, madame Lucas ? » a insisté le lieutenant Hildebrandt.

Sans le quitter des yeux, j'ai secoué la tête, glissé les mains dans mes poches et tripoté les bouloches accumulées le long des coutures. Les trois hommes s'efforçaient de ne pas me regarder. Je me doutais bien du spectacle que j'offrais. J'étais une vraie loque : mes rouleaux roses s'étaient défaits et certains pendaient sur mon crâne, des taches brunâtres souillaient ma blouse, et même moi je percevais l'odeur écœurante qui se dégageait de mon corps, mélange d'eau de vaisselle, de café et des relents douceâtres du sommeil. De toute évidence, les officiers craignaient de poser sur la table les manches de leur uniforme immaculé. Outre les magazines et les journaux qui s'accumulaient au milieu, le plateau disparaissait sous les miettes de pain, les traînées de confiture et les traces de beurre de cacahuète laissées par Billy quand il s'était préparé son déjeuner.

« John est là ? a interrogé Ernie.

– Il est à la scierie », ai-je répondu. Quand un des officiers a ouvert la bouche, j'ai deviné ce qu'il allait demander et je l'ai devancé. « Il ne rentrera pas, même si je l'appelle.

– Où est Billy ?

– En haut. Je lui ai dit de monter dans sa chambre. S'il vous plaît, ne parlez pas trop fort.

– Claire, nous sommes venus à cause de…

– J'ai compris, Ernie », ai-je coupé. Portés par mon souffle, les mots se sont bousculés hors de ma bouche.

« Les militaires ne se déplacent jamais sans une bonne raison. Quant à la voiture… je sais ce qu'elle signifie. Vous ne conduisiez pas des berlines noires, pendant la Seconde Guerre mondiale ? Encore heureux que ce ne soit pas l'été, sinon tous les fermiers dans les champs entre ici et la ville seraient déjà au courant… Personne n'ignore la signification de cette voiture. Absolument personne. »

Comme si la douleur m'avait fait sortir de moi-même, j'avais l'impression de flotter quelque part près du plafond, au-dessus des hommes dans cette cuisine. Si je ressentais la souffrance, une partie de mon être s'en était néanmoins détachée, me permettant d'afficher le plus grand calme. Ils étaient surpris par ma réaction, je le savais, tellement stupéfaits qu'ils en restaient sans voix. Alors, pour finir, c'est moi qui ai pris la parole :

« Qu'est-il arrivé à mon fils ? »

Le lieutenant Hildebrandt leva les yeux. Elle était directe. Son instinct, affiné par son expérience au Vietnam, lui soufflait qu'elle n'était pas du genre à se laisser facilement abuser. Elle avait le regard vide d'une insomniaque et une peau d'un blanc laiteux presque translucide. Son expression, celle de l'endurance soutenue par l'espoir et la détresse, lui était familière. Cette femme semblait réduite aux mêmes émotions primaires que les soldats arrivés à la fin de leur service, comptant les jours qui les séparaient de leur libération.

Il n'était pas censé lui donner de détails. Mais les grands pontes de Washington qui dictaient les consignes n'étaient pas assis dans cette cuisine, en face de cette mère de famille, à quelques kilomètres de la modeste communauté agricole et forestière d'Olina, Wisconsin. Et des cuisines, il en avait vu tellement ! Des cuisines jaunes, des cuisines bleu et blanc, des cuisines aux murs ornés d'assiettes décoratives… Il avait fini par se rendre compte que c'était encore plus terrible de ne pas fournir aux familles au moins quelques précisions. Surtout quand on ne leur rendait pas de corps. Quand un des leurs était porté disparu au combat.

Claire Lucas attendait.

Il fit nerveusement tourner l'enveloppe entre ses doigts, conscient de l'attitude vertueuse, très « règlement règlement », du lieutenant Schlessinger. Et alors ? songea Hildebrandt. Quelle importance si, à Quantico, on apprenait qu'il avait désobéi ? Qu'ils aillent tous se faire foutre, avec leur putain de règlement ! Il avait étudié la théologie puis il avait été ordonné prêtre avant de devenir officier et, de 1965 aux premiers mois de 1966, il avait servi dans la région où le fils de cette femme avait été tué. Son séjour de treize mois au Vietnam avait anéanti toutes les opinions idéalistes qu'il avait pu professer ou auxquelles il avait cru, toutes les grandes idées de paix dans le monde. Il ne dormait plus la nuit et ses pensées n'avaient plus rien de pur. Même sa façon de s'exprimer avait changé.

Jamais il n'avait entendu les mots *foutre* et *putain* utilisés si souvent, et dans des acceptions aussi différentes. *C'est foutrement bon. On est foutus. Va te faire foutre.* De temps à autre, les hommes se rappelaient qui il était et ce qu'il représentait. Alors, ils s'excusaient d'avoir juré devant lui. Mais au bout d'un moment, il avait cessé d'entendre leur langage, devenu pour lui comme un bruit de fond semblable au souffle du vent. Il avait même fini par l'intégrer à son vocabulaire. *Quel sacré foutoir.* En revanche, jamais il n'avait pu se résoudre à dire : « nom de Dieu », à invoquer en vain le nom du Seigneur.

L'épreuve du Vietnam avait altéré chaque cellule de son corps. Elle avait même imprégné sa peau, sur laquelle il en percevait encore les relents : merde et vomi recouverts de chaux quand les gars brûlaient les déjections des latrines, sang frais et entrailles s'échappant d'abdomens ouverts. Du sang, il y en avait partout. Jamais il n'en oublierait l'odeur. Ni la texture épaisse, poisseuse.

Il avait décidé de rester dans l'armée, car il s'agissait pour lui d'un acte de repentir, d'une façon d'expier les horreurs auxquelles il avait assisté et de faire tout son possible, en tant que religieux, pour soutenir les proches des victimes. Comme tous les aumôniers de la Marine, il avait été affecté au corps des marines pour gérer les relations avec les familles. Au milieu de cette folie qu'était le Vietnam, c'était l'une des rares mesures sensées prises par l'armée, lui semblait-il, dictée par une sorte d'honnêteté perverse qui forçait son admiration. Si le corps des marines prenait fils et maris, et si ces mêmes fils et maris mouraient, alors il avait l'obligation et le devoir de les accompagner jusqu'au bout. Et si leur décès suscitait colère ou haine, c'était aussi à lui de les absorber.

« Votre fils appartenait à la 5e division des marines, 26e régiment, 3e bataillon, compagnie India, commença Hildebrandt. La 5e division était stationnée près du Laos, à la base de combat de Khe Sanh. La compagnie India appuyait la compagnie Bravo pour essayer de reprendre le contrôle d'une colline appelée " 881 Nord ", quand elle est tombée sur une importante concentration de Nord-Vietnamiens. Apparemment, les rapports comportaient une erreur sur le nombre d'ennemis dont ils avaient pourtant noté la présence. Nos hommes n'avaient aucun moyen de savoir combien ils étaient, ni où, ni à quel moment ils lanceraient l'offensive. »

L'aumônier s'interrompit. Il aurait voulu qu'elle vienne s'asseoir. En restant debout, elle lui donnait le sentiment dérangeant d'être plus grande que lui et de le regarder littéralement de haut. Il était préparé, tout comme Schlessinger, à affronter n'importe quelle réaction. Un jour, un père de famille les avait menacés avec un fusil, mais la plupart du temps ils étaient soit accueillis par un silence tendu, soit étouffés par les étreintes hystériques des proches en deuil.

« La base de Khe Sanh n'est pas très éloignée de la zone démilitarisée. Au Vietnam, " zone démilitarisée " est une dénomination des forces alliées. Les Vietnamiens, eux, parlent des hauts plateaux pour décrire cette région de collines, dont certaines sont couvertes d'une jungle extrêmement dense. C'est sans doute la convention de Genève qui en a fait une zone démilitarisée, mais au Vietnam, rien n'obéit à la convention de Genève... »

Schlessinger laissa échapper une petite toux.

« Il existe un peuple sur ces hauts plateaux, que ni les

habitants du Nord ni ceux du Sud ne considèrent comme vietnamien, poursuivit Hildebrandt. Ces gens-là connaissent le terrain mieux que tout le monde et ce sont aussi les alliés des États-Unis. »

On les appelle les Montagnards, faillit-il ajouter. Il n'était pas près de les oublier. C'étaient les hommes les plus petits qu'il ait jamais vus, et parmi eux, certains portaient des marques tribales sur le visage. Ils étaient rejetés et persécutés par les Vietnamiens, qui les surnommaient les Moïs, les sauvages. Les marines et les autres unités des forces spéciales avaient recours à eux pour obtenir des renseignements et les guider à travers l'herbe à éléphants, la jungle et une végétation si haute et touffue qu'elle constituait un obstacle pour un homme de taille moyenne. Presque tous les Américains les surnommaient affectueusement les Yards. Leurs éclaireurs jouaient un rôle vital. Ils étaient capables de repérer les pièges mortels tendus par les Nord-Vietnamiens, les grenades modifiées camouflées dans les lianes – des fruits fatals qui, s'ils heurtaient le visage ou le torse d'un soldat, explosaient sous l'impact –, les pieux et fosses punji. Accompagné par un infirmier, Hildebrandt s'était souvent rendu dans les villages des Yards pour administrer des vaccins ou soigner des blessures superficielles dues à des éclats d'obus. Ils n'étaient ni de souche vietnamienne ni de souche chinoise et ils se répartissaient en plusieurs tribus, chacune portant un nom différent. De fait, les Montagnards étaient les indigènes du pays. Les Amérindiens du Vietnam, en quelque sorte.

Schlessinger toussa de nouveau.

« Le 20 janvier, enchaîna Hildebrandt, la 5e division des marines a donné l'assaut sur le flanc ouest de la colline 881 Nord. Son commandant a été tué. Votre fils courait derrière lui quand on l'a vu pour la dernière fois. Tant que nous n'avons pas constaté son décès, nous ne pouvons pas le déclarer officiellement mort, aussi est-il pour le moment porté disparu au combat. Je vous ai apporté une copie du rapport officiel. Une malle contenant ses effets personnels a été envoyée d'Okinawa. »

Il plaça l'enveloppe sur la table.

« Je suis désolé, madame Lucas. Au nom du corps des aumôniers de la Marine et du corps des marines, je vous exprime toute ma sympathie. »

C'était sans doute égoïste de sa part mais il espérait qu'elle ne lui poserait pas de questions. Il se sentait épuisé. Ce qu'il n'avait pas le droit de lui dire, et ce qu'il n'aurait pas pu lui dire de toute façon, c'était qu'un Phantom F-4 avait largué sa charge de napalm si près des marines déployés sur la colline 881 Nord que son fils avait probablement été brûlé vif. De tout cœur, Hildebrandt espérait que le soldat Lucas avait été abattu avant. Sinon, il avait dû danser dans la forêt, embrasé par les flammes, comme quelque créature fantastique prise de démence.

J'avais du mal à comprendre tout ce qu'il me racontait. *La jungle…* Dans ses lettres, Jimmy nous parlait souvent de la jungle, bien plus épaisse que nos forêts, incroyablement humide et grouillant de bestioles grosses comme sa main. Il nous racontait que certains paysans de la région, appelés les Yards, faisaient leur ordinaire de grenouilles, d'insectes et de poisson. Qu'ils fouillaient parfois les ordures de la base à la recherche de nourriture et allaient même jusqu'à manger des rats. Que la jungle abritait les serpents les plus dangereux du monde, et que parfois elle résonnait du cri des singes voire, de temps à autre, du rugissement d'un tigre. Mais moi, je lisais entre les lignes, je percevais la terreur oppressante que mon fils croyait nous cacher.

Ses lettres à Bill étaient assez réservées même si elles en disaient plus long. Jimmy n'avait jamais mentionné d'incident grave à part la mort de son ami. Peut-être s'agissait-il d'un règlement militaire : *Ne dites jamais la vérité à votre mère.*

J'ai incliné la tête de côté comme une mésange. *Porté disparu au combat.* Avais-je bien entendu ?

« On n'a pas réussi à le retrouver ? »

Peu à peu, je me sentais redescendre parmi eux.

« Pas encore.

– Mais il doit bien y avoir un moyen ! »

Ma voix montait quand le reste de ma personne opérait le mouvement inverse. Quelque chose m'avait attrapée par les chevilles. Je ne tombais pas, j'étais peu à peu ramenée vers la terre ferme.

« Madame Lucas, a répondu le lieutenant Hildebrandt dans un chuchotement hésitant, presque inaudible. Je sais que c'est une nouvelle terrible pour vous. Mais les marines n'abandonnent jamais leurs morts sur place, même au risque de faire tuer l'autres hommes en les chargeant de récupérer les corps. Ils continueront de chercher votre fils tant qu'ils ne l'auront pas retrouvé. »

Ernie s'est penché en avant.

« Il a raison, Claire. Jimmy a peut-être été fait prisonnier. Il est porté disparu. Ça ne veut pas forcément dire qu'il est mort. Sa division ne renoncera pas avant d'avoir tout tenté. »

La force qui me tirait m'a donné une brève secousse et j'ai dégringolé dans un éclair de douleur. Huit mois plus tôt, dans la chaleur des premiers jours de juin, immobile sur le bitume fissuré de la gare routière d'Olina, j'avais regardé mon fils de dix-huit ans prendre le car. Juste avant, il m'avait serrée contre lui à m'étouffer. Son cœur cognait si fort qu'il semblait prêt à sortir de sa poitrine pour entrer dans la mienne. Je n'avais même pas su quels conseils lui donner. Et aujourd'hui, il était trop tard. J'aurais dû lui chuchoter : « Garde la peur au ventre et détale comme un lapin. »

Je n'avais jamais douté du retour de mon fils – sinon vivant, du moins mort. C'étaient les termes de ce marché innommable : il devait rentrer, d'une façon ou d'une autre. À aucun moment il ne m'était venu à l'esprit qu'il pouvait disparaître, tout simplement. Or j'avais besoin de son corps. J'avais besoin d'embrasser ses paupières pour les fermer, tout comme je le faisais au moment de le border quand il était petit, en lui disant que mes baisers chasseraient les mauvais rêves. J'ai pensé à Bill, toujours dans sa chambre. Comment allais-je lui expliquer que son frère avait *disparu au combat*, que la seule preuve de son existence résidait désormais dans ces mots tapés sur une feuille de papier ?

Mes yeux ont survolé Ernie pour se poser sur le lieutenant Hildebrandt et le petit crucifix épinglé à la veste de son uniforme.

« C'est facile pour vous, ai-je répliqué d'une voix éraillée. Vous êtes prêtre, ou aumônier, ou je ne sais trop quoi. Vous n'êtes pas obligé de porter une arme. Vous ne courez pas le moindre danger, ai-je ajouté méchamment, résistant au désir de lui frapper la poitrine.

– Pourquoi ne viendriez-vous pas chez nous, Bill et vous ? est intervenu Ernie.

– Non.

– Vous ne voulez pas que je prévienne John ?

– Non ! »

J'ai entendu du bruit à l'étage.

« Partez, maintenant. Allez-vous-en, tous. S'il vous plaît. »

Les hommes ont gauchement repoussé leurs chaises. L'aumônier était rouge comme s'il avait attrapé un coup de soleil.

Les deux officiers sont sortis mais Ernie a hésité sur le seuil. Soudain, je me suis aperçue qu'il avait été informé avant moi de la disparition de Jimmy.

« Comment l'avez-vous su ? » ai-je demandé.

Il s'est retourné.

« Jimmy avait inscrit mon nom en premier sur la liste des personnes à prévenir en cas d'urgence. Et il avait sollicité ma présence à vos côtés. À mon avis, il ne voulait pas que vous affrontiez ça toute seule. »

Il a enfoncé les mains dans ses poches.

« N'hésitez pas à nous appeler, Claire. Laissez-nous vous aider. »

J'ai secoué la tête. Je n'avais rien à ajouter ; qu'auraient-ils pu faire pour nous ?

Enfin, Ernie est parti lui aussi.

Quelques instants plus tard, les véhicules ont démarré, et à travers la porte-moustiquaire j'ai vu Ernie manœuvrer dans la cour avant de bifurquer vers l'allée, suivi par la berline bleu nuit.

Quand ils quittèrent l'allée des Lucas, Schlessinger explosa :

« Mais enfin, qu'est-ce qui vous a pris ? Vous n'êtes pas censé leur raconter tout ça, mais vous le faites quand même. Chaque fois c'est pareil… J'espère pour vous qu'elle n'appellera pas Quantico ! »

Hildebrandt avait toujours l'impression d'entendre la voix de cette femme, éraillée, abrasive. De sentir l'impact de ses paroles comme un doigt accusateur pointé sur son front.

Il se rappela soudain sa première vraie conversation avec le soldat Marcus, un blondinet de vingt ans, style surfeur, qui était arrivé insouciant au Vietnam, puis avait été transféré dans la même compagnie que lui après avoir échappé à l'« annihilation », comme il disait, de son bataillon. Marcus ne serait plus jamais heureux ni mignon. Le seul éclat d'obus qui l'avait touché lui avait fendu le visage, manquant de peu l'œil droit. Une épaisse cicatrice irrégulière prenait naissance au coin externe de la paupière, lui barrait la joue et déformait sa narine droite. C'était une blessure à un million de dollars. Il aurait pu rentrer chez lui ; pourtant il avait refusé, car la défiguration n'était rien en comparaison de son désir de vengeance.

Marcus était un renégat. Les marines le toléraient parce que c'était un excellent éclaireur. Du coup, ils fermaient les yeux sur des écarts de conduite qui, en d'autres circonstances, auraient été jugés indignes d'un marine – même si, Hildebrandt en avait bien conscience, la vie à la base de Khe Sanh était tellement incertaine qu'il n'existait plus de conduite digne, y compris pour un prêtre. Il avait vu certains hommes des forces spéciales, qui en étaient à leur deuxième, voire à leur troisième campagne militaire, rester prostrés après avoir passé des mois sur les hauts plateaux, refusant tout ce qui rappelait la civilisation et toute conversation prolongée. Leurs yeux lui avaient paru énormes jusqu'au moment où il avait compris qu'ils étaient exorbités. Il n'aurait su dire ce qu'ils avaient avalé, mais ça les rendait effrayants. Ces gars-là ne voulaient pas d'un prêtre ; ils n'en avaient pas besoin. Les marines lui semblaient normaux en comparaison, et, tout comme lui, ils évitaient le plus possible les patrouilles de reconnaissance en profondeur. Presque tous considéraient comme essentielle la présence d'un aumônier, aussi entretenait-il des relations chaleureuses avec la plupart d'entre eux. Mais pas avec Marcus.

Ce jour-là, Hildebrandt l'avait regardé prendre une poignée

de Dexedrine et faire passer les comprimés avec une grande lampée de bière. Il lui avait paru ironique de le voir mélanger des excitants à de l'alcool qui en atténuait les effets.

« J'peux vous d'mander un truc, Hildebrandt ? Ou faut p't'êt' que je vous appelle *mon père* ? Comment vous pouvez encore croire en Dieu maintenant qu'vous avez vu tout ce bordel ? Et puis, ça vous a jamais gêné qu'il ait envoyé son fils unique sur terre en sachant qu'on allait le liquider ? Quel genre de père c'était, hein ? De quel droit il a expédié son môme à l'abattoir ? Il avait pas les couilles pour venir lui-même, c'est ça ? Dites-moi, *mon père*, avait-il ajouté en ricanant avant de boire une autre gorgée de bière. Comment vous pouvez croire à ces putains de conneries ?

– C'est tout le mystère de la foi, Marcus, avait répondu maladroitement Hildebrandt. Nous devons partir du principe qu'Il savait ce qu'Il faisait. »

Marcus l'avait dévisagé.

« Le mystère, hein ? »

Il s'était redressé en jetant sa boîte de bière, que l'aumônier avait failli recevoir sur le crâne.

« C'est ce que vous allez raconter au prochain mec à qui on fait sauter la tête ? Ou à sa vieille ? »

D'une voix plus grave, monocorde comme celle du présentateur de l'émission *Dragnet*, il avait enchaîné :

« Désolé, m'dame. Votre fils a la cervelle en bouillie. C'est un mystère. »

Il s'était interrompu pour allumer un joint.

« Z'êtes un drôle de numéro, avait-il repris avec un petit rire ironique. Mais dites-moi encore un truc… »

Il parlait entre ses dents pour garder la fumée en bouche le plus longtemps possible.

« Est-ce que vous êtes un homme de Dieu qui peut baiser les nanas ou un de ceux qui peuvent pas ? À moins que vous aimiez pas les nanas… »

Tandis qu'il s'éloignait, son rire moqueur avait résonné derrière lui. Tout comme la fumée douceâtre de son joint, matérialisation de ses railleries dans l'air matinal imprégné de rosée.

Deux jours plus tard, Marcus et le reste de la compagnie Bravo creusaient des tranchées quand ils avaient mis au jour un charnier dont une partie était ancienne et l'autre dégageait la puanteur des cadavres en décomposition. Presque tous les soldats s'étaient protégé le nez et la bouche avec des foulards ou des morceaux de tissu. Certains n'avaient même pas eu le temps de les ôter avant de vomir. Hildebrandt aussi portait un masque improvisé. Marcus était le seul à n'avoir pris aucune précaution – peut-être, s'était dit l'aumônier, parce que ses blessures avaient altéré son odorat. Plus tard ce jour-là, Marcus s'était accroupi tout près des barbelés délimitant le périmètre du camp, et il avait commencé à se balancer d'avant en arrière. En fredonnant. Hildebrandt s'était tourné vers le lieutenant Abramson.

« Vous ne lui ordonnez pas de dégager ? Et le tireur embusqué, alors ?

– Le viseur est foutu sur le flingue du Viêt. Il rate toutes ses cibles. De toute façon, même si je lui donnais des ordres, Marcus ne m'obéirait pas. La hiérarchie, il s'en balance. Et puis, il l'aime bien, ce p'tit con de Viêt. Quoique, avait-il ajouté d'un ton nonchalant, il pourrait aussi décider de l'abattre. Juste par principe, parce qu'il tire trop mal. »

Le coup de feu avait claqué au beau milieu de la nuit. Hildebrandt s'était réveillé en sursaut et cogné contre un rempart de sacs de sable en essayant de suivre l'infirmier. Au début, il avait cru que le tireur vietnamien avait finalement réussi son coup : Marcus gisait près des barbelés, au même endroit que la veille. Mais l'ennemi n'y était pour rien ; c'était son propre .45 qui l'avait tué. Il avait le palais déchiré et l'arrière du crâne ouvert. Deux soldats avaient emporté le corps, courant comme ils le pouvaient jusqu'aux abris formés par les sacs de sable.

Juste avant de se signer et d'administrer les derniers sacrements, Hildebrandt s'était figé. Il ne connaissait même pas le prénom de Marcus.

« Steven », lui avait appris Abramson.

Il n'y aurait pas d'ultime confession, pas de dernières volontés visant à mettre en ordre les affaires de ce monde. Les rites prescrits par la religion d'Hildebrandt subissaient quelques modifications en fonction des circonstances pour pouvoir s'adapter à n'importe quelle situation. Il avait le choix entre la version longue, qui comprenait l'extrême-onction, la version courte et ce qu'il considérait comme la version improvisée, pour les cas particuliers. Ce jour-là, il avait commencé par les versets 14 et 15 de l'épître de Jacques : « Quelqu'un parmi vous est-il malade ? Qu'il appelle les anciens de l'Église, et que les anciens prient pour lui, en l'oignant d'huile au nom du Seigneur ; la prière de la foi sauvera le malade, et le Seigneur le relèvera ; et s'il a commis des péchés, il lui sera pardonné. »

Il avait marqué une pause.

« Marie, pleine de grâce, protège de l'ennemi ton fils, Steven Marcus, et accueille-le à l'heure de sa mort. »

Hildebrandt avait ainsi machinalement accompli la cérémonie par laquelle il confiait les défunts à Dieu, sachant que

Marcus se serait moqué de lui puisqu'il avait enfin atteint son but : il n'était plus le seul survivant de son bataillon ; lui disparu, ils étaient tous *annihilés.*

Quelque chose le troublait chez Claire Lucas. Il se rappela son visage. Sa pâleur. Les cernes sombres sous ses yeux et son cou gracile. Juste avant de s'en prendre à lui verbalement, elle avait esquissé un léger mouvement comme pour le frapper. Les deux premiers boutons de sa blouse fanée étaient défaits, et le haut du pan droit s'était écarté. Elle était tellement maigre qu'il s'était étonné de ne pas voir sa clavicule. La peau révélée par le tissu était violette ; sur le moment, Hildebrandt avait pensé à une marque de naissance.

La main droite posée sur le tableau de bord, il baissa la tête. Au Vietnam, il avait été le témoin de scènes atroces : chair déchirée par les balles, jaillissements de sang, crânes défoncés par les grenades, bras et jambes qui tressautaient encore après avoir été tranchés… Une main solitaire dont les doigts s'ouvraient et se fermaient convulsivement au milieu d'une route sillonnée par des Vietnamiennes à vélo… Il se souvenait d'avoir maintenu un pansement sur une artère sectionnée dans le bas-ventre d'un soldat dont la vie s'échappait à gros bouillons pourpres. Il avait vu le battement rapide des paupières, puis le relâchement progressif de la mâchoire indiquant une lente perte de conscience. Depuis un an qu'il était rentré aux États-Unis, ses sens restaient engourdis par l'horreur. Or, aujourd'hui, ils s'étaient réveillés. Il le déplorait, car c'était une réaction physique normale au Vietnam, un des rares aspects acceptables de la guerre. Mais il était revenu au pays, et quelques minutes plus tôt il avait eu sous les yeux ce qui était en principe inacceptable dans sa propre culture : l'ecchymose laissée par un coup, la chair enflée altérant la beauté d'une épaule féminine.

Hildebrandt abattit sur le tableau de bord son poing serré.

« Vous n'avez pas à me dicter ma conduite ! Vous voyez ça ? »

Il glissa son pouce sous son revers pour faire saillir son insigne religieux.

« Je ne suis pas censé mentir ! J'en ai plus que marre de mentir aux gens. Je suis prêtre, bon sang ! Je suis là pour dire la vérité. Et je vais la dire, cette putain de vérité ! Cette femme n'était pas idiote ! Elle savait ! Elle n'a pas de corps ! *Rien !* »

Schlessinger, qui s'apprêtait à lui présenter des excuses pour son éclat, se trouva pris de court. Jamais il n'avait entendu l'aumônier jurer, jamais il ne l'avait senti dans une telle colère. Il en fut à la fois stupéfait et honteux. Au moment où il allait faire une autre tentative pour renouer le dialogue, Hildebrandt lui causa un nouveau choc en éclatant en sanglots.

Après s'être engagé dans l'allée des Morriseau, Schlessinger gara la berline et descendit. Resté sur son siège, Hildebrandt l'entendit remercier M. Morriseau en leur nom à tous les deux. Il garda le visage baissé, incapable de sortir de la voiture.

Les deux officiers effectuèrent en silence le reste du trajet jusqu'à Madison.

Ils avaient parcouru une cinquantaine de kilomètres quand Hildebrandt eut une révélation. Marcus avait énoncé une vérité que lui-même refusait d'admettre : depuis qu'il avait débarqué au Vietnam, il ne croyait plus en Dieu. S'il avait continué de parler du Père, du Fils et du Saint-Esprit, c'était avant tout pour protéger les hommes de la pensée qu'ils se battaient juste pour quelques vieillards rêvant de conquérir l'invisible. Il n'existait pas de guerre sainte. En haut, il n'y avait que l'argent, les jeux de pouvoir et la trahison. Mais au niveau du sol, *là-bas*, la solidarité prenait tout son sens. Les soldats étaient prêts à mourir pour se défendre les uns les autres. Ça, il y croyait.

Du haut de l'escalier, Bill avait tout entendu. Quand les véhicules avaient démarré dans la cour, il était retourné tout doucement dans sa chambre où, de la fenêtre, il avait vu le sillage de fumée derrière le pick-up d'Ernie, suivi par la berline des officiers. Il venait de recevoir une lettre de son frère datée du 10 janvier 1968. Or le mois de janvier 1968 n'était pas terminé. Si les soldats n'avaient pas retrouvé le corps de James, cela signifiait qu'il n'était pas mort. Il avait dû se dissimuler quelque part sur cette colline en attendant le moment où il n'aurait plus rien à craindre. Ou alors il avait été fait prisonnier par les Viêt-congs.

Non, impossible, songea Bill en secouant la tête. Son frère avait toujours été capable de se repérer dans la forêt ; il savait où se cacher et où dénicher ce qui était caché. Ernie Morriseau répétait toujours que James était l'un des meilleurs traqueurs qu'il ait jamais connus. Et tout à l'heure, Ernie avait dit que James était peut-être encore en vie. Il ne restait plus qu'à patienter, même s'il devait se passer des années avant la fin de la guerre. Avant le retour de son frère.

Son nez avait coulé. Il l'essuyait avec sa manche quand un brusque mouvement au-dehors attira son attention. Angel, le chien noir des voisins, était assis derrière la barrière à neige d'un rouge décoloré qui séparait l'allée du champ d'avoine de l'autre côté. Bill tapa au carreau, espérant éloigner l'animal avant le retour de son père. Angel essaya de localiser le bruit. Quand Bill le vit tourner la tête vers la fenêtre, il agita la main pour le saluer. Le chien leva le museau comme s'il reconnaissait son odeur à travers la vitre.

Les yeux clos, je me suis appuyée contre la porte. Je devais réfléchir, décider de la conduite à tenir. Mon mari ne rentrerait peut-être pas tout de suite. Comme c'était le jour où il allait chez Pete, le bar de la ville, il ne regagnerait sans doute la ferme qu'au petit matin. J'ai prié pour qu'il ne change pas ses habitudes. Cette pensée me soulageait ; dans l'immédiat, ce serait un souci de moins.

Quand un craquement a résonné dans l'escalier, j'ai rouvert les yeux. Bill, descendu tout doucement, s'était assis sur la première marche.

« James va revenir à la maison ? »

J'ai entrouvert la bouche, résolue à peser mes mots pour atténuer leur brutalité. Mais aucun n'a franchi mes lèvres, et peu à peu je me suis sentie envahie par le désespoir. Comment pourrais-je expliquer ce que j'avais moi-même du mal à comprendre ?

« Je ne crois pas, non », ai-je répondu en m'avançant vers lui.

Bill n'a pas pleuré. Pas crié non plus. Il n'y a eu ni de « pourquoi », ni de « comment », ni de « et si ». Juste un silence stupéfait. Assise à la table de la cuisine, j'ai bercé son petit corps raidi par le désarroi. Au dîner, il n'a pas touché à son assiette, aussi ai-je fini par le soulever dans mes bras. Il pesait lourd. J'ai gravi l'escalier à pas lents, et quand je suis arrivée en haut, il me restait tout juste assez de forces pour porter mon fils jusqu'à sa chambre. Il dormait lorsque je l'ai déposé sur son lit. Trop épuisée pour le déshabiller, je me suis contentée de l'allonger entre les draps, laissant sa tête retomber doucement sur l'oreiller. Puis, la joue près de ses lèvres, j'ai guetté la caresse de son souffle chaud sur ma peau. Quand j'ai détourné le visage, il m'a semblé percevoir une faible odeur d'urine de souris, alors que j'avais nettoyé la chambre à l'eau de Javel au début de l'automne. Au grand soulagement de l'aîné, j'avais interdit au cadet de recueillir des animaux pendant l'hiver. Mais depuis le départ de Jimmy, l'atmosphère paraissait encore plus froide et désolée sans le bruissement des souris et des gerbilles dans leur cage.

Je suis retournée dans le couloir, où j'ai ouvert toutes les portes, jetant un coup d'œil à l'intérieur des pièces, m'aventurant parfois jusqu'à une fenêtre. Outre la chambre des garçons et celle où je dormais avec mon mari, il y en avait deux autres à cet étage, ainsi qu'une salle de bains. La dernière porte donnait sur la chambre d'enfant, où se trouvait encore un lit au milieu de cartons débordant de vieux vêtements. Terrifié par l'ombre des pins projetée sur les murs et par la présence sous le matelas de créatures imaginaires prêtes à lui pincer les pieds, Bill n'avait jamais voulu y dormir seul. Dès qu'il avait commencé à marcher, il s'était accroché à Jimmy. Les deux frères avaient donc fini par partager une chambre qui résonnait de furieuses disputes, de longs silences boudeurs et, bien souvent aussi, d'éclats de rire. Immobile sur le seuil, j'ai contemplé l'ours en peluche miteux toujours appuyé contre la tête de lit.

Un an plus tôt, Jimmy et moi avions tenté de nettoyer cette

pièce, d'en passer en revue le contenu, d'éliminer les habits trop usés, de ranger les autres dans des cartons destinés aux bonnes œuvres. En temps normal, Jimmy ne m'aurait pas aidée, préférant aller à la pêche ou à la chasse, ou encore écouter ses disques dans le fenil. Il aurait fait n'importe quoi pour ne pas rester à la maison. Il était sujet aux accès de rage sporadiques, presque incontrôlables, de l'adolescence, que la moindre de mes paroles suffisait à déclencher. Même la remarque la plus anodine de ma part pouvait mettre le feu aux poudres. Alors j'essayais d'user des mots à bon escient, les lançant en l'air tel un lasso dans une ultime tentative pour amener le rebelle à effectuer sa part des corvées, à manifester du respect envers moi et à se comporter comme l'homme adulte qu'il était devenu. Mais il se cabrait face à mes demandes. Nous nous affrontions et nous battions en retraite, nos volontés se heurtaient, pareilles à des taureaux engagés dans une lutte farouche, jusqu'au moment où l'épuisement nous gagnait, où une trêve était déclarée. C'était durant l'une de ces accalmies qu'un samedi matin il avait proposé de m'aider à ranger la chambre. J'étais assise par terre, en train de trier des affaires de bébé, quand un bruit métallique avait attiré mon attention ; Jimmy tentait de forcer avec son canif une boîte verte en fer.

« Où as-tu déniché ça ?

– Là-dedans, avait-il répondu en me montrant la penderie. Sur une étagère. »

La serrure était vieille et il ne lui avait pas fallu longtemps pour en venir à bout. J'avais continué de plier les habits tandis qu'il examinait sa trouvaille. Soudain, il avait émis un petit sifflement.

« Quoi ?

– Tiens, lis ça. »

Il m'avait tendu une liasse de feuilles jaunies – les papiers de démobilisation de mon mari. John avait quitté l'armée avec les honneurs, mais pas, comme il le prétendait, en tant que marine ayant combattu pendant la Seconde Guerre mondiale. Il s'était engagé six mois avant la fin du conflit et n'avait jamais quitté les États-Unis. La troisième page du dossier vantait ses mérites de *quarterback* dans l'équipe de football de l'armée. Je tombais des nues. Qu'en était-il de toutes ces médailles qu'il brandissait lorsqu'il avait trop bu ? La Bronze Star ? La Purple Heart ? Et de toutes ces histoires de batailles en Europe ?

Jimmy s'était donné une grande claque sur la cuisse.

« Non mais t'y crois, toi ? »

Il avait hurlé de rire.

« P'pa jouait *au foot* ! Tu parles qu'il tire comme un pied ! Les mecs devaient se poster près de la cage avec une bière, en lui disant : " Allez, mon gars, tu nous expédies le ballon et on te file la bouteille " !

– Et les médailles, alors ?

– Tu comprends toujours pas, hein ? »

J'avais fait non de la tête.

Entre deux accès d'hilarité, mon fils, cramoisi, avait hoqueté :

« Je suis sûr que… qu'il les a achetées au mont-de-piété. Ou qu'il les a fau… fauchées. »

En le voyant recroquevillé sur le sol, secoué de rire, je m'étais étonnée qu'il réagisse aussi bien. Combien de fois mon mari lui avait-il agité ces décorations sous le nez en insinuant d'une voix rendue pâteuse par l'alcool que lui ne serait jamais à la hauteur de ce qu'elles représentaient ? Au cours de ces scènes pénibles dont j'étais le témoin déchiré, j'adressais des clins d'œil à mon fils quand son visage crispé s'empourprait, et j'articulais en silence : *Ignore-le.*

Peu à peu, Jimmy avait recouvré son sérieux.

À la réflexion, mon mari n'aurait pas pu être soldat. Nous nous étions établis dans la minuscule bourgade catholique allemande d'Olina pour deux raisons : la terre ne coûtait pas cher, et, d'après le père de John, c'était dans le nord du Wisconsin qu'on menait la belle vie. Basil Lucas avait une vision personnelle de la *Gemütlichkeit*, selon laquelle le bonheur était assuré tant que la bière coulait à flots et qu'il y avait quelqu'un d'autre pour faire le travail. Comme si cette région n'était qu'une vaste brasserie où chacun pouvait réaliser ses rêves… Je croyais de nouveau entendre mon beau-père lorsque mon mari plaidait en faveur de ce qu'il considérait comme une vie digne de ce nom pour un homme : cultiver, chasser, pêcher et, même s'il ne le disait pas à l'époque, boire. Mais John n'avait pas réussi à devenir fermier. Quant à ses prouesses de chasseur et de pêcheur, elles se limitaient à entailler l'écorce des arbres et à attraper des nénuphars, à la rigueur un poisson-lune. Comment aurait-il pu en être autrement ? Personne ne lui avait rien appris. De plus, toutes ces activités requéraient des efforts qu'il n'était pas prêt à fournir. Pourtant, il avait une foi inébranlable en son rêve rural, soutenue il est vrai par une fréquentation de plus en plus assidue du bar de Pete et un tempérament de plus en plus violent et irascible. Jimmy, en revanche, semblait posséder d'instinct la capacité et le désir de vivre à la campagne – autant de dispositions naturelles encouragées par notre voisin, Ernie Morriseau. Alors que la paie de mon mari se réduisait comme une peau de chagrin, Jimmy veillait à remplir le congélateur de gélinottes huppées, de venaison, de canards, d'oies et de poisson. Plus il grandissait et peaufinait ses talents, plus il irritait mon mari. J'étais terrifiée à la perspective d'un affrontement entre le père et le fils. Si les choses s'envenimaient, ce serait Jimmy qui en ferait les frais. Pas John.

« Jimmy, il y a sûrement une explication. Promets-moi que tu ne parleras pas de ces papiers. Ni à ton père, ni à Bill, ni à personne. S'il te plaît, promets-le-moi.

– Promis », avait-il répondu, les joues sillonnées de larmes.

Il s'était essuyé le visage avec sa manche et nous avions continué de trier les affaires dans les cartons. Mais quand j'avais reporté mon attention sur lui, il examinait de nouveau la boîte verte. J'avais bien vu, à ses grands yeux bruns remplis de doute, qu'il était perdu dans ses pensées.

Nous n'avons jamais fini de ranger cette chambre ; ce jour-là, nous avons juste remis ensemble la boîte verte où Jimmy l'avait trouvée, tout au fond de l'étagère… Ma main a cherché la poignée de la porte. J'allais la refermer lorsque, soudain, j'ai été frappée par une révélation.

J'ai repoussé le battant et contemplé la pièce.

Jimmy m'avait prévenue. Combien de fois avait-il parlé de quitter la ferme ? Et moi, je n'avais vu dans cette menace que la révolte d'un adolescent.

« J'en ai plus que marre ! avait-il hurlé une fois. Dès que j'aurai mon bac, je foutrai le camp. Le vieux sera trop content, et toi, tu ne seras plus sans arrêt sur mon dos !

– Ah oui ? Et où iras-tu, hein ? lui avais-je rétorqué. Il te faudra de l'argent ! Une formation ! Un travail ! Tu t'imagines peut-être que tu es le seul dans cette maison à vouloir tout plaquer ? »

Pourquoi avais-je ignoré la lueur hagarde dans ses yeux fixés sur la boîte verte, la violence presque démente de son rire ? Quelle gloire pour lui de partir ainsi, en humiliant son père comme celui-ci l'avait humilié ! Il allait s'engager dans l'un des corps les plus rudes de l'armée. Il irait à la guerre et, avec cette confiance propre à la jeunesse, il s'imaginait en revenir non seulement indemne mais aussi en héros couvert de médailles. Il rentrerait en soldat tombé à terre au combat, pas à la suite d'un plaquage pour marquer un essai sur une pelouse impeccable. Non content de faire honte à son père, il deviendrait son opposé en tout point : un homme d'honneur dont les actes méritaient le respect.

J'ai claqué la porte si fort que le bruit m'a surprise. J'ai tendu l'oreille. Aucun son dans la chambre de Bill. Mon estomac s'est soulevé, un flot de bile m'est remonté dans la gorge.

Je me suis dirigée à l'aveuglette vers l'escalier et, ayant mal évalué la distance, j'ai raté la première marche puis dégringolé les trois suivantes avant de me rattraper à la rampe. L'agrippant à deux mains comme un enfant, je suis descendue lentement. En bas, je me suis laissé guider par la lueur de la cuisine brillant dans la pénombre tel un fanal. Puis, attrapant la chaise la plus proche, je l'ai tirée vers moi.

Je me suis assise sous la clarté jaune du plafonnier en attendant les larmes. J'avais mal au crâne à force de ressasser la visite reçue dans l'après-midi. De temps à autre, je tripotais le rapport en m'efforçant d'éviter les traînées de beurre de cacahuète sur la table et je restais attentive aux bruits de la maison – le ronflement de la chaudière, les vibrations des canalisations quand j'ai ouvert le robinet pour faire du café, les pas menus de mon fils s'il se réveillait. Au bout d'un moment, je me suis pris la tête entre les mains. Si j'avais pu oublier les événements de cette journée, j'aurais pu me croire transportée des années en arrière, lors d'une de ces nuits interminables à l'époque où Jimmy et Bill étaient bébés. Seins gonflés, humides après les tétées. Varicelle ou rougeole. Sur mes mains, des traces séchées de lotion à la calamine. Mes ongles tachés de rose pendant des jours. Le pouvoir magique de faire disparaître les monstres des cauchemars. Un épuisement tel qu'il avivait mon ouïe, rendait mes oreilles sensibles au plus infime gémissement, au plus petit grincement des ressorts du lit au-dessus de ma tête. Le cri « Maman ! » jailli d'un sommeil trop léger, m'insufflant une soudaine bouffée d'énergie qui me faisait bondir hors de mon lit, tout à mon dévouement maternel… J'ai contemplé les mouchetures multicolores du Formica en me concentrant sur l'écho de mon souffle. Il me semblait entendre la maison elle-même respirer et craquer comme si elle bougeait sur ses fondations à chaque inspiration. Ma blouse dégageait un relent de renfermé, ma peau une odeur de terre. Pas étonnant que les officiers aient été rebutés par mon aspect. J'avais depuis longtemps renoncé à prendre soin de moi ; je ne pensais à mon apparence qu'au moment où elle était reflétée par le regard des autres.

Je me suis frotté le front. Mon fils m'avait tout caché.

« Tu étais trop jeune, l'hiver dernier. Pourquoi lui as-tu demandé *à lui* de signer ces papiers ? avais-je lancé à Jimmy la veille de son départ.

– Je savais bien qu'il accepterait tout de suite, comme ça, avait-il répondu en claquant des doigts. Je me suis servi de lui. P'pa pense qu'il est débarrassé de moi mais il se goure. Je vais revenir, m'man. »

Il m'avait gratifiée de son sourire désarmant.

« Eh, Elvis s'est engagé, lui aussi, et il lui est rien arrivé.

– Parce qu'il n'y avait pas de guerre, à l'époque ! Mais dis-moi, je croyais que tu voulais t'en aller pour toujours… ai-je ajouté en forçant une note moqueuse dans ma voix.

– Oh, m'man ! »

Il avait feint l'exaspération.

« J'étais furax quand j'ai sorti ça. Je vous abandonnerai jamais, Bill et toi. T'inquiète pas. »

Il m'avait taquinée, secoué le bras.

« Il m'arrivera rien, m'man. Tout se passera bien, je t'assure. Allez, fais pas la tête ! Ris un peu !

– Quoi ? »

Je lui avais pincé l'oreille de toutes mes forces.

« Ce n'est pas drôle, Jimmy ! Tu t'imagines quoi ? Que tu pars à la chasse aux canards ? »

Mon fils s'était laissé tomber sur son lit en se frottant l'oreille et en gloussant comme s'il était réellement à l'abri du danger. Comme s'il était vraiment Elvis et que tout ceci n'était qu'une simple étape, brève mais nécessaire, dans le déroulement de sa carrière.

Une fois Jimmy parti, j'avais essayé pendant quelques mois de partager son optimisme. J'allais travailler dehors, désherber ou retourner la terre dans mes massifs de fleurs et mon potager. Je prêtais attention à tous les signes de vie autour de moi : les grenouilles au crépuscule près de la mare à l'est de la maison ; les hirondelles pépiant dans la grange ; Bill qui, engagé dans des batailles imaginaires, proférait des menaces et soulevait des nuages de poussière avec ses pieds nus. Mon mari faisait des heures supplémentaires à la scierie et passait si peu de temps chez nous que, sans les maigres sommes que je devais lui arracher sur le reliquat de son salaire et les inévitables querelles qui s'ensuivaient, j'aurais pu le croire parti pour de bon.

Mais en septembre, mon optimisme avait commencé à faiblir. Postée devant la maison, étreignant Bill qui s'accrochait à ma taille, j'avais vu les oies passer dans le ciel, et la cacophonie de leurs cris m'avait arraché des larmes. Tous les oiseaux quittaient le pays : d'abord les hirondelles, ensuite les merles, les roitelets et enfin les rouges-gorges. Octobre était le mois des feuilles mortes dont il avait la couleur et qui, selon les jours, tombaient toutes seules ou étaient emportées par des rafales.

Puis novembre était arrivé, apportant son lot de tempêtes, noyant le paysage sous un mètre cinquante de neige et laissant dans son sillage un froid glacial. Les blizzards m'avaient paru extrêmement violents après la douce chaleur de l'été et de l'automne. Le mauvais temps m'avait obligée à me cloîtrer chez moi ; non seulement il rendait invivable le monde extérieur, mais il dépouillait aussi de toute humanité mon univers intérieur. Billy était à l'école toute la journée. Les seuls bruits résultant de mes activités ne parvenaient pas à meubler un silence qui avivait mon angoisse. Avide d'entendre une voix humaine, espérant me changer les idées en faisant le ménage, j'avais un jour commis l'erreur d'allumer notre vieux téléviseur en noir et blanc. L'écran avait d'abord viré au gris, puis le visage de Dan Rather s'était matérialisé devant moi, encadré par le drapeau américain d'un côté et celui de la République du Vietnam de l'autre. Le présentateur se tenait devant l'ambassade des États-Unis à Saigon. Il était mal rasé, mais je l'avais à peine regardé car je n'avais d'yeux que pour les drapeaux sur lesquels apparaissaient de petits encadrés. Je m'étais approchée du poste. Le premier encadré, sur le drapeau américain, indiquait le nombre de soldats américains morts au Vietnam ; le deuxième, sur le drapeau vietnamien, le nombre de morts chez nos alliés ; et le troisième, les pertes ennemies. L'espace d'un instant, j'avais cru avoir sous les yeux le plateau d'un jeu de société comme le Monopoly. Sauf qu'il n'y avait pas d'argent à la banque. Pas d'investissements. Rien que des morts. J'avais appuyé si fort sur l'interrupteur qu'il s'était brisé. Tant mieux, je ne voulais plus jamais allumer le téléviseur. Pour plus de sûreté, j'avais ôté un des tubes cathodiques et je l'avais caché dans le placard de l'entrée. Plus tard ce soir-là, j'avais expliqué à Billy que le poste était cassé et que nous n'avions pas les moyens de le faire réparer.

« On ira chercher des livres à la bibliothèque, avais-je décrété pour couper court à ses récriminations. De toute façon, il vaut mieux lire que regarder la télé. »

Un peu plus tard, je l'avais vu cocher tristement sur le programme les émissions qu'il allait manquer : *Petticoat Junction, Flipper, Mutual of Omaha's Wild Kingdom, Jonny Quest.*

Peu à peu, la vie à l'intérieur de la maison était devenue étouffante. Un matin, je m'étais retrouvée assise devant la fenêtre du salon, à taper contre la vitre avec le talon d'un de mes escarpins du dimanche pour voir quelle force il faudrait pour la briser. Je m'étais arrêtée au bout du cinquième coup, consciente soudain qu'une fenêtre cassée risquait de me valoir un bras fracturé en représailles. Alors, enveloppée de vêtements chauds, j'étais sortie me promener, essayant de percevoir une nouvelle fois le souffle autour de moi, m'adressant au vent et aux pins qui bordaient la longue allée.

C'était devenu une habitude. Le matin, j'insistais pour accompagner Bill jusqu'au car de ramassage scolaire, ignorant ses protestations et son expression tourmentée. Une fois le bus parti, je retournais à la maison. J'attendais ensuite avec impatience de ressortir vers midi, quand la Chevy Impala blanche du facteur s'éloignait.

Une lettre de Jimmy déclenchait aussitôt un joyeux tourbillon d'activités ménagères, durant lesquelles je rêvais de son retour. J'étais persuadée que tout changerait lorsqu'il serait là. Je me le répétais telle une prière en ôtant mes rouleaux pour me coiffer, comme n'importe quelle femme normale. J'allais même jusqu'à ébaucher des projets.

« Tiens bon, ma grande », disais-je au vent et aux pins. La ferme resterait dans la famille, les terres ne seraient pas louées à nos voisins les Edelman. J'engagerais un avocat pour mettre un terme définitif à la comédie de mon mariage ; je m'en déferais comme de mes vieilles blouses fanées et je le brûlerais symboliquement sur le bûcher de la loi. Je trouverais du travail en ville, j'organiserais des pique-niques et j'irais voir mes voisins plus souvent. Peut-être même nouerais-je de vraies amitiés.

Mais le dernier courrier que j'avais reçu de Jimmy datait du 2 janvier, et, au fil des jours, mon bel optimisme s'était éteint. Je ne me rappelais même plus la dernière fois où j'avais lavé ma blouse, et les rouleaux sur mon crâne me semblaient désormais aussi indissociables de ma personne que mes oreilles ou mon nez.

J'ai croisé les bras sur la table et posé ma tête dessus, pensant me reposer quelques minutes.

Quand j'ai relevé les yeux, il était onze heures du soir. John n'était toujours pas rentré. Dehors, le vent sifflait aux coins de la maison. J'avais blessé le lieutenant Hildebrandt, je m'en rendais compte à présent. Ses paroles auraient dû me redonner espoir ; après tout, *porté disparu au combat* pouvait signifier que Jimmy était vivant et prisonnier de l'ennemi. Mais je l'avais vu se reprendre à plusieurs reprises, comme s'il essayait de me dissimuler ses doutes. Quant à Ernie, il avait les mains tremblantes. Je savais que les chances de retrouver mon fils en vie étaient quasiment nulles.

« Les marines ! avais-je dit à Jimmy. Tu n'aurais pas pu

choisir les forces navales ou l'armée de terre, plutôt ? Ou les gardes-côtes, pourquoi pas ? Mais les marines…

– C'est eux qui faisaient la meilleure offre », avait-il répondu. Et d'ajouter, ce dont je m'étais souvenue plus tard : « Les marines se serrent les coudes. »

Je n'étais ni stupide ni naïve. Il n'y avait aucune chance pour que Jimmy soit encore en vie. « Porté disparu au combat » était un euphémisme administratif, une sorte de virgule indiquant une pause avant que la découverte du corps ne permette de conclure la phrase. Au moment où le vent gémissait de nouveau, il m'est venu à l'esprit que le rapport sous mes yeux marquait la fin d'une attente devenue pour moi une seconde nature.

Je l'ai saisi, plié et fourré dans la poche de ma blouse avant de repousser ma chaise. Je me suis dirigée vers la porte de derrière sans la moindre hésitation, et c'est seulement après avoir enfilé mes chaussettes, mes bottes et mon gros manteau que j'ai pensé à Bill endormi à l'étage. Je me suis immobilisée, guettant d'éventuels bruits : une bataille de jambes et de draps, une toux sèche, peut-être un « maman » murmuré. Mais je n'ai rien entendu de tel. Rassurée, j'ai rassemblé les outils dont j'aurais besoin : une lampe à pétrole, une poignée d'allumettes et une bêche à long manche. J'ai allumé la lampe et laissé un instant la flamme lécher la paroi de verre avant de la réduire à un petit arc jaune. Enfin, je suis sortie.

Même à cette heure tardive, il faisait encore doux. La glace en train de fondre gouttait des pignons. Sur le trajet jusqu'à la grange, mes bottes se sont enfoncées à chaque pas dans la boue. La lampe se balançait tel un signal lumineux au bout de mon bras, projetant sa lueur jaune sur le chemin.

Parvenue derrière le bâtiment, je me suis arrêtée. À cinq ou six mètres de moi, au nord-est, se dressait la clôture bordant notre champ de quarante acres. Les garçons aimaient bien cet endroit, où ils avaient joué tous les deux ; là, à portée de ma voix mais hors de ma vue, ils pouvaient se livrer à toutes les fantaisies qui leur passaient par la tête. À l'adolescence, Jimmy avait préféré se replier dans le fenil, où il avait installé un tourne-disque et des haut-parleurs, puis hissé trois chaises récupérées à la décharge municipale, dont l'une portait encore les marques de dents d'un ours noir en colère.

J'ai levé les yeux vers le haut de la grange rouge. Jimmy n'avait jamais eu besoin de me dire ce qu'il voulait être une fois adulte ; le message jaillissait avec force du fenil. Sur le plan de la culture, notre petite ville restait à la traîne par rapport au reste du monde. On était peut-être en 1968, mais, à Olina, on se serait cru en 1958. L'électrophone braillait, et il n'avait qu'un seul niveau de réglage. Pour mon fils, c'était « fort », et pour moi, « insupportable ». J'entendais soudain Jerry Lee Lewis hurler « *Grrrreat BALLS OF FIRE !* », et je n'avais même pas encore eu le temps d'accrocher deux chemises à la corde à linge que toutes les petites chauves-souris brunes endormies jusque-là dans la charpente s'échappaient, affolées, des ouvertures sous le toit. Si la musique ne faisait que m'agacer, elle déchaînait les foudres de John. Chaque fois, il se précipitait vers la grange, prêt à accuser Jimmy de troubler la paix et l'ordre, pour découvrir le fenil vide et les disques disparus.

La musique provoquait toujours des réactions bizarres chez notre chien. Lorsque Jimmy passait *Jailhouse Rock*, il se mettait à courir après sa queue, tournant sur lui-même comme une toupie jusqu'à la fin du morceau. Ensuite, il s'effondrait près de la porte d'entrée, pantelant, la respiration sifflante. Le plus étrange, c'était que mon fils ressemblait beaucoup à Elvis et qu'il avait lui aussi une belle voix. Après son départ, j'ai découvert combien je regrettais de ne plus l'entendre susurrer avec le King une chanson d'amour dont les paroles se répandaient par vagues dans la cour.

J'ai posé la lampe près de moi avant d'attraper la bêche. Un pied appuyé sur le fer, j'ai enfoncé l'outil dans le sol pour ramener une première pelletée de terre. J'ai continué longtemps à creuser, ne m'interrompant que pour enlever mon manteau et remettre trois rouleaux en place sur mon crâne en sueur. J'ai dû m'arrêter à une profondeur d'environ soixante centimètres, car le redoux n'avait pas atteint les strates gelées en dessous. Alors, j'ai sorti de ma poche le rapport. Agenouillée près de la lampe, je l'ai relu encore une fois. Pas la moindre mèche de cheveux, pas un seul ongle, pas même une tache de sang. Juste de l'encre sur du papier, des mots qui tentaient de prouver quelque chose sans y parvenir. Ces officiers avaient fait le voyage depuis Madison pour me remettre un rapport censé se substituer à Jimmy.

Un rapport.

J'ai replié les documents pour les fourrer au fond du trou. Leur blancheur se détachait sur le sol noir, d'une pureté tellement trompeuse que, sans prendre la peine de récupérer la bêche, j'ai attrapé la terre à pleines mains pour les recouvrir.

Tous ces slogans stupides… « Vous pouvez servir votre pays et voir le monde. Découvrez de nouvelles cultures. » Celui que je détestais le plus figurait sur l'affiche de propagande que j'avais dénichée dans la chambre de Jimmy peu après son départ. « Les marines font de vous des hommes. » Quelle ironie ! Comme si je n'avais été là que pour lui donner la vie, sachant qu'ils feraient de lui un homme. Comme si ceux qui ne rejoignaient pas leurs rangs n'étaient pas vraiment des hommes.

Eh bien, mon fils n'avait pas vu le monde, mais il avait découvert une nouvelle culture et elle l'avait tué.

« Les marines se serrent les coudes. » Jimmy m'en avait dit plus qu'il ne le croyait. Il voulait trouver sa place au sein d'un groupe, aussi avait-il intégré une famille encore plus dure que la nôtre. Cherchant une fraternité qu'il n'avait pas connue chez les siens, une identité différente de celle héritée de son père.

Je me suis redressée, j'ai aplati la terre à coups de botte puis j'ai levé la tête vers le ciel. De ma gorge est monté un son irréel même pour moi : une sorte de longue plainte étouffée, un cri de douleur que j'ai poussé encore et encore, jusqu'à ne plus avoir de voix. Ma peau me picotait. Je ne me suis rappelé mon manteau qu'en voyant soudain mes mains blanchies par le froid. Je l'ai drapé sur mes épaules, mais au lieu de m'en aller je me suis laissé griser par l'engourdissement de mes sens. C'était si agréable que j'ai bien failli me faire piéger. Les quarante acres m'attiraient inexorablement. Je n'aurais qu'à marcher en attendant de tomber de fatigue. Ensuite, je me blottirais dans un lit de neige. Une fois endormie, j'échapperais à mon corps gelé, et le ciel qui nous avait envoyé ce vent chaud m'emporterait jusqu'aux hauts plateaux du Vietnam – une mère venue du Wisconsin pour retrouver son fils disparu. J'ai ôté mon manteau, dont j'ai noué les manches autour de ma taille. Enfin je me suis dirigée vers le champ immaculé.

Mais j'avais à peine fait quelques pas que mes yeux gonflés ont distingué une tache rouge sur un poteau de clôture. Cette vision m'a arrachée à mon hébétude. Je me suis approchée et, reconnaissant le bonnet de Bill, je l'ai saisi avant de me ruer vers la maison, au risque de m'étaler dans la boue. J'étais tellement révoltée par sa négligence que je pestais toute seule. Si nous n'avions pas passé une journée aussi horrible, je l'aurais aussitôt tiré de son lit pour le houspiller.

Au moment où je tirais la porte-moustiquaire, j'ai encore

perçu quelque chose. Un bruit, cette fois, qui m'a arrêtée net dans mon élan. Pensant qu'il provenait de la maison, de l'étage où dormait Bill, j'ai tendu l'oreille en tâchant d'ignorer les battements de mon cœur et l'écho de ma respiration. Mais tout était tranquille. Je me suis tournée vers la grange. Au début, j'ai reconnu un son familier, celui que j'avais entendu un millier de fois au cours des hivers précédents : le hurlement du vent glacé balayant le champ et sinuant parmi les grands pins rouges. Et soudain, au milieu de ces vagues sonores a résonné un cri plus aigu, plus bref, évoquant le cri d'un enfant. *Maman*. Une douleur soudaine m'a étreint la poitrine, me coupant le souffle. Quand le malaise s'est dissipé, j'ai lâché la porte et je suis repartie vers la cour, les yeux écarquillés en direction du champ et de la grange.

Je m'apprêtais à demander : « Qui est là ? » quand un mouvement furtif a attiré mon attention près du lampadaire. L'ombre s'est encore déplacée, flirtant avec la lumière jusqu'au moment où elle est entrée directement dans le halo de clarté.

C'était le renard de Billy. Il a soutenu mon regard, ses oreilles duvetées de noir encadrant ses prunelles phosphorescentes. Puis, avançant timidement une patte, il a levé vers moi son fin museau pour me flairer. Sa fourrure restait miteuse mais les poils repoussaient aux endroits dégarnis et ses yeux semblaient plus vifs, son corps moins maigre. Il avait également recouvré sa méfiance naturelle, à en juger par la façon dont il inclinait la tête au moindre son susceptible d'indiquer un danger.

En le voyant humer l'air, j'ai brusquement compris à quoi servait le bonnet que je tenais à la main. Bill l'avait laissé à dessein, comme gage de bonne volonté, pour permettre au renard d'associer l'odeur de la laine à celle du porteur de nourriture. Malgré ma peine, j'ai éprouvé de l'admiration pour l'ingéniosité de mon fils et pour l'endurance de l'animal

Lorsque Bill se réveillerait au matin, j'aurais au moins une bonne nouvelle à lui annoncer, même s'il ne s'agissait que d'une victoire dérisoire face à l'énormité de notre chagrin. Mais il m'en voudrait sûrement d'avoir récupéré le bonnet, aussi ai-je envisagé d'aller le remettre en place. Je croyais presque entendre la voix de Jimmy, ses avertissements répétés selon lesquels un animal sauvage adulte apprivoisé par l'homme était un animal mort ; d'après lui, le département des Ressources naturelles avait dû abattre des ours noirs qui, rendus agressifs par la faim, étaient sortis de la décharge municipale pour s'approcher des maisons. Chaque fois que Bill se rebellait contre les conseils de son frère, celui-ci lui expliquait que tout le monde n'était pas aussi bien intentionné que lui à l'égard des bêtes sauvages.

« Mais je les tue pas, moi ! avait protesté Bill. Les animaux, ils m'attaquent pas ! »

Le renard s'était assis. En le regardant, j'ai pensé à ce que je dirais à Bill : j'avais aperçu son protégé, il était sauvé et, à partir de maintenant, il serait capable de survivre seul ; ce n'était plus la peine d'utiliser le bonnet rouge ni de déposer de la nourriture derrière la grange. J'ajouterais qu'il lui faudrait imaginer le renard vivant et en bonne santé même s'il ne le voyait plus.

J'ai fourré le bonnet dans la poche de mon manteau avant de m'avancer vers l'animal en agitant les bras.

« Pchhh ! » ai-je crié.

Je me suis mise à courir vers lui.

« Va-t'en ! Allez, va-t'en ! »

Le renard a été tellement surpris par la brusquerie de mon approche qu'il est resté pétrifié. J'ai bien cru que j'allais le heurter quand soudain, d'un mouvement si fluide et rapide qu'il semblait presque magique, il s'est redressé, détourné et enfoncé dans la nuit.

Incapable de dormir, Ernie sortit sans veste mais n'alla pas plus loin que la remise à outils.

Alors qu'il scrutait les ténèbres en direction de la ferme des Lucas, il remarqua une lumière en mouvement – vraisemblablement une lampe se balançant au bras de la personne qui la portait. Il était près de minuit. En temps normal, lorsqu'il soupçonnait un problème chez les voisins, il leur téléphonait ou se rendait chez eux. Mais le silence de Claire ce jour-là avait été éloquent ; elle ne voulait pas d'aide. Rosemary avait raison : le besoin d'intimité chez notre voisine se doublait de la nécessité inexplicable de protéger des secrets que personne, de toute façon, ne pouvait ignorer.

Ernie possédait et louait beaucoup de terres. Il se tourna vers le champ le plus familier pour lui. Tout ce qu'il avait vu, touché, senti ou trouvé dans cette étendue depuis sa naissance était réel. Cette terre se montrait parfois imprévisible, comme pouvaient l'être le ciel ou le comportement des animaux, mais c'était naturel.

À sept ans, il avait vu un jour au bout de ce champ deux cerfs qui, en se battant pour une biche, avaient entremêlé leurs bois et tentaient de se libérer depuis des heures. Malgré l'interdiction de son père, Ernie les avait suivis, son oncle et lui. Les animaux épuisés, à genoux sur leurs antérieurs, avaient les yeux exorbités et la langue pendante. À l'aide de longues perches métalliques prises sur des charrettes à foin, les deux hommes avaient fait tomber les adversaires sur le flanc. Puis, en prenant garde aux coups de sabot, le père d'Ernie avait retiré de sa veste de chasse une scie dont il avait introduit la lame dentée au milieu des ramures enchevêtrées. Une fois les bois coupés, les deux hommes s'étaient écartés lentement, surveillant les bêtes au cas où elles trouveraient l'énergie de se redresser d'un bond et de charger. Il avait fallu une bonne vingtaine de minutes aux combattants pour s'apercevoir qu'ils étaient libres et se relever. L'oncle d'Ernie avait crié « Allez ! », et les cerfs avaient aussitôt détalé, l'un vers les pins blancs tout proches, l'autre vers le pré voisin.

Ernie avait alors émergé des hautes herbes où il se cachait jusque-là, la curiosité l'emportant sur la crainte de l'autorité paternelle.

« Pourquoi tu les as pas tués ? »

Son père avait froncé les sourcils, réprouvant la désobéissance de l'enfant, mais son oncle avait éclaté de rire avant de lui adresser un clin d'œil.

« On a déjà plein de gibier. Et puis, il faut laisser vivre les mâles si on veut d'autres cerfs l'année prochaine ! »

Il retira de sa poche un paquet de Camel, puis le tapota pour en faire sortir une cigarette qu'il alluma d'une main tremblante. Il regarda la fumée qui s'échappait de sa bouche et de ses narines. Il aurait peut-être dû arrêter, mais au fond quelle importance ? Il contempla le ciel. Il n'avait toujours pas parlé à

Rosemary de l'étrange apparition. Durant toutes leurs années de mariage, il ne lui avait rien caché d'autre que le chagrin et la colère suscités en lui par son incapacité à lui donner des enfants. Il savait bien que ce n'était pas juste, qu'elle n'en était pas responsable et en souffrait encore plus que lui. Pourtant, il ne parvenait pas à étouffer son ressentiment.

Aujourd'hui, pour la seconde fois de sa vie, il était incapable de se confier à sa femme. Il essayait toujours de comprendre ce qu'il avait vu trois jours plus tôt mais il n'arrivait pas à interpréter l'expression à la fois perplexe et interrogatrice du jeune homme. Ni la façon dont il avait ôté son casque – avait-il rêvé ou Jimmy l'avait-il brandi un instant avant de le laisser tomber, comme pour saluer son voisin ? – puis s'était éloigné sans un mot.

La douleur éprouvée ce jour-là lui serra brusquement la poitrine, l'obligeant à se pencher un moment. Il prit plusieurs profondes inspirations, et au bout de quelques minutes, il parvint enfin à se redresser. Il lâcha la cigarette, qu'il écrasa d'un coup de talon.

Il se sentait trahi. Sa propre terre avait produit un phénomène inattendu, inexplicable. Plus jamais il ne pourrait travailler dans ce champ sans avoir les paumes moites et regarder sans cesse par-dessus son épaule. Il l'ignorait encore, mais sa peur grandirait peu à peu au fil des années. Et malgré son désir de tout raconter à Rosemary, il n'était pas certain qu'elle le croie. Il ne voyait qu'une seule personne capable de l'aider, de lui expliquer ce qui s'était passé et ce qu'il devrait faire. Hélas, Claude Morriseau était mort depuis longtemps.

Mon petit frère avait quatre ans quand il s'est découvert une véritable passion pour les flammes bleues qu'il pouvait faire jaillir des brûleurs de la gazinière et dont il pouvait régler l'intensité en tripotant les boutons. L'ayant surpris un jour en pleine action, je l'ai secoué sans ménagement.

« Tu vas te brûler, imbécile ! ai-je hurlé. Tu te rends compte de ce qui se passerait si la cuisinière déconnait ? Elle t'exploserait à la figure ! »

Là-dessus, j'ai allumé l'un des brûleurs et approché mon index de la flamme à peine plus d'une seconde. Bon sang, ça m'a fait un mal de chien ! Mais au moins, ça a marché : j'avais flanqué une telle frousse à Bill qu'il en avait les larmes aux yeux.

Là-dessus, j'ai fourré mon doigt dans ma bouche pour apaiser la douleur. Puis j'ai montré à mon frère la peau enflée et l'ongle noirci.

« C'est pas beau à voir, hein ? Ben, pour toi, ce sera encore pire ! » ai-je assené en lui agitant mon index sous le nez. Une vague odeur de chair brûlée flottait dans l'air. Bill s'est étranglé avant de vomir et d'éclater en sanglots, comme toujours. Une inspiration convulsive, suivie d'un déferlement de larmes.

« Tu me fais peur ! a-t-il braillé.

– Tant mieux ! C'est pour ton bien. T'avise plus de jouer avec la cuisinière, t'entends ? Si tu recommences, c'est ton doigt que je mettrai à griller ! »

Pour une obscure raison, c'est cette scène qui m'est revenue en mémoire quand j'ai pris conscience d'être en feu. Aucun cri ne saurait exprimer la douleur atroce que j'ai éprouvée : la sensation du napalm sur tout le corps, telle une gelée incandescente qui colle à la peau et la consume, encore et encore, jusqu'à ce qu'il n'en reste plus rien. Ensuite, il y a eu ce bond gigantesque, comme si la terre était soudain devenue un trampoline. Je n'avais pourtant pas marché sur une Bouncing Betty[1] ; cette saloperie ne m'aurait pas projeté aussi haut. J'ignore si j'ai été touché par un de nos obus ou si j'ai marché sur une mine terrestre nord-vietnamienne. En tout cas, c'était beaucoup plus gros qu'une grenade et la déflagration s'est accompagnée d'un nuage de fumée et d'une odeur familière. Celle du phosphore blanc. Tout ce dont je me souviens, c'est que j'ai été propulsé droit vers le ciel. L'afflux d'air m'a fait du bien, la douleur s'est aussitôt estompée. J'ai vu s'élever une botte enflammée et il m'a fallu quelques secondes pour m'apercevoir que ma jambe droite y était attachée, aussi lumineuse qu'une rampe fluorescente. Elle tournoyait tel un bâton lancé à un chien. Baissant les yeux, j'ai constaté que je n'étais plus un. Des morceaux de moi volaient dans tous les sens. Je ne pensais pas quitter le Vietnam sans une blessure quelconque, mais j'avais espéré qu'elle serait du genre à me rapporter un million

1. Mine terrestre antipersonnel qui, activée, « bondissait » à un mètre du sol en projetant des centaines de fragments d'acier. *(N.d.T.)*

de dollars. Or il m'arrivait exactement ce qui nous faisait tant marrer quand on était défoncés ou bourrés, quand on avait une trouille bleue sans vouloir l'admettre : je fertilisais la colline 881 Nord. En dessous de moi, j'apercevais le corps du lieutenant Miller. Et mon copain Marv qui gueulait comme un veau, jusqu'au moment où les autres types de la 5e division l'ont plaqué au sol pour l'obliger à la fermer : « J'ai perdu Lucas ! Je trouve plus Lucas ! Bordel de merde ! Il courait devant moi ! »

De fait, je courais derrière le lieutenant Miller, victime d'un brusque accès de trac du chasseur. Il s'était rué à découvert trop tôt, je le savais, et je voulais me jeter sur lui pour le forcer à se coucher. Il avait insisté pour lancer l'offensive sur la colline afin de la reprendre à l'ennemi, et, de toute évidence, il tenait à montrer l'exemple. Malheureusement, on ne disposait que d'un seul M-60 et d'une réserve insuffisante de bandes de cartouches. Quant à mon M-16, il n'arrêtait pas de s'enrayer. Je le détestais, ce putain de fusil. J'avais beau le nettoyer, le démonter et le remonter, il se bloquait pour un rien. On ne nous avait pas fourni de M-14, comme je l'aurais voulu. En cet instant, j'aurais donné n'importe quoi pour tenir entre mes mains la Marlin que j'avais laissée à la maison. Notre colonne a progressé vers l'ouest au milieu d'un épais brouillard. En début d'après-midi, il s'est levé comme un rideau de scène, nous exposant à la foule hostile des spectateurs nord-vietnamiens. Trop peu nombreux pour les affronter, nous aurions dû battre en retraite et attendre des renforts, mais nous avions ordre de rester. Miller a reçu une première balle dans la poitrine et une seconde en pleine tête. Quelque chose m'a giclé dans la figure, et au moment où le lieutenant s'effondrait, j'ai trébuché sur lui. Alors que je me redressais en essayant de m'essuyer les yeux, j'ai eu l'impression d'étaler sur mes paupières une substance grasse – une substance qui provenait de la tête de Miller, ai-je compris en regardant mes mains. Alors j'ai disjoncté et, au lieu de rebrousser chemin, je me suis élancé droit devant moi.

Cracker Jack avait déjà demandé par radio un appui aérien quand la brume en train de se dissiper nous avait révélé toute l'ironie de notre position. Sa voix me parvenait de loin, presque inaudible. La dernière chose dont j'ai eu conscience, c'est Cracker Jack beuglant :

« *Magnez-vous ! Bordel, magnez-vous !* »

Le ciel nous a bel et bien envoyé de l'aide. Un Phantom F-4 s'est soudain matérialisé au-dessus de nous, larguant le napalm qui s'est répandu derrière lui comme un immense bras de feu. Le napalm qui m'a touché.

Je me suis demandé : *Comment se fait-il que je puisse encore m'entendre ? Comment se fait-il que je puisse encore penser ?* Je ne voyais plus le lieutenant Miller. Je flottais dans le ciel, mais en même temps, j'existais. J'avais conscience d'*être.*

Alors que je regardais et sentais s'éparpiller les différentes parties de mon corps, j'ai éprouvé une autre impression. Celle de recouvrer l'usage de mes sens. Comme si les molécules invisibles dont j'étais constitué se rassemblaient de nouveau. Je suis resté toute une journée au-dessus de Khe Sanh, à observer les Skyhawks A-4 et les F-4 qui balançaient leurs bombes sur la colline 881 Sud et autour de notre base de combat. Il y avait une mégachiée de Viêts dans ce coin-là mais ils n'étaient pas faciles à repérer. Peu importait combien périssaient sous les bombes ; ce bon vieux général Giap en avait toujours d'autres à envoyer au front. Il avait ouvert ses sections comme des cages, libérant un flot humain apparemment intarissable.

Pour finir, tout ce qui était beau et vert serait dévasté par les bombardements. Les morts nord-vietnamiens cuiraient et gonfleraient au soleil, se décomposeraient et pourriraient sous la pluie. L'odeur deviendrait intolérable, rappelant celle dégagée par les animaux victimes de l'hiver échoués au printemps sur les rives d'un grand lac.

La nuit précédente, retranchés sur la colline 881 Sud, nous avions blagué au sujet du film qu'on avait manqué le samedi soir : *Paradis hawaïen.*

« Hé ! avait lancé Marv avec un grand sourire. Nous aussi, on est dans un film ! *Paradis à Khe Sanh.*

– Tu parles d'un putain de paradis, avait répliqué Charlie Matheson. Dites, les gars, vous avez vu miss Janvier ?

– La pépée que t'as laissée à la base ? Comment t'as pu partir sans elle ? avait ironisé Marv. Des oreillers pareils, j'en aurais bien fait mon affaire ! T'imagines poser la tête sur ces nichons ? »

Ils avaient encore rigolé un moment avant de se taire. J'avais crapahuté pour rejoindre le lieutenant Miller assis tout seul dans son coin, en train de broyer du noir. Il m'avait demandé si je croyais les détecteurs désactivés ; après tout, avait-il ajouté, puisqu'on ne les voyait pas du ciel, les Nord-Vietnamiens n'étaient peut-être pas aussi nombreux qu'on le craignait.

À la manière de certaines vieilles dames bien-pensantes rencontrées dans ma jeunesse, j'avais fait la moue en prenant un air scandalisé.

« Quels détecteurs ? Ceux dont on est pas censés connaître l'existence ? »

Quand il avait éclaté de rire, je m'étais réjoui de lui avoir rendu un peu de gaieté. En principe, c'était top secret. *Mais franchement.* Tous ces appareils de l'armée de l'air qui avaient largué des trucs en décembre et en janvier… Des trucs qu'on voyait à peine et qui n'explosaient pas. Il ne pouvait s'agir que de dispositifs d'espionnage visant à fournir des renseignements plus précis sur le nombre d'ennemis que le simple comptage des crottes d'éléphant. Comme on ne pouvait pas vraiment se mettre à gueuler : « OK, fini de jouer ! Bon, combien vous êtes de bridés dans ce coin-là ? » pendant les patrouilles de reconnaissance, les grands pontes avaient dû apprendre par un autre moyen que les Nord-Vietnamiens se massaient dans la région. Ils pensaient qu'on l'ignorait, mais on le savait aussi. Les Brus des hauts plateaux, qui venaient toujours fouiller la décharge de la base, avaient brusquement disparu la semaine précédant notre départ pour la colline 881 Sud, où on bivouaquait maintenant. Pour ceux qui n'étaient pas obligés de se battre, c'était le moment ou jamais de mettre les voiles. De son côté, bien que l'information soit classée confidentielle, Miller avait réussi à découvrir ce que les avions avaient parachuté dans la région : des détecteurs acoustiques et sismiques, les Adsids. En d'autres termes, de minuscules capteurs disséminés dans les arbres pour détecter les bruits et les mouvements de l'ennemi. On se serait cru dans un *James Bond*, non ? Quelle sacrée bande de veinards on était, tout de même ! John Wayne n'avait pas eu d'Adsids, lui !

Ça me foutait toujours en rogne que les huiles nous prennent pour des cons. À mon avis, quand certains de ces officiers gravissent les échelons, ils perdent leur instinct de combattant. Chez eux, l'expérience acquise remplace le bon sens. Forcément, ils les ont tous perdus, leurs sens – les cinq communs plus le sixième, celui qui vous vient de la peur. Quand vous êtes recroquevillé dans un coin, la gueule dans la boue, les genoux ramenés contre la poitrine. Quand vous fermez les yeux pour refouler les larmes en priant pour que votre gilet et votre casque remplissent leur fonction : vous protéger des éclats d'obus. J'avais l'impression d'avoir des yeux derrière la tête. Comme maman, lorsqu'elle me surprenait en train de faire une bêtise et que je ne comprenais pas comment elle l'avait deviné. Les Nord-Vietnamiens n'étaient jamais isolés. Chaque fois qu'on en voyait un, il fallait le multiplier par cinquante.

« On n'a jamais d'informations précises, avais-je observé. Les cinq officiers abattus juste après le nouvel an portaient des uniformes qui ressemblaient rudement aux nôtres, pas vrai ?

– C'est vrai, avait-il répondu, mais vous étiez là-bas, non ? Qu'est-ce que vous en pensez ? »

J'ai songé à ces collines verdoyantes autour de nous, à la vie que devaient mener leurs habitants, les tribus brues, depuis cent ou peut-être deux cents ans. À la famille de Kho qui, en plus de la culture du riz, se débrouillait pour y puiser sa subsistance. À ce que je ferais moi-même si j'étais un des leurs.

« À mon avis, ils connaissent cette putain de région bien mieux que nous. »

J'ai tenté de me maintenir au-dessus de la fumée emplissant le ciel. Je me rappelle m'être dit qu'elle ressemblait beaucoup à celle crachée par les cheminées de l'usine de papeterie Wilson, chez nous. Je regardais tous mes copains. Connaissant leur obstination, j'étais à la fois fier d'eux et furieux. Ils me chercheraient quoi qu'il arrive. Même s'ils devaient crever en essayant de retrouver mes plaques militaires. Je savais aussi qu'ils resteraient retranchés dans ce trou à rats qu'était la base de combat de Khe Sanh tant qu'on ne leur donnerait pas l'ordre de partir. Certains d'entre nous l'avaient surnommée la « tumeur du rectum » ; telles des hémorroïdes, la base continuerait de saigner jusqu'à ce qu'il ne reste plus rien.

De mon poste d'observation, je voyais tout en contrebas. Ce que beaucoup de gars soupçonnaient était fondé : on nous utilisait comme de foutus appâts pour un combat qui n'aurait jamais dû se produire. Pendant ce temps-là, tous ces vieux cons à Washington qui n'en avaient rien à cirer de nous faisaient de grands discours. Quelques-uns, parmi nos officiers en commandement, tentaient bien de repositionner les troupes pour nous protéger, mais ils étaient avec nous sur le terrain, loin de Washington. Tous ces bouquins que j'avais lus sur l'histoire du Vietnam m'ont servi à quelque chose, finalement ; j'ai pu rassembler les pièces du puzzle. Avant tout, il s'agissait de marquer l'histoire, de ne pas perdre la face comme les Français à Diên Biên Phu. Pendant que le général Westmoreland, « l'homme qui voulait plus de terre[1] », débattait avec Johnson de ses chances d'envahir le Laos puis le Cambodge – le « grand show », comme on disait –, nous, on ne recevait pas les ressources dont on avait besoin, parce que les Nord-Vietnamiens avaient coupé la route 9 et qu'il fallait tout acheminer par voie aérienne. Là encore, c'était sanglant. Notre piste d'atterrissage était devenue une zone mortelle. Tout pilote capable d'atterrir et de décoller en évitant les tirs de mortiers ne se rapprochait pas seulement de Dieu, il *était* Dieu. Il nous semblait que chaque hélico essayant de se poser sur cette piste était condamné à partir en fumée.

Cette période de répit aux environs de Noël, quand on allait au village manger dans un restaurant que tout le monde appelait le Howard Johnson, avait été malheureusement trop brève. Après, les choses se sont sérieusement dégradées. Nous avons reçu l'ordre de porter nos casques et nos gilets pare-balles en toutes circonstances.

1. Littéralement, *more land* signifie « plus de terres ». *(N.d.T.)*

De bonne heure le lendemain matin, on nous avait ordonné de nous diriger vers la colline 881 Nord pour aider la compagnie Bravo à la reprendre aux Nord-Vietnamiens. Juste avant qu'on se risque dans l'herbe à éléphants, Cracker Jack nous avait tous surpris en sortant une bible miniature d'où dépassaient des tas de petits papiers. Il parlait toujours d'une voix grave quand il devenait sérieux – une voix capable de calmer les pleurs d'un bébé yard malade, qui prenait possession de tout notre corps. Une voix de grand-père dans son rocking-chair. Et notre toubib soudain transformé en ministre baptiste s'est mis à lire :

« Écoutez, mes fils, l'instruction d'un père. Et soyez attentifs, pour connaître la sagesse ; car je vous donne de bons conseils : ne rejetez pas mon enseignement. J'étais un fils pour mon père, un fils tendre et unique auprès de ma mère. Il m'instruisait alors et il me disait : " Que ton cœur retienne mes paroles ; Observe mes préceptes, et tu vivras. Acquiers l'intelligence… Ne l'abandonne pas, et elle te gardera ; Aime-la, et elle te protégera. " »

D'après Cracker, il s'agissait d'un proverbe de Salomon. Son homonyme. Si quelqu'un d'autre nous avait lu un texte pareil, j'aurais dit que c'étaient des conneries. Moi, je refusais d'écouter mon vieux. Mais venant de Cracker Jack, ces mots avaient un effet étrangement réconfortant. Pendant une semaine, nous avions eu l'impression épouvantable de servir de cibles, d'être coupés de tout, indésirables. Charlie Matheson avait raison quand il disait que nous étions comme des gosses de l'orphelinat emmenés dans les bois pour camper, puis abandonnés délibérément sur place.

Plus tard, les yeux fixés sur le dos de Cracker Jack alors que nous progressions en file indienne à travers les hautes herbes, j'avais remarqué le jeu des muscles au-dessus du col de sa veste, dans sa nuque. *Je croirais de nouveau en Dieu*, avais-je pensé, *si Cracker Jack était prêtre.*

Mais à présent, vu d'en haut, plus rien de tout cela n'avait d'importance. J'étais une boule d'énergie pure. À la fin de la journée, je me suis rendu compte que je parvenais à me déplacer, que je pouvais aller où je voulais.

Et je voulais rentrer chez moi.

Durant quelques jours, Bill et sa mère dormirent d'un sommeil privé de sensations et de mouvements. Ils ne se parlaient pas. À l'aube, Bill émergeait péniblement de l'inconscience. Il se forçait à ouvrir les yeux, mais lorsqu'il découvrait la lumière toutes sortes d'images de son frère affluaient d'un coup et il les refermait aussitôt. Sa mère devait réagir de la même manière, car elle ne sortait de son lit que vers midi. Le téléphone sonnait dans le vide. La seule fois où Claire décrocha, ce fut pour répondre au prêtre qui lui demandait si elle souhaitait son soutien :

« Vous n'avez qu'à prier pour Jimmy ou lui faire dire une messe. Mais nous, on ne peut pas y assister pour le moment. »

Au cours de la semaine, en voyant des voitures s'engager lentement dans l'allée jusqu'à la ferme, Bill comprit que certaines personnes des environs étaient au courant. Leurs voisins déposèrent discrètement, entre la porte-moustiquaire et la porte d'entrée, ragoût, pain de pommes de terre, steaks suisses, légumes congelés, confiture, saucisses de gibier et autres provisions.

Durant tout ce temps, mère et fils passèrent leurs après-midi assis à la table de la cuisine, plongés dans l'hébétude jusqu'à l'heure du souper. À ce moment-là seulement, Claire se levait pour mettre à réchauffer l'un des plats trouvés sur le perron. Elle remplissait son assiette mais n'y touchait pas, se bornant à serrer entre ses paumes une tasse de café. De ses yeux injectés de sang, elle regardait Bill porter la nourriture à sa bouche. Seules les mastications du jeune garçon troublaient le silence. Le dimanche soir, en plein milieu du repas, il reposa sa fourchette.

« J'ai manqué l'école toute la semaine dernière. Je peux rester à la maison demain aussi ?

– Sûrement pas, répondit-elle d'une voix étranglée. Je veux que tu retournes en classe. Bill ? Ton frère est…

– Non. »

Il secoua la tête avec vigueur, révolté par cette résignation facile. Par cette trahison.

« T'en sais rien. »

La journée, Bill n'avait aucun mal à préserver ses certitudes. La nuit, cependant, il en allait tout autrement. Il sombrait dans un sommeil profond mais perturbé. La chose qui vivait sous son lit et lui pinçait parfois les doigts de pied remontait maintenant le long de ses jambes. Il ne pouvait pas ouvrir les yeux pour voir de quoi il s'agissait ni appeler au secours car, lorsqu'il dormait, il avait l'impression de se trouver sous l'eau. Chaque fois qu'il approchait de la surface pour émerger, il distinguait une curieuse lueur rougeoyante avant d'être de nouveau tiré vers le fond. Un soir, il noua à un montant du lit de son frère un coin du couvre-lit blanc au crochet qu'il tendit ensuite jusqu'au sien en gardant l'autre extrémité dans son poing serré. Ainsi, il put s'endormir tranquille. Mais à son réveil le lendemain matin, il éprouva une sensation de brûlure au niveau du bas-ventre et s'aperçut à sa grande honte qu'il avait fait pipi au lit.

Comme tout ce que son frère avait touché ou utilisé, le couvre-lit possédait des pouvoirs magiques capables de le protéger. Bill découpa une partie des franges bordant le tissu pour les glisser dans une petite bourse en cuir qu'il transporta dans la poche de son pantalon. S'il passait une mauvaise journée à l'école, il lui suffisait de l'effleurer subrepticement du bout des doigts pour se sentir mieux.

Après l'annonce de la nouvelle, son père ne rentra pratiquement pas pendant plusieurs semaines. Quand il faisait une apparition, c'était pour lever vers le ciel ses gros poings. John Lucas marchait, parlait et même dormait comme s'il s'estimait en permanence victime d'injustices. Mais Bill n'avait jamais pu déterminer quelle croix particulière devait porter son père, dans la mesure où celui-ci menait apparemment une existence semblable à celle des autres habitants d'Olina – dont certains trimaient parfois encore plus dur sans pour autant boire ou frapper leur femme. Il ne comprenait pas non plus pourquoi ce même père, qui trouvait si pénible d'avoir à subvenir aux besoins de ses proches, ne prenait pas la fuite tels tous ces hommes découvrant un jour qu'avoir une famille signifiait travailler pour la nourrir. John Lucas s'obstinait à rester comme s'il cherchait à punir les siens. Malgré les revenus générés par les heures supplémentaires à la scierie, il gagnait mal sa vie et dépensait un bon tiers de sa paie en bière et autres alcools qu'il consommait chez Pete ou conservait dans les nombreuses cachettes disséminées sur ses terres. Lorsqu'il buvait, il semblait toujours accablé par un sentiment d'échec qui, après avoir fermenté pendant des heures, finissait par faire remonter des vapeurs empoisonnées jusqu'à son cerveau et se transformer en rage meurtrière.

Bill avait cru que tous les pères se mettaient dans des états pareils jusqu'au jour où il était entré à l'école. Il avait alors compris que la plupart des mamans n'étaient pas obligées de porter des lunettes noires toute la journée, même par mauvais temps. Ses camarades racontaient ce que leurs parents avaient fait et avec qui, parlaient de leurs vacances en famille et des émissions de télé qu'ils avaient vues tous ensemble. Les autres mères jouaient au bridge ou préparaient gâteaux et cookies destinés à la vente de charité organisée par l'église.

Cette prise de conscience l'excluait du paradis de son imagination tout en lui donnant envie de s'y enfoncer plus avant. Il n'avait qu'un seul souvenir de l'année de ses six ans, un souvenir si profondément ancré dans sa conscience que rien, pas même le déni, ne pouvait l'effacer.

Il faisait nuit et, à travers les montants de la rampe d'escalier, il regardait ses parents en bas. Son père avait plaqué sa mère au sol, et de la main gauche il lui maintenait les bras au-dessus de la tête tandis que de la droite, il lui brandissait devant la figure la pointe émoussée d'un tournevis. La blouse maternelle était remontée jusqu'à la taille, révélant les marques violettes des jarretelles sur la peau blanche de ses cuisses. Bill voyait ses larmes couler dans ses cheveux noirs, entendait son souffle étrangement rauque. Son père avait baissé son pantalon. Un de ses pieds chaussés de bottes recouvrait la cheville de sa femme, et la terre noire tombée de la semelle ressemblait à du poivre sur ses orteils. Bill tremblait de tous ses membres. Soudain, ne sachant pas quoi faire d'autre, il avait poussé un long hurlement. Surpris, son père s'était retourné et sa mère en avait profité pour le déséquilibrer et se redresser à grand-peine. Puis elle s'était précipitée dans l'escalier, attrapant au passage Bill par les aisselles. Jimmy, réveillé par le cri de son cadet, était sorti de sa chambre au moment où sa mère s'enfermait dans la salle de bains avec Bill.

« Jimmy ! Il va me tuer ! » avait-elle crié à travers le battant tandis que Bill allait se blottir dans un coin près de la cuvette des toilettes. De frayeur, il en avait fait pipi dans son pyjama.

Son aîné n'avait que seize ans à l'époque, mais il mesurait presque un mètre quatre-vingt-dix. Du palier, il avait regardé leur père tenter de gravir les marches. Bill retenait son souffle tandis que sa mère, silencieuse, collait son oreille contre la porte. La voix de Jimmy s'était élevée de l'autre côté. Calme, posée, et en même temps terriblement menaçante.

« T'as intérêt à rester où t'es. Si tu montes, je te démolis. Tu sais que j'en suis capable. »

Ils avaient entendu John Lucas redescendre, tâtonner dans la cuisine sombre à la recherche de la porte de derrière, et enfin, l'ouvrir et la claquer avec une telle force que les vibrations avaient fait trembler les poutres de la salle de bains.

Bill avait laissé sa mère le hisser sur ses pieds puis le soulever par la taille comme un sac de grain. Elle l'avait emmené dans sa propre chambre où elle l'avait lâché avant de se poster devant la fenêtre. Il l'avait vue appuyer son front contre la vitre et fondre en larmes.

« Maman… »

Comme si elle s'apercevait de sa présence, elle s'était retournée d'un coup et, en proie à un accès de rage subit, elle l'avait secoué de toutes ses forces.

« Qu'est-ce que tu fabriquais debout à cette heure-ci, hein ? »

Elle lui avait attrapé les cheveux à pleines mains pour l'obliger à lever le visage vers elle.

« Je… je voulais un… verre d'eau », avait-il bafouillé, la poitrine soulevée par de gros sanglots.

Elle l'avait giflé et poussé vers la porte.

« Va te coucher tout de suite ! Et arrête de pleurer ou je vais te donner une bonne raison de le faire ! »

Chancelant, il s'était retrouvé dans le couloir, où il était tombé dans les bras de son frère. Celui-ci l'avait porté jusque dans leur chambre. Bill se rappelait encore que James avait pris soin de lui enlever son pantalon de pyjama mouillé avant de le mettre au lit. Il se rappelait aussi la sensation des draps froids sur son derrière humide. Ensuite, il avait vu son frère ouvrir leur penderie, en retirer d'abord sa Marlin .30-30 équipée d'une lunette de visée, puis une boîte de munitions rangée sur l'étagère du haut. James avait abaissé le levier pour ouvrir la culasse. Il y avait chargé sept cartouches à balles lourdes. Bill n'oublierait jamais le cliquetis qu'elles avaient produit en se logeant dans la chambre.

« Où tu vas ?

– Chut, avait répondu James. Dors, maintenant. À demain matin. »

Il était sorti tout doucement en emportant l'arme canon pointé vers le sol. Plus tard, Bill avait découvert que James avait monté la garde toute la nuit près de la porte de derrière.

Après le départ de son grand frère, il fit de son mieux pour protéger leur mère. Quand son père commençait à la frapper de ses mains balafrées, Bill se précipitait entre eux, le bourrant de coups de pied et de coups de poing, l'amenant à s'éloigner d'elle pour se concentrer sur son assaillant. Tandis que résonnaient derrière lui les pas pesants de John Lucas, il filait dans sa chambre, s'y enfermait et poussait une chaise contre la porte. Puis il s'enveloppait du dessus-de-lit de Jimmy, allant jusqu'à s'en couvrir la tête pour ne plus entendre les vociférations paternelles et les chocs sourds contre le battant. Il se réfugiait dans un cocon de coton. Ainsi, au cas où son père parviendrait à entrer, il ne pourrait trouver aucune prise sur ce voile protecteur. De toute façon, il n'essaierait sans doute même pas. La blancheur du tissu était éclatante. L'esprit embrumé par l'alcool, John Lucas aurait sans doute trop peur de cette luminescence irréelle, tout comme les hommes craignaient la pâleur de la lune autrefois.

C'était tentant de ne pas envoyer Bill à l'école, de soulager ainsi la tension des journées et de rompre le rythme de mes crises de larmes. Mon instinct maternel me poussait cependant à agir au mieux de ses intérêts, quitte à m'exclure de son univers. Alors je l'ai obligé à retourner dans le monde extérieur. Le week-end, je le regardais par la fenêtre du salon jouer tout seul dehors et construire des châteaux de neige. Parfois aussi, il restait assis sur les congères, à contempler l'horizon par-delà la maison.

Rosemary Morriseau, notre voisine, a téléphoné plusieurs fois pour nous inviter tous les deux à dîner. Elle s'obstinait à proposer son aide, moi à refuser. Jimmy avait passé trop de temps chez les Morriseau pour que cette pensée ne me fasse pas souffrir. Il éprouvait une telle admiration pour Rosemary que je ne me sentais pas à la hauteur ; pour lui, ma brève carrière de professeur ne pouvait rivaliser avec ses expériences d'infirmière de guerre. Bill leur rendait visite de plus en plus souvent aussi, presque comme si je n'existais pas, comme si je n'étais pas sa mère. Paniquée à l'idée de perdre mon autre fils, j'insistais pour qu'il reste à la maison. Mais j'obéissais également à une motivation plus profonde en refusant toute relation avec nos voisins : je ne voulais pas affronter les questions auxquelles je ne pouvais répondre, ni évoquer les voix que je croyais entendre. Je ne voulais pas que Rosemary, si intelligente et intuitive, devine ce que je soupçonnais.

Je ne risquais pas de devenir folle. *J'étais folle.*

Comme s'ils avaient voulu faire un poisson d'avril aux habitants de la région, les premiers moucherons de la saison déferlèrent par nuées sombres. Bill ne pouvait plus jouer dehors sans être harcelé par ces petites bestioles noires. Mauvaises. Toujours mauvaises. Il passa au moins une journée à se donner de grandes claques et à expulser d'un souffle les insectes logés dans ses narines, avant de se résigner à leur présence comme tous les ans – s'efforçant de les ignorer quand ils lui irritaient les yeux et se rassemblaient au creux de ses oreilles pour le piquer puis mourir par grappes. La chaleur du printemps le réjouissait tellement qu'il en oubliait presque le désagrément de ces piqûres continuelles. Il emprunta une des résilles dont sa mère se servait pour maintenir sa coiffure en place lorsqu'elle se rendait quelque part, s'en couvrit le visage et la fixa sur ses courts cheveux à l'aide de quelques pinces. Ainsi, la bouche, le nez et les yeux protégés par le fin filet, il pouvait s'aventurer sans crainte à travers bois et marais.

Le 4 avril, il sauta joyeusement du car scolaire pour s'élancer vers la maison, car il avait hâte de se changer pour passer une autre soirée dehors. Il était hors d'haleine lorsqu'il rentra, aussi ne remarqua-t-il pas tout de suite le bruit. Ce fut seulement dans l'escalier qu'il distingua des pleurs et le bourdonnement de la radio quelque part au rez-de-chaussée. Il trouva sa mère dans le salon, allongée sur le canapé. Le transistor sur la table basse diffusait un bulletin d'informations, mais la voix était tellement noyée par les grésillements que Bill finit par éteindre le poste.

« Maman ? murmura-t-il en lui pressant le bras. Qu'est-ce qui se passe ? »

Elle prit appui sur un coude pour se redresser. Les coussins bruns côtelés avaient imprimé leur marque sur son visage, nota Bill.

« Le Dr Martin Luther King a été abattu. »

Sur le front de sa mère, les veines bleues saillaient. Désemparé, Bill logea ses fesses sur le canapé et lui tapota l'épaule. Il demeura auprès d'elle pendant une bonne heure à écouter les sanglots qui lui secouaient la poitrine et la faisaient trembler tout entière. Par la fenêtre, il voyait la mangeoire à oiseaux dans la cour et les pins vert foncé au-delà, tachetés de soleil. S'il comprenait qu'un homme était mort, il ne s'expliquait cependant pas l'intensité de la réaction maternelle, dans la mesure où le Dr King n'était pas un de leurs proches.

Quand elle fut trop épuisée pour pleurer, il la força à se mettre debout. Un bras passé autour de sa taille, il l'aida à monter l'escalier et la guida jusqu'à sa chambre où, après lui avoir ôté ses pantoufles, il la força à s'allonger. Il se rendit ensuite à la cuisine pour faire griller des toasts et réchauffer une boîte de soupe au poulet accompagnée de nouilles. Il disposa le dîner sur un plateau qui aurait dû servir à s'offrir le luxe d'un petit déjeuner au lit de temps en temps mais n'avait jamais rempli cette fonction. Sa mère avala docilement les cuillerées de soupe qu'il lui présentait et grignota les petits bouts de pain qu'il émiettait comme pour nourrir un pigeon. Lorsqu'elle eut terminé, il remporta le plateau à la cuisine. À son retour, il tenait un gant de toilette humide qu'il passa doucement sur le visage maternel et pressa sur ses paupières gonflées. Une fois certain qu'elle dormait, il se posta devant la fenêtre de la chambre pour regarder le soleil se coucher derrière la grange.

Durant les quelques semaines suivantes, Bill se leva une heure plus tôt que d'habitude. Une fois habillé, il allait réveiller sa mère. Tous les matins, il déployait des trésors de patience pour l'inciter à sortir de son lit, puis lui enfilait ses pantoufles roses et la guidait jusqu'à la cuisine. Là, elle restait assise pendant qu'il lui préparait son petit déjeuner. Ce fut à cette époque qu'il apprit à faire du café, à en boire et à l'aimer. Sa mère le prenait noir mais ne semblait même pas s'apercevoir que sa tasse était pleine tant que Bill ne lui en pressait pas le bord contre les lèvres. Au début, il ajoutait à son propre bol du lait condensé. Puis, peu à peu, il renonça au lait. Le soir, il confectionnait des sandwichs et laissait à l'intention de sa mère des petits mots sur la porte du réfrigérateur pour lui rappeler de les manger quand il était à l'école.

À la mi-mai, elle parvenait à se lever toute seule le matin, même si elle comptait encore sur Bill le soir. Il lui lavait les cheveux, les rinçait puis les séchait avec une serviette. Après, elle s'installait sur le siège des toilettes, un pot de Dippity-Do sur les genoux, pendant que Bill la peignait. Du bout des doigts, il récupérait un peu de gel vert dont il imprégnait chaque mèche avant de l'entortiller autour des rouleaux roses, qu'il recouvrait ensuite d'une résille bleue pour les maintenir en place pendant la nuit. Enfin, Bill aidait sa mère à se coucher et lui parlait jusqu'au moment où elle s'endormait.

« Qu'est-ce qui cloche avec ta mère, bon sang ? brailla son père un soir, furieux de devoir se contenter encore une fois de soupe Campbell pour le dîner.

– Rien, elle est fatiguée, c'est tout. Et aussi un peu malade, répondit Bill, penché sur son bol. Je m'occupe d'elle. »

Son père passa quelques minutes à ruminer en silence tout en l'observant de ses yeux injectés de sang. Bill savait qu'en déclarant sa mère souffrante, il érigeait une barrière infranchissable devant la porte de la chambre. Son père n'y entrerait pas, car il ne supportait pas la maladie.

« Alors tu te prends pour le chef de famille, c'est ça ? » railla John Lucas en lui donnant un coup de coude.

Sans répondre, Bill baissa la tête. Toute parole malheureuse de sa part risquait de lui attirer les foudres paternelles. Il se concentra donc sur sa soupe en priant pour que son père s'en aille au plus vite.

Le dernier jour d'école ne suscita pas les habituels cris de joie chez les enfants enfin libres. Au contraire, ils se regardèrent avec crainte quand des pleurs étouffés accompagnés de gémissements sourds résonnèrent dans le couloir. Enfin, sœur Agnes entra dans la classe.

« Les enfants… commença-t-elle d'une voix mal assurée, les joues sillonnées de larmes, nous devons aller à l'église et prier. Le sénateur Kennedy a été assassiné. »

Bill se rendit avec ses camarades à l'église du Sacré-Cœur une centaine de mètres plus loin. Il avait mal à l'estomac et redoutait de vomir sur le banc.

De retour à la maison, il découvrit sa mère vautrée une nouvelle fois sur le canapé, le visage enfoui dans les coussins. Elle avait encore pleuré, constata-t-il. Mais elle ne dormait pas. Elle était ivre.

Bill conserva les habitudes prises au mois d'avril, auxquelles il ajouta l'entretien de la maison. Il passait l'aspirateur, faisait la vaisselle, la poussière et les carreaux, mettait en route la machine à laver et le sèche-linge. Une fois par jour, il obligeait sa mère à sortir et l'emmenait dans les bois en espérant que la douceur de l'air aurait raison de son hébétude. Il apprit à conduire cet été-là, perché sur deux oreillers afin de se hisser au niveau du pare-brise. Mère et fils échangeaient leurs places juste avant d'arriver en ville. Ensuite, quand elle avait terminé les courses, elle reprenait le volant sur un kilomètre environ avant de le céder à Bill.

Début août, elle revint enfin à la vie, suffisamment en tout cas pour assumer son rôle. Bill put ainsi profiter de quelques heures de liberté quotidienne. Il recommença à explorer les bois, le marais et la rivière en rêvant de goûter de nouveau à son ancienne vie. Les jours de pluie, il se réfugiait dans le fenil où, de temps à autre, il montait le bocal contenant son argent. Autrefois grisé par cette somme confiée par son frère, il se bornait aujourd'hui à tripoter les billets sans le moindre enthousiasme. Il ne savait pas quoi en faire.

Alors il les rangeait dans leur cachette puis les recouvrait de paille. Souvent, il allait s'asseoir sur cette même balle de foin où James lui avait parlé la veille de son départ. Le cendrier était toujours rempli des mégots laissés par son frère. Parfois, Bill plongeait un doigt dans les cendres et se dessinait des traînées grises sur les joues et le menton. Puis il s'endormait.

Cette douceur exceptionnelle en janvier augurait bel et bien d'un désastre.

Tous ceux qui œuvraient pour la paix ont été tués. Manifestement, il devenait dangereux de vouloir faire le bien. C'était comme si on avait officieusement déclaré la chasse ouverte : en avril, Martin Luther King a été abattu ; en juin, Robert Kennedy a été assassiné à son tour en Californie. J'ai perdu pied ; non seulement ma vie s'écroulait, mais le reste du monde ne tournait plus rond et je ne pouvais rien y faire.

À la fin de l'hiver et au printemps, j'ai tenu le coup grâce à mon fils. Je lui avais appris aussi, dès qu'il avait été en âge de marcher, à écouter le souffle et le pouls de la terre. Il avait retenu la leçon peut-être encore mieux que Jimmy. Sachant que le simple fait de marcher me rendrait vie, il m'a forcée à sortir même quand je ne voulais pas mettre le nez dehors. Certains jours, alors que je me traînais sur le chemin que les garçons avaient tracé dans les bois, je n'avais plus conscience de rien, sauf de sa menotte chaude qui serrait ma main. Qui me tirait obstinément lorsque je faisais mine de ralentir ou de m'arrêter.

Un matin, assise à la table de la cuisine, je l'ai regardé une fois de plus faire du café et préparer le petit déjeuner. Quand il m'a approché la tasse des lèvres et que le café brûlant a touché ma langue, j'ai eu l'impression de recevoir une gifle. Je me suis réveillée d'un coup et, soudain, j'ai mesuré tout ce que Bill avait enduré à cause de moi. Comme il avait l'air fatigué ! Submergée de honte, j'ai décidé de réagir. Début août, j'avais suffisamment refoulé mon chagrin pour pouvoir prendre en charge la maison et redonner à Bill la possibilité de jouer.

Lorsque je me sentais incapable d'assumer mes tâches, je profitais des longues journées pour me promener dans notre champ. Parfois j'en faisais le tour à plusieurs reprises, jusqu'au moment où j'avais les jambes flageolantes et la voix enrouée à force de parler toute seule. Alors je rentrais me coucher et sombrais instantanément dans le sommeil.

Un soir, je récurais le plancher en essayant de trouver un peu d'air respirable malgré les vapeurs d'ammoniaque et la touffeur suffocante du mois d'août quand j'ai cru entendre une voix. Pensant que j'avais une visite inopportune, j'ai risqué un coup d'œil par la fenêtre. Mais il n'y avait personne dehors. Intriguée, je me suis levée pour mieux voir la cour.

Il était 19 h 30, et Bill, souffrant d'une légère insolation après avoir passé toute la journée au soleil sans chapeau, était déjà couché. Mon regard s'est porté vers le champ de quarante acres derrière la grange.

Notre voisin, au sud, ne l'avait pas encore fauché, et les grandes herbes sèches, jaunies par la chaleur, ondulaient sous le vent comme la surface d'un lac. Prenant appui sur le rebord de la fenêtre, je me suis penchée en avant.

J'avais aidé à faucher ce champ des dizaines de fois. Je le

regardais tous les jours lorsque j'accomplissais les corvées de la maison et j'en longeais souvent le pourtour. Je croyais en connaître chaque centimètre carré, et pourtant, il m'a paru différent ce soir-là. Comme s'il prenait naissance dans le soleil couchant et s'écoulait vers moi. Brusquement, mon esprit s'est vidé de tout – la mort de Jimmy, les efforts quotidiens de Bill pour jouer la comédie, la solitude à laquelle je m'étais habituée, la sueur qui dégoulinait entre mes seins et sur mon visage. Lâchant mon torchon imprégné d'ammoniaque, j'ai ouvert la porte d'entrée.

Quand j'ai atteint la grange, ma chemise de coton était déjà déboutonnée et sortie de mon large pantalon de toile. Je ne me suis pas attardée plus de quelques secondes près de la clôture. Me servant de mes bras pour écarter la végétation, j'ai plongé dans le champ comme dans une rivière. Des graines de fléole des prés et de brome se collaient à mon ventre, d'autres graminées dérangées par mon passage déposaient leurs graines sur mes joues.

J'ai distingué un grand bruissement suivi d'un bêlement avant de l'apercevoir. Je me suis figée. Quelques secondes plus tard, une biche a émergé des hautes herbes à environ dix mètres de moi. J'ai retenu mon souffle, guettant un bref sifflement, un piétinement de sabots et l'éclair blanc de la queue fouettant l'air. Mais l'animal est resté immobile, les flancs vibrant de tension.

J'avais vu quantité de cerfs et de biches auparavant, parfois d'aussi près. Mais la plupart du temps, le premier instant de surprise passé, ils détalaient sans demander leur reste. Jamais je n'avais eu l'occasion de les contempler aussi longtemps.

Longs cils. Yeux noirs paraissant presque bleus. Oreilles veloutées d'un brun fauve, flancs bruns, ventre blanc. Muscles et tendons saillant sur des pattes fines dont la fragilité n'était qu'apparente, sabots noirs d'une délicatesse trompeuse, aussi tranchants qu'un couteau. Pendant la saison de la chasse, Jimmy avait tué aussi bien des mâles que des femelles. J'avais mangé cette perfection. J'aspirais à cette beauté. J'étais loin de la posséder, je n'avais pas besoin de miroir pour le savoir.

Chemise flottant au vent. Seins tombants, emprisonnés dans un vieux soutien-gorge leur donnant une forme de torpille et les maintenant par un système élastique Cœur Croisé qui pinçait la peau. Tête couverte de ridicules rouleaux roses, mains ridées et crevassées à force de récurer les sols. Petit bourrelet de graisse installé sur les hanches et la taille. Ventre flasque qui ne donnerait plus jamais la vie. J'avais pourtant tellement maigri que l'ossature de mon visage menaçait de traverser ma peau cireuse comme celle d'un diabétique. Yeux profondément enfoncés dans leurs orbites, où les globes flottaient tels des lacs dans des cirques rocheux.

« Tu m'as appelée ? »

J'avais failli poser la question, au lieu de quoi j'ai avancé d'un pas. C'est à ce moment-là que j'ai découvert le faon. Il s'est redressé tant bien que mal, me révélant les taches claires sur ses flancs. La biche a sifflé en agitant la queue, puis s'est éloignée par bonds, son petit à sa suite. Elle a choisi un endroit où les barbelés s'étaient affaissés, permettant ainsi au jeune de les franchir sans danger, et tous deux ont disparu parmi les cèdres blancs bordant le marais. Restée seule, je me suis agenouillée près de leur couche. De mes paumes, j'ai caressé les herbes aplaties où subsistait la chaleur de leurs corps. Puis je me suis souvenue de Bill, tout seul, endormi dans la maison. Cette fois, je ne l'oublierais pas.

Avant d'entrer dans sa chambre, je suis passée à la salle de bains. Postée devant le lavabo, je me suis examinée dans la glace.

À la lumière artificielle, mes yeux noirs semblaient éteints, comme ceux de Jimmy sur ce Polaroïd qu'il avait envoyé un mois avant sa mort.

« Il a le même regard que les soldats, m'man, avait commenté Bill en effleurant le cliché, avec la sagesse inculquée par la télévision. Tu sais, ceux des films. »

Et mon visage… Les rides l'avaient envahi telles des plantes parasites. Mes cheveux captifs des rouleaux ressemblaient à des souris prises au piège.

J'en avais plus qu'assez de ces fichus rouleaux.

« T'enlèves donc jamais ces satanés trucs ? » m'avait lancé mon mari quelques jours plus tôt.

D'accord, ai-je pensé. *D'accord, je vais les enlever.*

Attrapant le premier, je l'ai détaché de mon crâne à l'aide des ciseaux trouvés dans l'armoire à pharmacie. J'ai renouvelé la manœuvre avec les autres, les jetant au fur et à mesure dans la poubelle jusqu'au moment où, sous une tignasse ébouriffée d'environ deux centimètres, mon cuir chevelu a enfin pu respirer librement.

Alors seulement, je me suis glissée dans la chambre de Bill. Comment pouvait-il supporter un pyjama et toutes ces couvertures par une telle chaleur ? me suis-je demandé en me penchant vers lui. Et comment pouvait-il dormir si profondément alors que mes insomnies étaient revenues ? Il me faudrait des années pour comprendre que peu importait l'endroit où il dormait, le nombre de couvertures dont il s'enveloppait, s'il faisait froid ou chaud. Il avait sombré dans un sommeil sans rêves, le plus profond de tous. Mais pour moi, il ressemblait à un bébé tout juste rassasié de lait maternel, coupé du monde jusqu'à la tétée suivante.

Je l'ai soulevé comme s'il était réellement redevenu un bébé, puis calé sur ma hanche. Ses pieds m'arrivaient au mollet. De ma main libre, j'ai attrapé le couvre-lit de coton.

J'avais des crampes dans les bras quand je suis parvenue à l'endroit où j'avais vu la biche. J'ai lâché le couvre-lit, que j'ai étalé avec mon pied avant d'y étendre Bill. Puis je me suis couchée à côté de lui. Il n'avait pas esquissé le moindre mouvement ni émis le moindre son durant le trajet entre la maison et le champ. En approchant ma main de sa bouche, j'ai senti son souffle chaud sur ma peau. Sa poitrine se soulevait légèrement à chacune de ses respirations. J'ai examiné ses doigts, ses ongles noircis de crasse. Il avait les paumes aussi calleuses que ses talons à force de grimper dans les arbres. Je voyais bien, à ses longues jambes, qu'il serait plus grand que son frère. Ses orteils se crispaient dans son sommeil.

J'écartais les mèches égarées sur son front quand j'ai entendu une voiture déboucher de l'allée et se garer dans la cour. Je me suis accroupie à côté de mon fils de façon à pouvoir jeter un coup d'œil dans cette direction tout en restant à l'abri des herbes. C'était John.

Il est entré dans la maison en titubant. Avec un peu de chance, il serait tellement ivre qu'il s'effondrerait comme une masse… Mais toutes les lumières se sont allumées, et dix minutes plus tard, il est ressorti. D'un pas traînant, il est allé se poster sous le lampadaire. À ses épaules voûtées, j'ai deviné qu'il plissait les yeux pour tenter de scruter la pénombre alentour.

« Claire ! Bill ! Où vous êtes, bon Dieu ? »

Je l'ai écouté nous appeler encore et encore. Son élocution restait pâteuse mais sa voix grimpait dangereusement vers ce point de non-retour que je connaissais si bien. De mon poste d'observation, je distinguais la maison et la grange tout en restant protégée de la lumière. Je voyais mon mari, mais lui, il ne pouvait pas me voir.

La semaine précédente, il m'avait plaquée contre le réfrigérateur, les mains autour de ma gorge, me serrant à m'étouffer.

« Pourquoi t'as fait ça, hein ? Je t'avais bien dit de pas me foutre en rogne ! »

Pourquoi avais-je fait quoi ? Que me reprochait-il au juste ? Je n'en savais rien. Et de toute façon, je n'avais absolument rien fait de mal. John était rentré de mauvaise humeur, prêt à brûler la maison s'il le fallait pour soulager sa hargne.

Bill s'était précipité dehors pour ramasser des pierres dans l'allée. À son retour, comme pour séparer deux chiens en train de se battre, il avait fait pleuvoir les cailloux sur son père, le frappant à la tête deux fois pour l'obliger à lâcher prise. Il visait juste ; je n'avais pas été touchée. Au souvenir de cette scène, j'ai porté les mains à ma gorge, où les ecchymoses viraient au jaune.

Je regardais toujours John. Il tanguait tellement qu'il a fini par s'appuyer contre le fût du lampadaire pour assurer son équilibre. J'ai tenté de concentrer dans mon regard toute ma colère et toute ma haine. De les projeter vers lui à travers les ténèbres.

Au même instant, il m'a semblé qu'une onde de chaleur se répandait dans mon dos, puis le long de mes bras jusqu'à mes mains. La voix s'est élevée, non pas dans ma tête, mais juste derrière mon oreille gauche.

« Ris », a-t-elle murmuré, et un souffle tiède m'a effleuré la nuque.

J'ai hésité. Je n'étais pas certaine d'avoir bien entendu. Le mot a résonné encore une fois dans la nuit.

Ris.

Alors, j'ai obéi. Mon rire s'est échappé de mes lèvres comme jamais ne l'avaient fait mes pleurs. Il a déchiré l'obscurité, aussi irréel que le cri perçant du lynx en rut. Tout me paraissait incroyablement drôle, soudain : mon mari, notre mariage, la vie à Olina, la folie de mes jours d'égarement. Peu à peu, ma voix est devenue plus grave, se muant en grondement.

John s'est écarté du lampadaire.

« Nom de Dieu ! »

Mon rire rappelait maintenant le croassement d'un corbeau – un son rauque remonté des profondeurs de ma gorge, qui a visiblement effrayé mon mari. Il a voulu courir, et dans sa hâte de regagner sa voiture il a trébuché et s'est étalé de tout son long. Enfin, le moteur a rugi. Les pneus ont patiné, crachant des gravillons.

Une fois le silence revenu, j'ai caressé le visage de Bill et souri en constatant que l'incident ne l'avait pas réveillé. Je l'avais protégé à son insu. J'ai souri pour moi-même. Non, je n'étais pas folle. Il y avait bien une présence quelque part dans ce champ. Je suis restée aux aguets, espérant l'entendre encore, peut-être même l'apercevoir. Il faisait nuit noire, à présent, et l'herbe bruissait tout autour moi, mais je n'avais pas peur. Au bout d'un quart d'heure environ, j'ai décidé de prendre l'initiative. La main tendue, priant pour sentir de nouveau la caresse du souffle chaud, j'ai appelé :

« Viens, mon chéri. Maman est là. »

1976

Il avait démonté le volant du tracteur Oliver, sans raison particulière, juste pour donner l'impression qu'il travaillait même s'il feignait de bricoler sur cet engin depuis vingt ans et ne trompait plus personne. Le tracteur avait accepté de démarrer une seule fois, au cours de leur première année à la ferme, et John l'avait conduit sur environ trois mètres avant que le moteur cale et refuse obstinément de revenir à la vie.

« Tubulure d'admission fendue », avait diagnostiqué le mécanicien agricole en chiquant. Il avait ensuite annoncé un prix pour la réparation. Comme de bien entendu, John avait refusé de payer. Son fils aîné avait résumé la situation de façon lapidaire avant de partir pour le Vietnam :

« Le moteur est foutu ! avait-il crié de la fenêtre du fenil. De toute façon, avait-il ajouté en laissant la cendre de sa cigarette tomber dans l'herbe en contrebas, t'aurais beau le remettre en état, ce tracteur, tu saurais même pas le manœuvrer. À qui t'espères faire croire le contraire ? »

Sans répondre, John lui avait décoché un regard haineux. Aucune de ses tentatives pour mater son fils aîné n'avait donné de résultat, et plus le temps passait, plus il devenait dangereux d'essayer. Depuis tout gosse, Jimmy restait imperméable aux punitions de son père. Celui-ci avait beau le traiter d'imbécile et le fouetter à coups de ceinture, il se contentait de rire. S'il n'avait pas été conçu au tout début de leur mariage, John aurait même pu croire qu'il n'était pas de lui, car Jimmy ne ressemblait en rien aux Lucas, sinon par la taille. Il avait le teint mat de sa mère franco-irlandaise. Il avait également hérité d'elle ses cheveux noirs et ses yeux brun foncé, et, en été, sa peau prenait une nuance cuivrée comme celle d'un Indien. John grimaça en pensant à leur voisin, Ernie Morriseau.

À présent, il entendait sa femme chanter en étendant sa lessive. Il jeta la clé anglaise sur le volant puis s'assit par terre pour se reposer, le dos appuyé contre une roue. Un peu plus tôt dans la journée, il s'était acheté une bouteille de bourbon Wild Turkey. Une récompense, se disait-il, pour avoir trimé si dur à la scierie ces derniers temps. Il but directement au goulot. La voix de Claire lui parvenait toujours. Ce matin-là, il s'était réveillé en proie à une curieuse sensation de dislocation ; il lui semblait que ses membres n'étaient plus reliés les uns aux autres. Au moment où il se glissait hors du lit, il avait également eu l'impression que son cerveau gonflait dans son crâne telle une boule de pâte à pain mise à cuire. Et au fil des heures, sa tête n'avait cessé de s'alourdir. Des souvenirs oubliés depuis des années remontaient à la surface de sa mémoire, comme portés par des bulles d'air que la mélodie familière fredonnée par sa femme avait fini par crever.

« T'as pas l'impression qu'elle se prend pour une princesse, ta bonne femme ? » avait chuchoté son père en l'attirant à l'écart pendant le repas de noce.

John était amoureux, alors, et fier de son épouse franco-irlandaise, aussi ravissante que raffinée.

« Ferme-la, p'pa. »

Sidéré par une telle insolence, Basil Lucas avait cillé.

« Va pas t'imaginer que je peux pas t'en coller une, soldat ! T'as beau être grand, la taille, ça fait pas tout !

– Tiens. »

John avait attrapé une chope sur le plateau d'un serveur avant de pousser son père vers une chaise proche.

« Bois un coup et reste tranquille un moment, d'accord ? »

Les yeux fixés sur son fils qui dansait avec sa nouvelle épouse, Basil Lucas avait vidé d'un trait la moitié de sa bière.

« La taille, ça fait pas tout ! avait-il répété d'un ton rogue, amenant le couple à s'éloigner sans un regard pour lui. Faut aussi des muscles… »

John ne s'expliquait pas la bonne humeur de sa femme ce jour-là. Il avala une nouvelle gorgée de whisky. Qu'est-ce qui lui prenait de chanter comme ça ? Mais bon, au moins, elle ne pleurait pas. Il ne le supportait pas quand elle se mettait à geindre, comme le matin où ils avaient emmené Jimmy à la gare routière. Ses pleurnicheries avaient rendu les choses encore plus difficiles, alors que leur fils faisait seulement ce que tant d'autres avaient fait avant lui : servir son pays. Bon sang, songea-t-il en reniflant avec mépris, lui, il n'avait pas eu de mère pour l'accompagner quand il s'était engagé ! Si les circonstances avaient été différentes, il aurait pu mourir aussi.

Dieu qu'il avait mal à la tête ! Il appuya son front sur ses genoux pour tenter de soulager la pression sur ses tempes. Quand il renifla de nouveau, il crut déceler une odeur de sang qui fit resurgir dans sa mémoire un autre souvenir qu'il pensait avoir enterré.

En vérité, il n'avait jamais réussi à le chasser complètement de son esprit. L'image des draps tachés de rouge le hantait, tout comme l'odeur du sang mêlée à celle venue de la brasserie Schlitz proche de leur quartier à Milwaukee – une senteur âcre, primaire, associée à celle de l'orge et du houblon. Parce qu'il était trop tard pour transporter la mère de John à l'hôpital, le médecin avait fait tout son possible pour la soigner sur place. Mais elle était morte en couches, emportant le bébé – une fille – avec elle dans la tombe. John et sa sœur Edna, assis sur le canapé du salon, avaient écouté sans broncher les allées et venues précipitées de deux voisines entre la cuisine et la chambre de leurs parents. Jusqu'au moment où le silence s'était abattu sur la maison, troublé seulement par les sanglots étouffés des femmes.

Les douleurs s'étaient déclenchées pendant qu'elle préparait le petit déjeuner de John, huit ans, et de sa sœur cadette. Le dernier mois de sa grossesse ne s'était pas très bien passé, mais en aucun cas le jeune garçon n'aurait pu anticiper cette chute brutale près de la gazinière ni la vue de tout ce liquide rosâtre s'échappant de sous les jupes maternelles, suivi par des flots pourpres. Il s'était précipité chez leurs voisins, les Krug, et Gertrude Krug avait aussitôt téléphoné au Dr Horowitz avant de courir chez les Lucas. Elle avait envoyé John chercher son père à la brasserie, mais celui-ci n'avait rien voulu entendre ; il ne fallait pas s'inquiéter, avait-il affirmé, des femmes accouchaient tous les jours, et quoi qu'il en soit il ne pouvait pas quitter son poste en pleine matinée.

À son arrivée, des heures plus tard, il était resté frappé de stupeur durant de longues minutes. John l'avait tout d'abord cru accablé de chagrin, à la façon dont il se voûtait, gémissait et se frappait les cuisses. Mais bientôt il s'était mis à crier : il n'avait plus de femme ! Comment allait-il se débrouiller pour travailler et élever deux gosses ?

« Qu'est-ce qui cloche chez elle ? Qu'est-ce qui cloche chez vous ? avait-il lancé au médecin. Elle n'avait jamais eu de problèmes avant ! Les autres ont glissé comme du beurre ! »

Comment avait-elle pu lui faire une chose pareille ?

Le Dr Horowitz s'était borné à le dévisager. Des taches de sang souillaient sa chemise trempée de sueur. John savait que son père ne l'aurait jamais laissé entrer chez eux s'il n'avait pas été médecin, car il était juif.

« Espèce de pauvre fou ! avait rétorqué le Dr Horowitz. Elle faisait de l'hypertension ! Elle en avait toujours fait. Et non, ni votre fils ni votre fille ne sont venus au monde facilement ! Elle a eu une attaque, le placenta s'est détaché trop tôt et le bébé est mort avant d'avoir pu respirer… »

Le praticien s'était essuyé le front sur sa manche.

« Monsieur Lucas ! Mme Krug m'a dit que votre femme avait des malaises depuis déjà un bon moment. Ce n'était pas sa faute ! Pourquoi ne me l'avez-vous pas amenée ? Elle n'a même pas repris connaissance, la malheureuse !

– Bordel de merde ! s'était écrié Basil Lucas au moment où Gertrude Krug poussait le frère et la sœur vers la porte pour les emmener chez elle. Tout ça, c'est à cause de ce foutu bébé ! Une fille, en plus ! Quel gâchis ! »

Gertrude Krug avait servi aux deux enfants du rôti de porc accompagné d'oignons et de pommes de terre à l'eau. Ignorant les protestations de sa femme, Henry Krug avait posé devant eux deux grands verres de bière. Edna avait refusé d'y toucher mais John avait tout avalé, trouvant réconfortante la torpeur qui l'envahissait. Henry Krug l'avait resservi à plusieurs reprises, jusqu'au moment où le garçonnet avait commencé à tenir des propos incohérents ; alors il les avait mis au lit, le frère avec les garçons de la famille et la sœur avec les filles. John se souvenait vaguement de bribes de conversation entre les époux Krug, venues de la cuisine située juste en dessous de la chambre des garçons.

« Quel minable radin ! Il ne voulait pas payer à Amelia une visite chez le médecin…

– Ça suffit, Gertie, ce pauvre homme vient de perdre sa femme.

– Eh bien, il ne l'aurait peut-être pas perdue s'il avait mis la main à la poche ! Tu accuses toujours les juifs d'être près de leurs sous, hein ? En attendant, ils s'occupent mieux de leurs épouses ! »

Au lieu de pleurer sa femme, Basil Lucas lui en avait voulu jusqu'à son dernier souffle. Mais jamais John n'aurait eu l'idée de critiquer l'attitude paternelle. Dans la tradition familiale, inspirée de la culture allemande, l'obéissance au père et au mari était la valeur fondamentale, placée au-dessus de l'amour et du respect. En mourant, sa mère avait désobéi. Sans elle, forcément, son mari oubliait certaines choses indispensables à son fils et à sa fille, comme de leur racheter des chaussettes, des chaussures ou des bottes. John et sa sœur apprenaient donc à s'en passer ou acceptaient les vêtements donnés par les voisins, au risque de subir les railleries des autres enfants. Ils évitaient cependant de se plaindre, car leur père ne supportait pas les jérémiades. À sa façon, pourtant, il n'était pas pire que les autres pères de la classe ouvrière allemande dans la région.

Lorsque John recevait une correction, il dirigeait sa colère contre sa mère. Au fond, il était d'accord avec son père ; sa mère aurait dû se montrer plus forte. Basil Lucas travaillait quatorze heures par jour, parfois même dix-huit. Les autres Allemandes de la région étaient aussi solides que des chevaux de trait, et bon nombre d'entre elles avaient plus de cinq enfants. Pourquoi sa maman avait-elle flanché ? C'était du reste le prétexte invoqué par Basil Lucas chaque fois qu'il pensait prendre en défaut son fils et sa fille.

« Vous êtes faibles ! hurlait-il. Comme votre mère ! Je fais ça pour vous endurcir, ajoutait-il souvent en les frappant à coups de ceinturon. Vous ne vous en sortirez jamais si vous pleurnichez sans arrêt ! »

John en avait conclu que sa mère les avait quittés délibérément – une certitude qui l'accompagnerait toute sa vie. Quand, plus tard, on lui poserait des questions sur elle, il feindrait de ne plus se souvenir d'elle et dirait simplement qu'elle était morte.

Gertrude Krug et deux autres voisines se relayaient pour préparer les repas de la famille Lucas et faire le ménage ; elles embauchaient aussi Edna qui, à dix ans, s'était vu confier la responsabilité du foyer. Basil Lucas était toujours employé à la brasserie Schlitz en dépit de son caractère difficile et de ses fréquents coups de gueule. C'était l'archétype même de l'ouvrier allemand buveur de bière : torse large, taille épaisse, poings énormes, cheveux blonds grisonnants et yeux bleus larmoyants. Contrairement au boulanger qui, à force de passer ses journées à respirer l'odeur du sucre, des épices et de la crème pâtissière, ne peut plus manger ses créations, Basil Lucas buvait le produit de son labeur avec fierté et sans modération. En tirant sur des cigares cubains, rien de moins. Il lui arrivait souvent de rentrer de la brasserie chargé d'un seau de bière dont les parois avaient été enduites de beurre pour empêcher la mousse de se former. Il le vidait entièrement au cours d'un repas trop riche – porc, saucisses, ou bœuf avec du chou ou des pommes de terre frites. Son teint rougeaud reflétait les excès de son alimentation et sa peau avait l'aspect de la tôle ondulée. Sans le contrecoup de la Première Guerre mondiale, il aurait sans doute pu s'enorgueillir de sa nationalité allemande. De fait, il se hérissait chaque fois que l'on doutait de sa loyauté envers l'Amérique. Il n'avait pas eu l'occasion de la prouver, car il était trop jeune pour avoir participé au conflit, mais, oh ! que n'aurait-il donné pour avoir cette chance ! C'était un bagarreur-né. Du reste, personne n'osait se mesurer aux poings de Basil Lucas, dont la seule vue suffisait à asseoir son autorité de contremaître.

Pendant qu'Edna tenait la maison, John allait au lycée et, après les cours, se rendait à la brasserie où son père lui avait décroché une place. Comme Basil Lucas ne voulait pas qu'on le soupçonne de favoriser son fils, il l'exploitait jusqu'à l'épuisement, l'envoyant faire diverses courses, le chargeant de remplacer un ouvrier malade à tel ou tel poste. À la moindre faute, il le châtiait sur-le-champ. Un jour, il l'avait frappé si durement à la tête qu'il lui avait endommagé le tympan. John détestait ce travail. Par chance, grâce à l'intervention du prêtre local, il pouvait pratiquer son sport favori, le football. Trois soirs par semaine, il s'entraînait avec l'équipe du lycée.

Jamais il n'avait voulu s'engager. Il comptait participer à l'effort de guerre en travaillant comme marin marchand sur les Grands Lacs, mais son père ne l'entendait pas de cette oreille et le lui avait fait clairement comprendre en 1944, le soir du réveillon de Noël.

« Demain, j'irai avec toi, avait-il dit. Et tu vas signer. »

Les yeux rivés sur son fils assis de l'autre côté de la table, il avait brandi vers lui un couteau à beurre couvert de moutarde.

« On est américains, c'est ton devoir de servir ton pays. Tu dois combattre les Allemands parce que t'es américain avant tout. »

Cet après-midi-là, près du tracteur, John repensa à la poignée de main que lui avait donnée plus tard son père au moment où il s'apprêtait à monter dans le train en partance pour le camp d'entraînement. À cette énorme pogne qui menaçait de lui broyer les os.

« Tâche de te faire envoyer en Europe », avait encore marmonné Basil Lucas avant de s'éloigner sur le quai.

Or son fils avait bien failli ne pas passer le cap de la formation initiale quand il s'était avéré que, à part pour la lutte aux poings, il ne possédait aucune aptitude. Il était tellement maladroit au tir qu'on avait testé sa vision à plusieurs reprises ; en outre, lors de sa première visite médicale, on lui avait découvert une surdité partielle de l'oreille gauche. Heureusement, l'occasion d'intégrer l'équipe de football s'était présentée et John l'avait saisie sans hésiter, en se disant qu'il contribuait aussi à l'effort de guerre en remontant le moral des troupes. Il n'avait jamais écrit à sa famille, craignant la réaction de son père s'il découvrait que la lettre avait été postée aux États-Unis. Il redoutait également le jour où il serait libéré de l'armée, car il n'avait ni médailles ni hauts faits d'armes à rapporter, juste un papier vantant ses mérites de *quarterback*. Comme il travaillait à temps partiel dans un hôpital pour anciens combattants, il avait cependant fait la connaissance de vétérans revenus du conflit, qu'il accompagnait souvent dans leurs sorties. Invalides ou non, ces hommes fréquentaient assidûment les bars où John les écoutait parler de combat à mains nues, de divers types de bombes, de tireurs d'élite, des régions où ils étaient allés et des différentes stratégies de guerre. Tous n'étaient pas des appelés. Un officier de carrière, en particulier, se joignait souvent à eux, dont John avait senti plus d'une fois le regard peser sur lui pendant qu'il jouait aux cartes. En général, il ne disait pas grand-chose, mais il s'était battu en Europe et ses blessures étaient moins physiques que psychologiques. Psychose traumatique due aux explosions d'obus.

« Je vous prenais pour un médecin ou un aide-soignant, lui avait-il lancé un soir, quand j'ai appris que vous étiez une star du football. Du moins dans l'armée. Comment vous vous êtes débrouillé ?

– J'ai demandé plusieurs fois à partir en Europe, avait prétendu John, mais on ne m'y a jamais envoyé. Pourquoi ? Vous pensez que j'aurais dû y aller à la rame ? avait-il ajouté, gagné par une colère sourde.

– Non, évidemment. Mais c'est chouette d'avoir pu jouer au foot. Remarquez, je suppose qu'on peut se blesser aussi sur le terrain, pas vrai ? Dommage… Un grand costaud d'Allemand comme vous ! Vous n'auriez pas été de trop au front.

– Je vous ai déjà dit que je voulais y aller. Ce n'est tout de même pas ma faute si je suis resté ici ! »

John avait flanqué quelques billets sur la table et s'était levé. Il ne voulait pas prendre le risque de frapper un officier alors que sa date de démobilisation approchait, mais, se sachant prompt à s'emporter, il avait estimé plus sûr de partir. D'autant que son interlocuteur ne cachait pas son mépris.

« De toute façon, ça ne vous regarde pas », avait-il dit, et, faisant machinalement claquer ses talons, il avait adressé à l'officier un salut tout aussi dédaigneux.

Deux jours avant de rentrer chez lui, John était retourné au bar avec les autres. L'officier avait gardé le silence toute la soirée, avalant bourbon sur bourbon alors que tout le monde s'en tenait à la bière. Pour finir, il s'était effondré sur la table.

« Et merde, avait marmonné le sergent Limkowski, surnommé le Manchot parce qu'il avait perdu le bras gauche. Je suis sûr qu'il va pisser sur nos godasses.

– Je vais l'emmener aux chiottes, avait proposé John. Faut que je rentre à la base, de toute façon. »

Tant bien que mal, il avait remis l'officier debout et, en titubant, l'avait soutenu tout le long du couloir sombre qui menait aux toilettes. Après avoir ouvert d'un coup de pied la porte d'un cabinet, il lui avait baissé son pantalon et son caleçon, puis l'avait assis d'autorité sur le siège. L'autre s'était incliné de côté jusqu'au moment où sa joue avait heurté le mur. Quand John avait entendu le jet d'urine frapper la cuvette, il avait envisagé brièvement de saisir l'homme par le collet pour lui plonger la tête dedans. Ce dernier n'était pas circoncis même s'il avait le teint mat, avait-il remarqué machinalement, et il était difficile de se prononcer sur ses origines. Son nom ne donnait aucune indication sur ce point : capitaine Waterston.

Il n'en finissait plus de pisser.

Qu'il aille se faire foutre ! avait pensé John.

Il avait entrouvert la porte du réduit ; il n'y avait personne dans les toilettes, ce qui était plutôt inhabituel étant donné la quantité de bière servie au bar.

Le temps de repousser la porte et, attrapant l'officier par les cheveux, il lui avait cogné la tête contre la cloison jusqu'à lui faire perdre connaissance. Puis, sans perdre une seconde, il avait arraché la Purple Heart et la Bronze Star épinglées à l'uniforme du capitaine et les avait fourrées dans sa poche avant de filer en douce par la porte de service.

John avait été démobilisé deux jours plus tard, après un interrogatoire de pure forme au sujet de l'incident.

« Il était ivre quand je l'ai laissé, mais il allait bien.

– Il était conscient ? avait demandé son commandant.

– Ouais. Il m'a envoyé promener en disant qu'il pouvait se débrouiller tout seul, avait menti John. Je n'ai pas insisté, vu que j'allais partir de toute façon. »

Quand il était descendu du train, son père l'attendait sur le quai. Basil Lucas avait écarquillé les yeux en voyant les médailles épinglées à la poitrine de son fils, qu'il avait serré dans ses bras – ce qui ne lui était encore jamais arrivé.

« Pas de lettres ? *Ach !* T'étais sûrement trop occupé à te battre…

– Ouais, c'était pas de tout repos. Bon sang, j'en ai des trucs à te raconter ! »

Et John de l'abreuver de toutes les histoires qu'il avait entendues au bar, les enjolivant chaque fois un peu plus pour faire naître la fierté sur le visage paternel.

Puis il avait rencontré Claire à un bal de la VFW et annoncé à son père qu'il voulait entrer à l'université.

« Tu te prends pour Uihlein ? avait répliqué Basil Lucas. Ou Pabst ? Ou Miller ? C'est ta fiancée qui t'a fourré ces idées farfelues dans le crâne ? Un bon ouvrier n'a pas besoin de savoir autre chose que lire, écrire et compter. Si j'avais ton âge, j'irais vers le Nord. La terre est presque donnée, là-bas, et si tous ces pauvres imbéciles sont revenus à Milwaukee, c'est juste parce qu'ils n'avaient rien dans la tête ou n'étaient pas assez courageux. L'oncle Sam accorde toujours des prêts immobiliers aux GI ? »

John avait hoché la tête.

« Alors, débrouille-toi pour en avoir un et va t'installer dans le Nord. Quand tu seras propriétaire de ta terre, ce sera toi le patron. Le secret, c'est de la faire travailler pour toi. Comme ça, t'auras plus de liberté. Après, tu pourras partir pêcher et chasser tout ton soûl ! Tu seras heureux. Tu connaîtras la *Gemütlichkeit* ! avait-il lancé en lui donnant une bonne bourrade dans le dos. À moins, bien sûr, que tu ne veuilles rester ici pour bosser à la brasserie. »

John contempla le champ devant lui. Il ne représentait qu'une partie des deux cent cinquante acres dont il était propriétaire, et, s'il avait fini de les payer, il flirtait néanmoins en permanence avec le risque de tout perdre car il ne réglait jamais ses taxes foncières à temps. Non, songea-t-il, son père ne savait pas de quoi il parlait. Oh ! bien sûr, la région était magnifique, mais il s'était fait avoir. Exactement comme avec sa femme. Au début, il s'était senti tellement fier que cette petite beauté brune l'ait choisi, lui, un Allemand sans prétention n'ayant pas fait d'études... Elle aussi était magnifique à l'époque. Mais aujourd'hui, elle lui paraissait aussi aride que ces étendues de caillasses et d'eaux stagnantes. Pour les exploiter, il fallait un sens inné de la culture, et John ne l'avait pas. Même s'il se tuait à la tâche, jamais il ne pourrait vivre de sa ferme, comme certains de ses voisins. Mais eux, ils avaient dû toucher un héritage familial ou, comme Ernie Morriseau, obtenir une subvention du gouvernement parce que c'était un putain de Peau-Rouge. Un an après leur arrivée dans le Nord, comprenant qu'il ne s'en sortirait pas, John s'était fait embaucher à la scierie.

Par chance, son père était mort cinq ans seulement après leur départ de Milwaukee, sans jamais avoir eu l'occasion de leur rendre visite. Au souvenir du vieil homme malade, tout ratatiné à l'hôpital, il sentit ses yeux s'embuer.

Son père ne l'avait jamais compris. De toute façon, personne ne le comprenait. Il avait bon fond mais tout le monde s'était toujours ligué contre lui. Ce qui était dur pour certains l'était encore plus pour lui. Or il travaillait, pas vrai ? Et il ne fuyait pas ses responsabilités envers les siens. Lui en étaient-ils reconnaissants ? Même pas. Et à Olina, on le regardait comme s'il n'était qu'un gamin vêtu de vieilles nippes. Merde, maintenant que Jimmy était mort, c'était lui qui faisait figure de héros. Pourquoi, bon sang ?

John avait été secrètement soulagé quand Jimmy, qui n'était pas encore majeur, lui avait demandé de signer les documents d'engagement. *Dieu merci*, se rappelait-il avoir pensé en pénétrant dans le bureau de recrutement à Cedar Bend, *ce gosse va enfin faire autre chose qu'écouter ses foutus disques à longueur de journée.* Au fond, il se réjouissait du départ de son fils, trop indocile et bien trop malin. Exactement comme sa mère. *Parfait*, avait-il exulté quand le car s'était éloigné de la gare routière d'Olina. *Fini la belle vie, mon gars. T'auras ce que tu mérites. Eux, ils vont te mater. Voilà ce qui se passe quand on désobéit à son père, quand on le menace d'une arme, quand on l'humilie.*

Ce jour-là, sur le trajet du retour, John avait siffloté gaiement tout en jetant parfois un coup d'œil à son plus jeune fils allongé sur la banquette arrière. Déjà, il échafaudait des plans. En premier lieu, il lui faudrait s'assurer que le cadet ne copierait pas l'insolence de l'aîné. Il ne savait pas encore comment il s'y prendrait, mais Bill ne pointerait jamais un fusil sur lui. Cette demi-portion-là allait apprendre l'ordre naturel des choses. Le père d'abord. Ensuite le fils.

Le goulot contre les lèvres, il inclinait de temps à autre la bouteille pour avaler une toute petite rasade de façon à en faire durer le contenu. Il la reposa soudain en percevant des halètements dans le champ proche. Une masse sombre remuait dans l'herbe haute, constata-t-il. Les élancements dans sa tête s'accompagnaient maintenant d'une douleur sourde au niveau de la poitrine ; il lui semblait que son cœur se contractait, l'obligeant à retenir son souffle. Quelques instants plus tard, lorsqu'il aperçut une longue queue noire, il comprit que c'était seulement le chien des voisins. Combien de fois avait-il failli abattre cette satanée bestiole ? Mais en dépit du mépris que lui inspirait Ernie Morriseau, John se méfiait de lui. Ernie avait fait la guerre. De plus, il était considéré comme un excellent chasseur et un tireur de premier ordre même par certains des hommes les plus racistes d'Olina. C'était lui aussi qui avait appris à Jimmy à se servir d'une arme, ce dont John ne se doutait absolument pas jusqu'au jour où un client, chez Pete, avait raconté les avoir vus chasser le canard au bord de la Chippewa. Même s'il était plein comme une barrique, John était rentré à la ferme pied au plancher. C'était encore une manœuvre de Claire, il l'aurait parié. Il lui avait fendu la lèvre d'un coup de poing, et il venait de l'expédier contre le réfrigérateur quand il avait senti le canon d'un fusil s'enfoncer dans ses reins. Jimmy n'avait rien dit ; les mots étaient inutiles. John avait levé les mains et, poussé par son fils de treize ans, il était sorti de la maison. Là, Jimmy lui avait fait une effrayante démonstration de ses talents en écartant légèrement le fusil pour tirer sur la porte des toilettes, qu'il avait criblée de balles. La dernière chose que John avait entendue avant de perdre connaissance était le bruit de l'arme que son fils rechargeait.

Claire fredonnait toujours. Comment osait-elle le provoquer ainsi, lui qui trimait sous un soleil de plomb ? Il avait essayé de la rendre heureuse, mais en vain. Elle ne faisait jamais rien de ce qu'il lui demandait ; au contraire, elle paraissait même prendre un malin plaisir à le contrarier, se comportant parfois comme une vraie folle. Il l'avait prévenue, pourtant. « Je t'ai déjà dit que ça me foutait en rogne », répétait-il sans résultat. Son père avait raison : à leur manière mesquine, les femmes n'avaient pas leur pareil pour rabaisser un homme. Si la plupart d'entre elles n'avaient pas la tête sur les épaules, Claire était encore plus insupportable : elle s'imaginait supérieure à lui parce qu'elle avait un diplôme et une petite expérience d'enseignante. Au fond, tous ces bouquins l'avaient rendue dingue. Au début, il avait mis sa réaction sur le compte du chagrin, jusqu'au moment où elle avait commencé à errer à toute heure du jour et de la nuit. À parler à des interlocuteurs invisibles. Et cette nuit-là, quand elle avait éclaté d'un rire hystérique, lui donnant le sentiment d'être cerné de toutes parts… Nom de Dieu ! Cette bonne femme était une garce et une sorcière. Après cette scène, il ne l'avait plus approchée.

La colère le submergeait, à présent. Et elle avait le culot de chanter, en plus ! Il se redressa en s'appuyant de sa main libre sur la roue du tracteur.

Sa femme lui avait reproché un jour de tout faire de travers, de ne rien connaître à la région où ils vivaient. La rage suscitée en lui par cette critique s'était concentrée dans ses poings, dont il avait martelé Claire sans retenue. Depuis, ils ne s'adressaient presque plus la parole, mais d'ici peu il allait lui parler le seul langage qu'elle comprenait. Elle méritait une bonne correction pour avoir eu l'audace de chanter pendant qu'il essayait de réparer ce foutu tracteur, et aussi pour la façon dont elle le regardait parfois. Son expression lui rappelait alors celle de son fils aîné, jadis, et celle du cadet aujourd'hui. Ou encore celle d'Ernie Morriseau les rares fois où leurs chemins se croisaient.

Dans leurs yeux, c'était la froideur impitoyable du capitaine Waterston qu'il revoyait.

« Imposteur », semblaient-ils dire.

« Quoi ? » lança-t-il, car il avait cru entendre le mot prononcé à voix haute.

Mais sa poitrine se contracta brusquement et il s'effondra, lâchant la bouteille pour porter la main à son cœur.

Rien dans la voix de sa mère ne lui permettait de comprendre pourquoi il devait rentrer sur-le-champ et abandonner en pleine journée son poste de mécanicien à la station Standard. Bill avait décroché cette place fin mai, au début des vacances scolaires, et il était encore tout excité même s'il n'en montrait rien. À dix-sept ans, il s'était découvert un don pour réparer les moteurs. C'était l'activité idéale pour lui, car elle ne l'obligeait pas à parler. Ça, c'était le boulot du patron, Wally Wykowski. Celui-ci expliquait aux clients quelles réparations étaient nécessaires, combien ils allaient devoir débourser et quand leur véhicule serait prêt. De temps à autre, Wally félicitait son nouvel employé en le gratifiant d'une tape dans le dos – un geste qui emplissait Bill de fierté. Ce jour-là, le 5 juillet, quand sa mère avait appelé, elle avait juste dit :

« Rentre.

– Maintenant ? avait-il répliqué, agacé. J'ai pas terminé mon service, m'man. Qu'est-ce qu'il y a de si important ?

– Rentre, Bill. Tout de suite. »

Il pestait en raccrochant. Sa mère était tellement taciturne, parfois ! Mais sur ce point, il lui ressemblait : tout comme elle, il était réservé, peu enclin à révéler ses sentiments par des mots ou des signes quelconques. Il l'avait vue malheureuse, il l'avait entendue sangloter et élever la voix sous le coup de la colère. Mais ce jour-là, elle s'était exprimée sur un ton neutre et l'économie de ses paroles ne leur en donnait que plus de poids.

Aussi Bill parcourut-il les dix kilomètres jusqu'à la ferme familiale au volant de la Ford Falcon bleue de 1967 toute cabossée qu'il avait achetée cent dollars. Il arriva au moment où l'ambulance d'Olina débouchait de leur allée. Il s'arrêta sur le bas-côté pour la laisser passer et attendit avant de tourner qu'elle se soit éloignée sur la route en direction de la ville. Sa mère, en pantoufles et blouse bleue à pois, se tenait à l'arrière de la maison, entre Ernie Morriseau et Alfred Meyer, le shérif obèse qui assumait aussi les fonctions de coroner. Incarnation parodique de l'officier de province, il n'aurait pas pu courir après des voleurs même s'il l'avait voulu ; il se contentait de se pavaner dans son uniforme censé représenter la loi et l'ordre. En cas de délit impliquant une poursuite, il faisait appel à la police d'État.

Angel, le chien des Morriseau, se trouvait à environ dix mètres derrière le trio. Quand Bill se gara près du pick-up d'Ernie, l'animal disparut dans les herbes folles près de la grange.

« Ça va aller, maintenant, entendit-il sa mère déclarer quand il descendit de voiture. Bill est là.

– Vous êtes sûre ? demanda Al Meyer.

– Certaine. Tout ira bien.

– Billy, dit Ernie Morriseau en lui pressant le bras, n'hésite pas à nous appeler si ta mère et toi avez besoin d'aide. »

Ce fut seulement après le départ des deux hommes, alors que leurs véhicules s'engageaient dans l'allée en soulevant des nuages de poussière, que Claire s'adressa à son fils :

« Ton père est mort. C'est Ernie qui l'a découvert. Il était venu lui parler. Je lui ai dit d'aller le retrouver derrière la grange, et c'est bien là qu'il était. »

Elle haussa les épaules.

« D'après eux, John a eu une crise cardiaque », précisa-t-elle comme si Bill avait voulu en savoir plus.

Elle avait l'air fatigué mais calme. Bill avait déjà compris qu'il s'agissait de son père quand il avait vu l'ambulance quitter l'allée. L'inévitable s'était produit, finalement. Incapable de réagir, d'éprouver quoi que ce soit, il interrogea du regard sa mère.

« Est-ce que… commença-t-il d'un ton hésitant, en enfonçant dans le sol le talon de sa botte, tu veux que je fasse quelque chose ?

– Tu n'as rien à faire, Bill. Ni moi non plus, du reste. Tout a déjà été fait. »

Ce soir-là, Bill ouvrit le dernier tiroir de sa commode, d'où il retira une boîte à chaussures remplie de souvenirs d'enfance. Assis sur le sol à côté du lit de James, serrant machinalement un coin du couvre-lit blanc, il fouilla de sa main libre le contenu du carton jusqu'à trouver ce qu'il cherchait : la dernière photo de son frère, envoyée du Vietnam. Il la retourna pour lire le message qu'il connaissait par cœur.

« Voilà les hauts plateaux dont je t'ai déjà parlé. C'est plus impressionnant que la crête du marais, pas vrai ? Mais c'est drôlement joli, avait écrit son frère de sa grosse écriture carrée. Dommage que ce soit au Vietnam. Je te raconterai tout quand je rentrerai. Je t'aime, James. »

La photo aidait Bill à se rappeler les traits de son frère, la sensualité de ses lèvres pleines, ses yeux bruns tellement semblables à ceux de leur mère. Mais il ne se souvenait plus du tout de sa voix.

Pendant deux ou trois heures, il demeura allongé sur son lit sans parvenir à trouver le sommeil. Enfin, il se pencha pour récupérer sous le sommier un pack de six bières fauché dans l'une des planques paternelles un mois plus tôt. Il vida toutes les canettes, mais au lieu de le plonger dans une sorte de torpeur rêveuse, l'alcool lui donna un coup de fouet, créant l'illusion de la lucidité.

Les dernières troupes américaines avaient été évacuées. Le président Ford avait annoncé l'année précédente que la guerre au Vietnam était terminée. Aujourd'hui, leur père était mort. Plus rien n'empêchait James de rentrer.

Sauf qu'il était *déjà* là, songea Bill, qui avait senti sa présence. Jamais près de la maison, cependant. Son frère ne s'en approcherait pas car elle resterait souillée par l'esprit de leur père, même après sa mort. Mais à une certaine distance, Bill avait eu plusieurs fois l'impression d'être observé, et même parfois effleuré. Par une belle matinée dans les bois ou par une chaude journée d'été, son visage devenait soudain froid et humide, comme s'il se couvrait d'un voile de brume. Ou, quand il pêchait du pont au-dessus de la rivière, il lui semblait percevoir la fumée d'un feu de camp, mais il avait beau explorer les berges, il n'en trouvait jamais l'origine.

Bon, il partirait à la recherche de son frère cette nuit même. Mais où était James ? Peut-être au bord de la Chippewa, dissimulé parmi les grands bouleaux qui poussaient sur les berges. Bill passa en revue les différentes cachettes possibles le long de la rivière, avant de les rejeter. Non, elles étaient trop éloignées de la ferme. James n'irait pas là-bas. Il ramassa le Polaroïd et le regarda de nouveau. Il n'y avait qu'un seul endroit où son frère avait pu se réfugier.

Il rangea la photo dans la boîte, puis la boîte dans la commode, fourra les canettes vides sous le lit et quitta sa chambre. Dans l'escalier, il s'arrêta quelques secondes pour guetter un bruit indiquant que sa mère était réveillée. Il n'entendit rien. Après avoir enfilé son sweat-shirt bleu et ses bottes en caoutchouc, il se glissa dans l'entrebâillement de la porte-moustiquaire et sortit dans la cour en prenant soin de rester à l'extérieur du périmètre éclairé par le lampadaire. Une fois ses yeux accoutumés à la pénombre, il accéléra l'allure en direction de l'éminence qui émergeait du marais en bordure de leurs terres.

J'ai entendu Bill descendre l'escalier et, par la fenêtre de ma chambre, je l'ai vu sortir de la maison. Je me serais sans doute inquiétée si nous vivions dans une grande ville comme Chicago ou même Milwaukee, où j'avais grandi et fait mes études. Mais à dix-sept ans, mon fils n'avait plus rien d'un enfant et il ne courait aucun danger dans les bois ou le marais, qu'il connaissait comme sa poche. Je ne me suis pas non plus arrêtée au fait qu'il était minuit et que Bill paraissait légèrement chancelant. Il avait dû boire, et selon toute vraisemblance il s'était approvisionné sur notre propriété, où feu mon mari avait disséminé de multiples réserves de bière et de whisky au cas où il ne pourrait pas se rendre en ville. La mort de John avait beau nous avoir ébranlés tous les deux ce jour-là, je doutais cependant qu'elle soit la cause de l'ivresse de Bill. Ou de mon insomnie. Nous n'étions pas accablés de chagrin. Le visage de mon fils avait exprimé un soulagement presque immédiat à l'annonce du décès de son père – un soulagement au moins égal au mien. Je ne parvenais pas à éprouver d'autres sentiments envers l'homme qui avait partagé ma vie pendant vingt-huit ans ; je ne ressentais aucune de ces émotions attendues en cas de deuil, comme la tristesse, le désespoir, la compassion ou la peur d'un avenir incertain. Même pas de la pitié. Il faisait au moins trente degrés et j'étais en nage. Mes cheveux étaient humides, des gouttes de sueur me tombaient dans les yeux. Et malheureusement, il me semblait que l'impression de délivrance suscitée par la disparition de John se dissipait déjà. Durant toutes ces années où je m'étais imaginée débarrassée de lui, j'avais rêvé de savourer ma liberté retrouvée pendant des jours, voire des mois. Or le répit n'avait été que passager. Surtout, il avait ouvert la voie au désir.

Ernie Morriseau était passé chez nous dans l'après-midi parce qu'il faisait réévaluer son exploitation et ne voulait pas que John prenne pour des intrus les géomètres travaillant le long de notre clôture commune. À son arrivée, je mettais des draps à sécher en chantonnant une version personnelle de *Moon River*, rendue encore plus originale par les deux pinces à linge fourrées dans ma bouche. Au moment où le pick-up Ford s'était arrêté, j'avais cessé de fredonner.

« Bonjour, Claire. John est là ? »

Toujours cette voix grave et veloutée. J'avais retiré les pinces de ma bouche.

« Derrière la grange, je crois. »

Tout en le regardant s'éloigner dans cette direction, j'avais coincé une nouvelle pince à linge entre mes lèvres et frotté mes paumes moites sur le devant de ma blouse. Je ne devais pas être belle à voir, attifée comme je l'étais, avec mes courts cheveux noirs sales et emmêlés et mes méchantes sandales en caoutchouc. J'avais baissé les yeux vers mes jambes nues. Pour quelque obscure raison, je les avais rasées le matin même, assise sur le rebord de la baignoire. Au moins, elles étaient nettes, même si le fin réseau de veines bleues et violettes se détachait d'autant plus sur la blancheur de la peau.

J'avais eu un pressentiment à la façon dont Ernie avait débouché seul au coin de la grange et dont il s'était immobilisé pour regarder derrière lui encore quelques secondes avant de se tourner vers moi. Il ne m'avait pas quittée des yeux en approchant, comme pour s'assurer que je ne m'en allais pas. Parvenu devant moi, il m'avait prise par la main. Et il était allé droit au but.

« John est mort. Sûrement d'une crise cardiaque. Il est là-bas, avait-il dit en indiquant de la tête l'arrière de la grange, étendu près d'une des roues du tracteur. »

Il y avait bien deux ou trois heures que je n'avais pas revu mon mari. Je m'aventurais rarement derrière la grange quand je le savais dans le coin. Depuis des années, il utilisait le tracteur comme prétexte pour se soûler. De toute façon, même s'il avait réellement réparé cet engin, qu'en aurait-il fait ? Et moi, pourquoi aurais-je été le trouver ? Pourquoi aurais-je cherché la bagarre ?

J'avais haussé les épaules.

« Il faut que j'appelle le shérif Meyer ?

– Je crois, oui. »

C'était à mon tour de m'éloigner ; je devais rentrer passer ce coup de téléphone. Mais je n'avais aucune envie de bouger. Je ne voulais pas qu'Ernie me lâche la main.

« Vous voulez que je l'appelle ? » avait-il demandé.

Pour ne pas me vexer, sans doute, il avait retiré tout doucement ses doigts. J'avais la bouche sèche, imprégnée du goût âcre du bois. J'aurais aimé dire quelque chose pour pouvoir le regarder droit dans les yeux.

Peu après notre arrivée à Olina, quand nous étions encore sociables, nous avions fait un saut chez les Morriseau pour nous présenter. Mais sans aller jusqu'à entrer chez eux boire un café, comme ils nous l'avaient proposé à plusieurs reprises ce jour-là. Nous voulions juste leur dire bonjour, pour qu'ils sachent qui vivait maintenant sur l'exploitation voisine. Quand, un sourire aux lèvres, Ernie nous avait tendu la main, j'étais aussitôt tombée sous le charme. Il incarnait le beau ténébreux dont rêvent toutes les femmes et affichait un calme qui ajoutait à sa séduction – ce dont il ne se doutait certainement pas. Ma bouche s'était desséchée à l'époque aussi, alors que tout le reste de ma personne devenait humide. Je sentais la sueur dégouliner sous mes bras, j'en percevais le goût salé sur mes lèvres. J'aurais voulu partir sur-le-champ tellement j'étais persuadée que mon nari et Ernie ne manqueraient pas de remarquer mon trouble. Et puis, Rosemary était apparue – grande, élancée, opulente chevelure noire, teint diaphane digne des modèles de Rossetti. Je m'étais bien rendu compte que John en avait le souffle coupé, qu'il ne s'attendait pas à rencontrer une créature aussi sublime. De fait, les époux Morriseau étaient tous les deux extraordinairement beaux.

Ernie avait tellement peu changé... Une faible odeur de cèdre émanait de lui, mêlée à celle d'une chemise propre. Il possédait une beauté brute, toute de muscles et de peau hâlée, auquel le travail au grand air prêtait une certaine rudesse. Ma main droite s'était levée d'elle-même, mais, comme pour l'empêcher de commettre l'irréparable, la gauche l'avait rattrapée juste à temps, prévenant un geste embarrassant – effleurer son visage du bout des doigts. Pour plus de sûreté, j'avais croisé les bras.

« Vous pouvez rester jusqu'à l'arrivée du shérif ? avais-je demandé.

– Bien sûr. Vous feriez bien aussi de prévenir Bill. »

Je m'étais retournée en atteignant la porte-moustiquaire.

« Vous voulez boire quelque chose ?

– Je prendrais volontiers un verre d'eau. Merci, Claire. »

Je n'oublierai jamais sa réponse. « Merci, Claire. » Mon mari ne disait jamais merci. Bill, à la façon de tous les enfants qui considèrent le dévouement maternel comme allant de soi, ne le disait jamais non plus.

Tout en remplissant un verre d'eau et de glaçons, je m'étais souvenue d'un jour d'été lorsque Jimmy avait douze ans. J'avais traversé notre champ puis celui des Morriseau pour aller chercher mon fils à la ferme voisine. Il faisait chaud et j'avais besoin d'un coup de main à la maison. En débouchant à l'angle de la grange, j'avais surpris Ernie torse nu, penché sur le moteur de son pick-up. Telles des perles de rosée, des gouttes de sueur scintillaient sur sa poitrine, se rassemblaient dans le creux de ses muscles et coulaient jusqu'à la ceinture de son jean. Durant quelques instants, je n'avais pu m'annoncer tant le désir me consumait.

Dans l'après-midi, je lui avais donné son verre d'eau et je l'avais regardé le vider à longs traits avant de s'essuyer la bouche avec un mouchoir. C'était le seul moment de la journée où j'avais éprouvé du chagrin.

Je ne savais plus ce qu'était l'amour.

Dans ce domaine, l'exemple de mes parents ne m'avait certainement pas aidée. Ma mère avait cessé d'évoquer sa rencontre avec mon père franco-américain alors que j'étais encore toute petite, mais j'ai toujours supposé qu'elle s'était mariée sur un coup de cœur. Quelle femme n'aurait pas succombé à Michel Chappeau ? Chaque fois que je regardais leur photo de mariage et les deux autres portraits de mon père jeune homme, je me disais qu'il aurait facilement pu éclipser Rudolph

Valentino avec ses cheveux noirs bouclés, ses yeux de braise bordés de longs cils et ses lèvres pleines. Plus tard, il arborait une moustache en guidon de vélo, aux extrémités gominées. Ses pommettes hautes et son nez fin, légèrement busqué, lui conféraient une distinction qui manquait à la plupart des Allemands de Milwaukee. Papa plaisantait souvent à propos de son physique, affirmant qu'il était impossible pour une famille française établie en Amérique depuis plus de cent ans de ne pas avoir de sang indien. Chez lui, cette influence se traduisait par une beauté sensuelle généralement propre aux Latinos. Il possédait en outre un caractère accommodant doublé d'une tendresse qui ne s'accordait guère avec son métier de banquier. De toute évidence, il aimait ma mère irlandaise, qui le lui rendait bien.

Elle était très belle aussi, avec ses yeux bleus pétillant de vivacité et ses cheveux blond vénitien qui tombaient jusqu'à sa taille menue. Avec le temps, le bleu de ses prunelles était devenu aussi froid que la glace, et un seul regard lui suffisait à réduire au silence ses interlocuteurs. Je n'avais aucune peine à imaginer l'irrésistible attirance que mes parents avaient dû éprouver l'un pour l'autre au début de leur histoire. Hélas, cela n'avait pas duré.

Il désirait une grande famille. De son côté, maman répétait souvent qu'elle ne voulait pas devenir une vache laitière condamnée à mourir jeune, en couches ou d'épuisement. Elle ne souhaitait pas plus de deux enfants, un garçon et une fille. Comme s'il n'en tenait qu'à elle, elle avait d'abord eu mon frère, André, puis moi. Ensuite, plus rien. Fini les ébats. Ma mère respectait le Dieu de l'Ancien Testament, un redoutable vieillard plein de colère. Mon père, lui, adhérait à un catholicisme français version Nouveau Monde, moins dogmatique, illuminé par le Dieu du Nouveau Testament. Puisque mes parents ne pouvaient pas divorcer pour des raisons religieuses et sociales, papa avait trouvé d'autres moyens d'obtenir l'amour qu'il cherchait. La plupart du temps, il restait discret pour ne pas blesser maman, qui se doutait néanmoins de ses incartades et, au fil des années, lui avait reproché de plus en plus violemment de ne pas suivre son exemple en choisissant l'abstinence. Autrefois, je me disais que s'ils avaient disposé des moyens de contraception modernes ils auraient peut-être pu demeurer un couple aimant. Mais de toute façon, la religion rigide de ma mère lui aurait interdit de recourir à de tels expédients, et son intolérance n'avait fait que se renforcer avec l'âge, se muant peu à peu en haine.

Je n'ai vu qu'une seule fois mon père en compagnie d'une autre femme, une belle brune plus grande que lui. J'étais alors en terminale, et, comme j'avais des règles douloureuses, j'avais quitté le lycée plus tôt que d'habitude ce jour-là sur les conseils d'une des sœurs. Je venais de refermer la grille et me tournais vers le parc d'en face quand j'avais découvert papa assis sur un banc, le bras passé autour des épaules d'une inconnue. Ils s'embrassaient et, à leur ardeur, il était clair qu'ils n'allaient pas tarder à quitter le parc pour un endroit plus discret. Malgré la douleur dans mon ventre, je n'avais pu m'empêcher de les regarder, fascinée par l'intensité avec laquelle mon père la couvrait de baisers et la façon dont elle réagissait, allant jusqu'à déboutonner le col de son chemisier pour lui offrir sa gorge. Pour la première fois, j'avais un aperçu de la passion – un sentiment capable de vaincre toutes les inhibitions.

Mon père ne m'avait pas remarquée. Je me sentais blessée, non pas à cause de ma mère, mais parce que j'étais jalouse. Mon frère André ressemblait à maman. Mais moi, j'étais la fille de papa – une Chappeau sur toute la ligne, pour sa plus grande fierté. Il m'appelait tout le temps sa *petite chérie**. Lorsque j'avais eu mes règles, ma mère n'avait plus cherché à dissimuler son aversion pour moi. Elle en était venue à me considérer comme une rivale au même titre que les maîtresses de son mari. Il se montrait généreux envers moi, m'embrassait et me serrait souvent dans ses bras, m'offrait de belles robes et des petits cadeaux que maman me confisquait aussitôt. Pour mes seize ans, il m'avait acheté une robe superbe.

« Arrête de la gâter ! avait-elle hurlé à mon père. Elle se croit déjà tellement supérieure ! Tu veux qu'elle devienne le jouet d'un homme ? »

Papa, qui s'apprêtait à sortir, s'était retourné.

« C'est si terrible d'éprouver un peu de bonheur ? avait-il répliqué posément. Ou d'en donner ? N'ai-je pas le droit de me comporter comme un père avec ma fille ? De toute façon, Claire est trop intelligente pour devenir le jouet de quiconque. Alors pourquoi la priverais-je de mon amour ? Bon sang, Sylvia, qu'est-ce qui ne va pas chez toi ? »

L'amour que me portait mon père était cependant exclusif. Quand j'avais commencé à attirer l'attention des garçons, il était devenu plus sévère et protecteur, décourageant les éventuels soupirants qui s'aventuraient jusqu'à notre porte.

« Claire, m'avait-il dit deux semaines avant que j'obtienne mon baccalauréat, je regrette d'avoir à te mettre en garde, mais la plupart des hommes sont mauvais et traitent mal les femmes. Tu es à la fois jolie et intelligente. Il est rare qu'un homme apprécie chez sa compagne l'association de ces deux qualités. Mais ne te dévalorise jamais. Et tâche de faire le bon choix. »

Il fumait un cigare ; soudain, j'avais été frappée par son aspect

* En français dans le texte. *(N.d.T.)*

maladif. Sa belle peau basanée avait viré au gris. J'entendais ses paroles mais j'avais toujours en tête cette image de lui embrassant dans le parc l'inconnue en extase. Je voulais connaître cela moi aussi.

À dix-neuf ans, j'avais fréquenté en cachette un étudiant en médecine et l'expérience m'avait comblée. Avec lui, j'avais l'impression de monter au ciel, d'atteindre le paradis. Nous faisions l'amour passionnément, et même à la folie ; je découvrais que mon jeune corps pouvait adopter des positions insoupçonnées jusque-là. Nous nous aimions n'importe où : placards, salles de cours désertes, un parc près du campus tard dans la nuit, et aussi une fois dans l'un des laboratoires de la fac, voisin de la chambre froide où étaient entreposés des cadavres. J'ignore par quel miracle je ne suis pas tombée enceinte. Mais une fois ses études universitaires terminées, mon amant était retourné à New York préparer son internat. Il n'avait pas parlé de m'épouser et je n'avais pas abordé le sujet ; j'étais censée attendre qu'on me demande en mariage, comme une gentille fille raisonnable.

Papa était mort juste avant que je rencontre John. Rupture d'un vaisseau sanguin, avait dit le médecin, ou plus précisément, hémorragie cérébrale. On l'avait retrouvé affalé sur son grand bureau de banquier avec du sang qui lui coulait de la bouche et du nez. Je l'avais imaginé occupé à examiner des comptes quand cette petite explosion dans son cerveau l'avait anéanti. J'avais pleuré pendant si longtemps que ma mère, ne pouvant plus le supporter, s'était emportée contre moi. Par la suite, j'avais étouffé mon chagrin. J'étais sûre que d'autres femmes pleuraient un peu partout dans Milwaukee et cette pensée me procurait un étrange réconfort. Si mon père avait commis des péchés, sa quête de l'amour n'en faisait pas partie à mes yeux. Et puisque maman refusait de porter le deuil, alors sa fille et ses maîtresses le porteraient à sa place.

J'étais tellement vulnérable quand j'ai fait la connaissance de John… Il avait promis de ranimer mes rêves et mes ambitions, et moi, je l'ai cru.

Le problème, c'est qu'il avait une vision naïve de la vie dans une ferme – une vision aux antipodes de la réalité. Jamais il n'a accepté le principe fondamental de l'existence rurale, à savoir la patience. Il comptait sur un succès immédiat, et comme il ne l'a pas obtenu, comme les garçons et moi n'avons pas pu le lui offrir, sa déception a rejailli sur nous. Il m'en voulait d'apporter sur la table les légumes de mon potager, les œufs et les volailles de mon poulailler. Il en voulait à Jimmy de remplir à sa place le congélateur de poisson et de gibier.

Peu à peu, j'ai compris que je n'étais jamais réellement tombée amoureuse de John. Au fond, j'avais été abusée par un uniforme, par ce qu'il représentait à mes yeux : quelqu'un capable de me protéger, qui accordait de l'importance à des valeurs telles que le respect, l'honneur, le courage et la liberté. Pendant des années, je me suis dit qu'il ne pouvait ignorer le mal qu'il nous faisait, à mes fils et à moi. J'avais été élevée dans l'idée que chacun possède une conscience, ou au moins la faculté d'éprouver du remords. Au fil du temps, j'ai cependant découvert que certains individus sont capables de jouer la comédie tant qu'ils poursuivent un but bien précis. Mais une fois leur objectif atteint, le naturel reprend le dessus et ils retournent à leur petite existence égoïste et mesquine.

Par la suite, tout est allé de mal en pis, à l'exception des deux fois où j'ai donné la vie. Ma mère refusait d'entendre parler de mon malheur exactement comme elle refusait d'admettre le sien. Elle se réfugiait derrière les mêmes lieux communs que toutes les mères catholiques de l'époque.

« Tu t'es mariée à l'église, persiflait-elle, manifestement ravie que sa propre fille soit condamnée elle aussi à une vie sans amour. Tu as prononcé des vœux. Il n'y a pas de retour en arrière possible. Alors prends-en ton parti. »

Les femmes de mon âge n'ont jamais su ce qu'il fallait faire si leur mariage partait à vau-l'eau. Nous incarnions la nouvelle génération moderne, celle de l'après-guerre. Pour nous, la vie de couple n'était pas censée mal se passer.

John et moi avions encore des sentiments l'un pour l'autre quand Jimmy a été conçu. Pour Bill, en revanche, je ne sais pas trop comment c'est arrivé. Peut-être à la suite d'une rapide étreinte dans les brumes de l'alcool une nuit où je dormais ? Bill n'est certainement pas l'enfant de l'amour, ce qui ne m'a pas empêchée de l'adorer tout comme j'adorais Jimmy – les seuls cadeaux que j'aie jamais reçus de mon mari. Mais après la naissance du cadet, je n'ai plus éprouvé pour John que du dégoût.

Depuis longtemps déjà, j'avais appris à dissocier l'amour et le sexe. Tout oublié du désir qui précipite le souffle et les battements du cœur. Jusqu'à cette visite d'Ernie Morriseau, aujourd'hui.

Deux semaines seulement avant la mort de John, j'avais rêvé qu'Ernie faisait courir ses doigts sur ma peau, l'effleurant par touches légères. Je m'étais réveillée en pleine nuit, seule dans mon lit, et j'avais fondu en larmes. Je ne me souvenais plus des sensations procurées par des mains d'homme sur mon corps. Du plaisir d'être tirée du sommeil par des caresses. D'être touchée, tout simplement.

Presque aussitôt, la honte m'avait submergée. Rosemary Morriseau m'avait toujours manifesté de la gentillesse. Depuis des années, je la détestais au point de souhaiter sa mort tant j'enviais son destin heureux, sa force et sa beauté de star de cinéma. Je lui en voulais d'avoir un mari aussi séduisant et attentionné. Souvent, je devais me forcer à détourner les yeux d'Ernie pour ne pas qu'il me surprenne en train de le dévorer du regard.

Mais les larmes ne durent jamais qu'un temps ; ensuite vient l'épuisement, puis l'apaisement et le soulagement. Je dormais seule depuis le soir d'août où j'avais entendu la voix dans le champ, où je lui avais obéi en éclatant de rire. Une manifestation de gaieté qui avait littéralement terrifié mon mari au point de le faire fuir. Comment aurais-je pu deviner que le rire était une arme efficace ? Qu'il étoufferait la violence de John envers moi ? Depuis cette nuit-là, quand il couchait à la maison, c'était sur le canapé du salon. Je n'avais plus à endurer sa présence à côté de moi dans notre lit – son odeur aigre, son corps flasque, ses lèvres molles. Il n'avait même plus le courage de me frapper.

Il avait peur de moi.

Je regardais toujours par la fenêtre alors que Bill avait disparu depuis longtemps. Au fond, ce n'était peut-être pas plus mal qu'il ait bu, si cela pouvait enfin lui permettre de pleurer. Il n'avait pas versé une seule larme après la disparition de son frère parce qu'il le croyait toujours vivant. Son attitude me tourmentait depuis maintenant huit ans.

Si l'alcool parvenait à libérer Bill de son chagrin, je serais également délivrée du souvenir d'une période odieuse et honteuse de ma vie que je pensais révolue mais dont le spectre flottait toujours devant moi. Et pour cause : j'étais prête à la répéter au besoin pour lui tirer des larmes, en le frappant comme je l'avais fait des années plus tôt, quand il était encore tout petit et ne méritait certainement pas d'être secoué brutalement ou attrapé par les cheveux – et ce, juste parce qu'il avait renversé un verre de lait.

Quel enfant ne renverserait pas son lait, ne ferait pas pipi dans son pantalon ou au lit, ne manifesterait pas son malaise dans une maison où les menaces fusent continuellement, jusqu'au moment où un poing vient les concrétiser? ai-je pensé avec amertume.

Je me suis recouchée et blottie sous les couvertures malgré la chaleur. Autrefois, je pleurais toujours quand, après avoir frappé Bill, j'entendais ses sanglots terrifiés. Je pleurais parce que mon petit garçon n'avait pas commis d'autre faute que celle d'être le réceptacle de toute la douleur familiale. Je pleurais parce que je me sentais incapable d'y remédier. Après le départ de Jimmy, pourtant, la violence avait déserté mes mains pour s'exprimer par ma bouche. J'avais commencé à errer en parlant toute seule, à mon adresse ou à celle des forces invisibles qui peuplaient l'espace autour de moi.

Bill a toujours été réservé. Différent. Contrairement à son frère, que des piques et des railleries pouvaient mettre dans une rage folle, il restait calme, imperméable aux sarcasmes. Après le départ de Jimmy, mon mari avait essayé sur lui les mêmes tactiques humiliantes. Souvent, en plein repas, il exhibait ses médailles en racontant ces histoires que je savais être des mensonges. Bill continuait de manger comme si de rien n'était, nullement démonté par les propos énigmatiques de son père. Quand il le regardait, c'était parfois d'un air perplexe, mais la plupart du temps avec un léger haussement de sourcils trahissant un bref intérêt détaché, genre « Tiens, tu es là aussi ». En général, mon mari finissait par abandonner la partie, les lèvres pincées, les yeux reflétant un mélange d'incompréhension et d'une colère refoulée à grand-peine. De toute évidence, John ne parvenait pas à déterminer si Bill le méprisait, se moquait de lui, s'en fichait complètement ou était trop bête pour comprendre ce que représentaient ces décorations. Ce qu'elles signifiaient quand on voulait devenir un homme, agir en homme. Ce qu'elles signifiaient pour lui, John Lucas.

Comme il n'avait jamais prêté attention à l'éducation de nos enfants, il ignorait que son fils cadet possédait un QI stupéfiant. Qu'il lisait des livres, peignait des tableaux et pouvait mémoriser des chansons entières, tout comme son frère, après les avoir entendues seulement une ou deux fois. Tout jeune, il se perchait telle une sturnelle des prés sur la clôture près du poulailler et gazouillait les ritournelles apprises auprès des religieuses qui s'occupaient des plus petits après la messe. Des airs mélodieux ou nostalgiques, entraînants ou tendres. Je lui avais enseigné aussi les comptines françaises que j'avais chantées dans mon école catholique et, souvent, je l'entendais fredonner :

Frère Jacques, frère Jacques,
Dormez-vous ? Dormez-vous ?
Sonnez les matines, sonnez les matines,
ding ding dong…

Mon mari ne s'intéressait pas aux passions de Bill. Il ne savait pas que son fils donnait un sens à son existence à travers l'amour qu'il vouait au ciel, à toutes les créatures vivantes et même à la terre qu'il avait sous les ongles. Bill soignait les bêtes blessées ou orphelines, s'occupait pendant des heures de la ménagerie qu'il entretenait dans sa chambre jusqu'à ce que ses pensionnaires aillent mieux ou soient en âge de se débrouiller seuls. Il ne pouvait agir de même avec les gros animaux de nos forêts, aussi n'avait-il pas l'occasion de les étudier pareillement.

Mais je le surprenais parfois en train d'observer son père à la dérobée. Il devait le considérer comme le représentant d'une espèce déconcertante, j'imagine – un mâle solitaire devenu tellement méchant que même Bill ne pouvait éprouver de compassion pour lui. Souvent, son expression concentrée, songeuse, me déroutait.

J'ai trouvé l'explication un soir, quand Bill avait dix ans. Tenu en échec par notre absence de réaction face à ses fanfaronnades, mon mari avait quitté la table du dîner et pris la voiture, sans doute pour aller chez Pete, où il y avait toujours un autre ivrogne pour l'écouter. J'essuyais la vaisselle en regardant mon fils dessiner. Je venais de ranger une tasse dans le placard – une tasse de porcelaine d'aspect craquelé –, quand soudain, j'ai eu une révélation : malgré ses joues potelées de chérubin, ses longs cils et ses fins cheveux châtains, mon fils avait l'air âgé. Et plein de sagesse. Comme s'il sentait mon regard, il a arrêté de dessiner pour lever les yeux vers moi. Nous nous sommes dévisagés en silence. Eût-il été vêtu de l'habit d'un Nazaréen, mon fils de dix ans aurait ressemblé en tout point à un apôtre. Ou mieux, à un prophète. À un homme de Dieu.

Certaines femmes aimeraient sans doute voir leurs garçons comme les fils de Dieu ou Dieu lui-même. Moi, je n'avais pas cette ambition. Et ce soir-là, j'ai eu peur. J'avais devant moi un saint homme de dix ans. Comment élève-t-on un être pareil ? Au moment d'accoucher, je n'avais pas voulu de péridurale, comme pour Jimmy ; cette fois, je tenais à savoir ce que l'on me faisait. J'avais enduré les souffrances du travail et de l'épisiotomie juste pour le plaisir de le voir apparaître. Une de ses mains minuscules serrait le cordon ombilical comme s'il n'avait pas l'intention de le lâcher. Quand les infirmières l'avaient obligé à desserrer les doigts, il avait pleuré.

« Eh bien, avait dit l'une d'elles. Il n'a pas apprécié ! »

J'avais toujours cru que, de mes deux enfants, ce serait Bill le plus fragile, celui qui risquait de mourir avant l'heure. Comme tout le monde, j'avais pris pour de la vulnérabilité sa réserve, sa façon tranquille d'observer le monde autour de lui. Oh, il était vulnérable, bien sûr. Mais d'une façon qui incitait les autres à s'écarter de lui et non à le protéger. Peut-être parce qu'ils craignaient son regard trop perspicace. Un regard que je connaissais bien : je me voyais tout le temps reflétée dans les yeux de mon fils.

Au cours de son adolescence, cependant, il avait perdu cette dimension magique de l'enfance. Il s'était replié sur lui-même au point qu'il m'était devenu de plus en plus difficile de lui parler, de deviner ses pensées. Il ne riait plus. Il me rappelait un peu ces poussins en couveuse qui, suite à des problèmes d'humidité ou de variations de température, se développent à l'intérieur d'une coquille trop dure pour être brisée. « Mort pendant l'éclosion » était l'une des rubriques de la catégorie « Échec de l'incubation » figurant dans mon journal de bord. Je les découvrais souvent trop tard, l'extrémité de leur dent d'éclosion émergeant d'un trou minuscule. Parfois, néanmoins, je réussissais à les libérer à temps.

Bill était tout ce qui me restait. Je ne pouvais pas combattre les démons culturels, tangibles ou intangibles, qui avaient tué mon fils aîné. Mais je pouvais défaire ce que j'avais malgré moi appris au cadet : nier la réalité pour avoir la force de supporter les petites horreurs du quotidien. Si j'avais eu le courage de quitter mon mari des années plus tôt, j'aurais sans doute évité bien des malheurs. Jimmy ne se serait jamais enrôlé. Mon mari, livré à ses penchants autodestructeurs, serait peut-être mort plus vite, nous laissant la ferme. Bill aurait été un adolescent heureux, normal, et non un garçon solitaire errant en ce moment même dans les bois enténébrés, ivre et incapable de trouver le sommeil.

Je me suis tournée vers la fenêtre. Je devais déterminer le bon moment pour agir. Agrandir trop tôt la petite ouverture dans l'œuf pouvait tuer le poussin. Pourtant, je prendrais le risque, car désormais, je savais : mieux vaut vivre avec ses blessures que mourir étouffé dans sa coquille.

Même s'il s'efforçait de ne pas le montrer, Ernie se sentait mal à l'aise en présence de Claire. Elle paraissait le croire doté de qualités extraordinaires. D'accord, il ne ressemblait en rien à son mari, mais les individus comme John Lucas étaient des exceptions ; ils mettaient dans l'embarras les autres hommes – les hommes qui essayaient chaque jour de bien se conduire. Il y songeait encore au moment où il contourna la grange des Lucas, pour découvrir le tracteur Oliver privé de volant et la boîte à outils ouverte, appuyée contre une roue.

« John ? »

N'obtenant pas de réponse, Ernie passa la main sur les sculptures du gros pneu devant lui. Au moment où il se détournait, ses yeux se posèrent sur le volant graisseux abandonné par terre. Il venait de frapper machinalement du plat de la main le haut de l'autre pneu quand, soudain, il se pétrifia. John Lucas était avachi contre la roue, la bouche ouverte comme pour crier, les yeux fixés sur son champ. Ernie n'eut pas besoin de le toucher pour savoir qu'il était mort. L'odeur suffisait – celle des entrailles aigres d'un alcoolique patenté.

« Ouais, il est mort, déclara Alfred Meyer à son arrivée, la voix dénuée de toute émotion.

– De cause naturelle ? »

Meyer ricana.

« Vous rigolez ! Y a qu'à renifler pour se faire une idée. Sûr, je dirais de cause naturelle, mais avec un petit coup de pouce. C'est probablement une crise cardiaque. Il a de la chance de finir comme ça. »

Le shérif cracha un filet de jus de tabac.

« Il a emprunté de l'argent à droite et à gauche, mais les gars avaient trop peur de lui pour réclamer leur dû. Je pensais qu'il y passerait pendant une bagarre chez Pete.

– Il a toujours été tourmenté, observa Ernie.

– Possible. J'ai remarqué que Claire n'avait pas l'air trop dévasté. Remarquez, je peux comprendre. Je ne l'ai jamais aimé, ce type.

– On est deux, shérif. »

Perdu dans ses pensées, Ernie alla se placer devant la dépouille. Il ne s'était jamais expliqué pourquoi John ne semblait pas heureux d'avoir deux fils, ni pourquoi le destin avait donné des enfants à un homme qui n'en voulait pas. Au fond, se dit-il, c'était comme si le mari de Claire avait vécu dans son propre monde, sa propre dimension temporelle, sa propre époque. Au même moment, Ernie comprit mieux ce qui le troublait et troublait les autres quand, au hasard d'une conversation, quelqu'un mentionnait le nom de John Lucas et que personne ne trouvait les mots pour le décrire : il ressemblait à un gamin de douze ans prisonnier d'un corps d'adulte. Il évoquait les actes commis en secret dans l'enfance et même à l'âge mûr. La brutalité et la cruauté. Les hommes sentaient cette violence en lui chaque fois que leur regard croisait celui de John.

La vue de cet ivrogne dégingandé, méchant comme une teigne, leur rappelait qu'ils n'étaient peut-être pas à l'abri non plus de ces basses manifestations de machisme. Qu'un jour ils risquaient eux aussi de se mettre dans l'embarras ou de blesser leur famille parce que cette ancienne pulsion impossible à contrôler resurgirait à l'improviste. Claire Lucas les troublait également. Les foulards et les lunettes noires qui dissimulaient en partie son visage meurtri et son expression de défiance lorsqu'elle venait en ville leur faisaient honte, avivant le sentiment de leur impuissance à l'aider. John Lucas marchait dans les rues comme un personnage de film, son image les hantait lorsqu'ils le voyaient au bar, à la scierie ou au volant de sa voiture. Il incarnait le type qui a pris un mauvais tournant. Un mauvais tournant qu'ils auraient pu – et pouvaient encore – prendre eux-mêmes.

En regardant John Lucas, Ernie comprit qu'on n'a pas besoin de mourir pour perdre la vie.

« Il pue l'alcool à plein nez, fit remarquer Al Meyer avant de retourner vers sa voiture. Au moins, avec lui, Charlie économisera le liquide d'embaumement. »

Ernie ne devait jamais oublier l'image de Claire quand il la rejoignit après avoir constaté la mort de son mari. La pince à linge en bois dans sa bouche. La façon dont elle la retira au moment où il approchait. Sa silhouette menue. Claire était jolie, autrefois. Il l'avait souvent imaginée sous les traits d'une jeune femme pleine de vie qui allait au bal le samedi soir à Milwaukee. Une jeune femme audacieuse, tournoyant au bras de son cavalier, virevoltant sur la piste, faisant le jitterbug. Ou encore riant aux éclats avec ses amies, savourant chaque minute de cette euphorie qu'ils avaient tous ressentie après la guerre.

Alors il faillit la prendre dans ses bras, à cause de ce triste gâchis qu'était son existence. C'était visible à son visage prématurément ridé, à la méchante blouse qu'elle portait, à sa démarche traînante dans ses sandales miteuses. À ses épaules tombantes. À son regard empli de désespoir, comme si son existence était une corde qui lui glissait entre les doigts, la condamnant inexorablement à la chute. Ernie sentait sa propre tristesse s'ancrer encore plus profondément en lui quand il voyait Claire tourner en rond dans les champs et parler toute seule en gesticulant. Elle ne possédait ni l'endurance de Rosemary ni sa beauté. Pour autant, elle ne méritait pas un tel destin.

Il réfléchit pendant quelques secondes. S'il lui tendait la main, allait-elle s'enfuir ? S'il la touchait, risquait-elle de se briser tel un cristal fragile ? En fin de compte, il préféra s'abstenir. Il craignait de l'effrayer en l'attirant à lui, d'aggraver la situation.

Son absence de réaction en apprenant le décès de son mari ne le surprit pas comme elle aurait pu surprendre ou choquer des étrangers. S'il n'avait pas vu la mort de près, s'il ne l'avait pas lui-même donnée au cours de son existence, Ernie aurait peut-être été choqué lui aussi. Il pensait cependant que certaines personnes n'étaient pas dignes de vivre. Des personnes qui infligeaient des souffrances inutiles, dont la disparition n'était pas accueillie par des larmes mais par un soupir de soulagement. Des personnes elles-mêmes dans un tel état de souffrance qu'il aurait fallu les abattre par charité, comme on tire une balle dans la tête d'un chien enragé prêt à mordre. Ce qui les avait rendues ainsi ne pouvait plus être défait après un certain âge. La compassion que lui inspirait John Lucas s'arrêtait là. À un sentiment de pitié.

J'ai reçu un choc sans doute comparable à celui de ma mère quand je me suis exprimé à voix haute, quand je me suis aperçu que je pouvais parler et être entendu. J'éprouve aussi des sentiments, ce qui est troublant. Aucune souffrance, cependant, du moins physique. Je garde le souvenir de la douleur, de la sensation de brûlure dans mon corps. Ma mère a dit un jour la même chose à propos de l'accouchement : elle se rappelait la douleur sans plus en ressentir les effets. Malgré tout, je n'ai pas perdu mon sens de l'humour. Mon rire résonne parfois parmi les arbres, mais je ne suis pas sûr que quelqu'un puisse le percevoir.

Il m'arrive souvent de rire. Au fond, l'histoire de ma courte vie peut paraître comique, non ? D'accord, m'engager n'a peut-être pas été l'idée la plus brillante que j'ai pu avoir. Je me suis drôlement fait rouler… Au début, je me suis dit que le corps des marines et mon sergent instructeur n'étaient qu'un prolongement de mon vieux et, à certains égards, je ne me trompais pas. Pour lui aussi, je n'étais qu'un bon à rien ; il ne se privait d'ailleurs pas de me le répéter en s'imaginant m'endurcir. Pendant un temps, je l'ai pris au mot : j'espérais qu'en me montrant à la hauteur de ses attentes, je gagnerais son amour. Après avoir appris à tirer à douze ans et m'être étoffé à quinze, j'ai néanmoins compris qu'il n'en serait rien. Alors j'ai rejeté ses mensonges, ses petites histoires. Je ne l'aimais pas plus qu'il ne m'aimait. Par la suite, il a cessé de m'effrayer ; au contraire, c'est moi qui l'effrayais. Mais le mal était fait. Sans Ernie, je ne me serais même pas cru digne de vivre. J'aurais pu finir comme Terry, mort et enterré. En plus d'avoir été réformé à cause de toutes les clopes qu'il avait fumées, Terry n'était qu'un minable. Je m'en rends compte aujourd'hui. Au printemps 68, il s'est soûlé avant de prendre le volant, d'écraser le champignon et de jeter sa voiture contre un poteau télégraphique. Jamais je n'aurais voulu de lui au Vietnam. Il ne m'aurait pas protégé, il n'aurait pensé qu'à lui. Comme la plupart des brutes épaisses.

Je comptais parmi les recrues possédant la meilleure condition physique, et pourtant, ces six premières semaines de formation ont été infernales. Je me suis farci toutes les manœuvres sadiques imaginées par les marines au fil du temps. Le sergent Davidson m'a traité de lavette tellement souvent que je suis devenu parano, comme si je risquais réellement d'en devenir une ; il m'arrivait de regarder dans mon slip juste pour m'assurer que j'avais encore une bite. Davidson menaçait de déclarer mes résultats *insatisfaisants,* ce qui n'était pas nouveau pour moi : dans un vocabulaire moins élaboré, mon vieux exprimait la même idée quand il me traitait de couillon. On nous considérait comme des boîtes de conserve trop cabossées pour être mises en rayon.

Mais tout a changé quand on nous a fourré un fusil entre les mains.

Je les ai tous soufflés. J'aurais presque pu tirer les yeux fermés. J'étais capable de repérer et d'atteindre une cible minuscule à travers un épais sous-bois en moins de temps qu'il n'en fallait à Davidson pour se curer le nez. Un marshmallow posé sur une branche. La moitié d'un marshmallow. La moitié d'une moitié de marshmallow.

« C'est une bonne gâchette, notre Elvis, a commenté le sergent Davidson de sa voix traînante. On fera peut-être quelque chose de lui, finalement. »

Il a cessé de m'adresser ces insultes dont il nous abreuvait tous et m'a envoyé, ainsi que quelques gars triés sur le volet, suivre un entraînement plus poussé.

« Tu es un leader-né », a-t-il affirmé un jour, et moi, je n'ai rien trouvé d'autre à dire que : « Oui, chef. » Mais c'était dingue, non ? Je savais tirer, d'accord. En quoi est-ce que ça faisait de moi un leader ?

L'armée n'a qu'un objectif : vous laver le cerveau de tout ce qui a jamais compté pour vous afin de pouvoir y graver ses propres conneries. J'avais eu un père manipulateur ; j'étais moins vulnérable que d'autres. Si j'ai détesté le corps des marines pendant ma formation, il m'a cependant permis de développer mes capacités de survie, contrairement à mon vieux. Et donné quelque chose que j'avais ressenti seulement en compagnie d'Ernie : un sentiment de fierté. Moins celle d'appartenir à un pays qu'aux marines. Ils voulaient bien de moi. Où était le problème ? J'ai enfin trouvé ma place, sinon dans le Corps, du moins parmi les gars que j'ai rencontrés, avec qui je me suis entraîné. J'ai hérité d'une flopée de frangins quand je me suis engagé, dont quelques connards, comme dans n'importe quelle famille. Je comptais pour eux, ils comptaient pour moi. C'était le secret de notre survie. Si je me faisais avoir, alors le Corps aussi, à un autre niveau. Au Vietnam, on s'est aperçus que les marines étaient manipulés par Johnson et Westmoreland, dit

« Westy », comme tous les corps d'armée. Par McNamara aussi, que mon copain Rick avait surnommé McNightmare [1]. N'empêche, quand on a atterri à Okinawa, on nous a accueillis tels des dieux. Et puis, une semaine avant la date prévue pour l'envoi de certains membres de la 5ᵉ division à la base de combat de Khe Sanh, le sergent Fuller nous a ramenés à la réalité. Sans ménagement.

« Martinson ! Arrêtez de sourire comme un crétin ! On n'est pas chez les scouts, ici ! a-t-il rugi. Certains d'entre vous ne reviendront pas, compris ? En même temps, ils reviendront quand même. Les marines n'abandonnent pas les leurs. Fourrez-vous ça dans le crâne : ne laissez jamais tomber l'un des vôtres. *JAMAIS !* Si vous restez solidaires les uns des autres, la plupart d'entre vous pourront peut-être sortir vivants de ce merdier. Et encore une chose : n'oubliez pas de nettoyer votre fusil. »

Marv Martinson a fait des cauchemars cette nuit-là. Rick et moi, on a dû le réveiller tellement il gueulait. De toute façon, je refusais de gober toutes ces conneries. Je rentrerais chez moi quoi qu'il arrive. Je crois que si j'ai tenu le coup aussi longtemps, c'est parce que je pensais à Bill.

Retranché à l'intérieur du camp, je songeais souvent à la façon dont mon petit frère habitait son corps. Dont il semblait posséder depuis la naissance la capacité d'ignorer le vieux. Bill ne se berçait pas d'illusions. Il n'aimait pas notre père et ne cherchait pas son approbation. J'aurais bien voulu savoir quel effet ça faisait de voyager si léger, d'avoir besoin de si peu. Les seuls moments où il me semblait vivre quelque chose d'approchant, c'était quand j'étais bourré ou défoncé.

1. *Nightmare* signifie « cauchemar ». *(N.d.T.)*

Je m'étais lié d'amitié avec l'un des éclaireurs brus. On l'appelait parfois Beurre-de-Cacahuète à cause de son goût prononcé pour cette pâte. Mais son vrai nom, c'était Kho. Il avait le même âge que moi, ce qui m'avait sidéré au début ; il avait l'air plus vieux, sans compter qu'il avait des gosses. Une fois, quand sa fille est tombée malade, il nous a quittés pendant plusieurs jours. À son retour, je lui ai demandé si elle allait mieux et il m'a juste répondu oui. J'aurais voulu savoir ce qu'elle avait eu et comment elle avait guéri. Là-dessus, l'aumônier m'a expliqué que pour les Brus la maladie était causée par un mauvais esprit ayant pris possession du corps. Alors la famille de Kho avait préparé du riz et d'autres aliments pour les déposer sur un petit autel chez eux à l'intention de l'esprit malin. Sans doute pour l'attirer hors de la petite. À la réflexion, ça ne me paraissait pas idiot.

Kho m'a raconté que les esprits étaient partout. Un jour, en rentrant d'une courte patrouille, on est arrivés au bord d'une rizière. Kho nous a fait signe de nous arrêter, puis il s'est couvert la bouche en secouant la tête : il ne fallait pas parler. J'ai cru qu'il avait repéré des Nord-Vietnamiens. Mais non. Les habitantes de son village récoltaient le riz. Dans le plus profond silence. C'était étrange de voir toutes ces femmes s'activer sans prononcer un mot, faire glisser leurs petites mains le long des tiges pour arracher les épillets sans perdre une seule graine. Kho m'a dit plus tard que parler en un tel moment risquait de provoquer la colère des esprits du riz, capables alors de gâcher les récoltes de l'année suivante.

J'ai pensé à Bill, incapable de s'endormir tant que je n'avais pas grimpé dans mon lit. Il croyait qu'un monstre était tapi sous le sien. Peu importait le nombre de fois où je braquais ma lampe électrique sur le plancher pour lui montrer qu'il n'y avait rien d'autre que des moutons de poussière et des crottes de souris, il ne voulait pas en démordre. Quelque chose lui pinçait les orteils pendant la nuit, répétait-il, une créature ayant élu domicile en dessous du sommier.

Je le taquinais.

« C'est peut-être tes fichues souris. Ou ton hamster. Si ça se trouve, ils sortent tous de leur cage la nuit pour venir te mordiller les pieds.

– Non ! »

Bon sang, ce qu'il pouvait être têtu !

En me remémorant certains soirs les petites manies de Bill, j'avais honte. J'ignore quelle force me poussait parfois à me montrer méchant avec lui. Quand je l'avais fait passer par-dessus le parapet et suspendu dans le vide, par exemple, en sachant que si quelqu'un s'était avisé de me faire un truc pareil, je lui aurais cassé la gueule. Ou cette fois où Terry et moi avions vidé un flacon entier de Tabasco dans son verre de jus de raisin. Il en avait avalé une longue gorgée, puis s'était étouffé. J'étais terrifié, mais au moins j'avais eu la présence d'esprit de ne pas lui donner d'eau. Je l'avais forcé à avaler du lait. L'eau n'aurait fait qu'aviver la sensation de brûlure alors que le lait l'apaisait ; par chance, des souvenirs de mes cours de secourisme m'étaient revenus en mémoire au bon moment. Bill avait couru se cacher dans le placard en haut de l'escalier, la bouche et la gorge en feu. Je l'entendais hoqueter entre deux sanglots. J'avais dit à Terry de rentrer chez lui, et moi, j'étais monté au fenil où je m'étais acharné sur les bottes de foin à coups de batte de base-ball jusqu'à ce que le manche se brise et que je me mette à pleurer. Qu'est-ce qui clochait chez moi ? Pour ne rien arranger, mon petit frère me collait toujours aux basques, en me dévisageant de ses yeux couleur d'écorce de tremble. Des yeux remplis d'espoir. Comme s'il me trouvait encore des qualités quand je me comportais en misérable salaud.

Les nuits où j'avais peur, je le revoyais se battre avec cette épée en bois que je lui avais fabriquée en travaux manuels, et cette carapace de tortue dont il se servait comme d'un bouclier. Il n'y avait jamais personne dans la cour de la ferme. Juste mon frère tournoyant sur lui-même en proférant des menaces à l'adresse d'ennemis imaginaires. Souvent, je le regardais de la fenêtre du fenil. Un jour, j'avais dit à maman que je le croyais attardé. Elle s'était hérissée avant d'éclater de rire.

« Attardé ? Tu devrais voir ses tests scolaires ! Tu es intelligent aussi, mais le QI de Bill est censé friser le génie. Alors ne t'avise plus jamais de dire une chose pareille ! Il est juste différent. Il l'a toujours été. »

Elle m'avait enlacé.

« Vous êtes tous les deux des garçons brillants. »

Quand je pense à tous ces colis expédiés de la maison ! Cookies, petits pains, saucisses de gibier, bonbons, sous-vêtements… Je n'avais pas le cœur d'écrire à maman pour lui dire que je pourrais acheter des caleçons au PX [1] pour moins cher que le prix demandé à Olina. Je savais que Bill l'aidait à préparer les envois, car il ne manquait pas d'y apporter sa touche personnelle. En général, l'intérieur de la boîte était tapissé de feuilles de cèdre ramassées dans le marais, auxquelles se mêlaient parfois des feuilles de gaulthérie. Les aliments avaient tous un léger arrière-goût de cèdre mais ça ne me dérangeait pas. L'odeur ne laissait pas les gars insensibles non plus. Elle parfumait l'air bien après que la boîte était vide, leur montant

1. Chaîne de magasins réservés aux soldats et implantés dans toutes les bases militaires américaines. *(N.d.T.)*

à la tête au point que personne ne voulait la jeter. Parfois, ils humaient le carton, ou même le frottaient sur leur visage. En plus des feuilles de cèdre, chaque paquet contenait un nouveau trésor déniché par mon petit frère : une mue de couleuvre enveloppée dans des mouchoirs en papier ; une carapace de tortue bourbeuse et un galet pris dans la rivière ; juste avant Noël, une plume d'oie du Canada posée sur le cake aux fruits confectionné par ma mère. On m'avait fait comprendre que je ne devais pas ouvrir mes colis en l'absence de mes camarades. Comme s'ils revendiquaient eux aussi leur contenu. Oh ! je pouvais toujours me vanter d'être un marine, un combattant sans aucune attache pour le détourner du combat, mais je restais James Peter Lucas, originaire du Wisconsin, et mon frère m'envoyait régulièrement des souvenirs de notre terre.

Kho était là aussi. Pour rien au monde il n'aurait touché la mue de serpent, la carapace de tortue, le galet ou la plume d'oie. Mais comme tous les autres, il humait le cèdre. Cette odeur-là, on ne s'en lasse pas.

« Ton frère abrite beaucoup d'esprits là-dedans », m'a-t-il dit un soir, assis près des barbelés rasoirs, en se tapotant la poitrine.

Je n'ai pas su quoi répondre. De toute façon, Kho ne paraissait pas attendre de réponse. J'ai réfléchi. J'avais été élevé dans l'idée que nous avons tous une âme, et, en voyant le geste de Kho, je me suis rendu compte que je l'avais toujours située dans la région du cœur. C'est en tout cas ce que nous laissaient supposer les bonnes sœurs, même si mon copain Terry était d'un autre avis.

« Les filles ont une âme, m'avait-il chuchoté un jour en classe. Les mecs ont des tripes. »

Pour ma part, je ne croyais pas en avoir une. Puisque je ne pouvais pas la voir ni la sentir en moi, elle n'existait pas.

Néanmoins, après ce que m'avait dit Kho, je me suis interrogé. Il avait raison au sujet de Bill. À mon avis, c'est ce qui se passait en lui lorsqu'il se murait dans son silence : l'âme de mon petit frère se remplissait d'esprits.

J'ai percé un trou dans la carapace de tortue pour pouvoir l'accrocher à ma ceinture de munitions. Chacun de nous avait son porte-bonheur. Pour la plupart, ils étaient aussi inoffensifs que chargés de sens. Mais parmi les gars, certains pétaient les plombs – surtout des membres des forces spéciales devenus dingues après leur deuxième expédition en zone de combats –, et je n'ose même pas dire quel genre de souvenirs ils trimballaient sur eux. Ni sur quoi ils tiraient. Je ne me séparais jamais de mon arme, conscient que mes ennemis n'étaient pas seulement les Viêt-congs ou les Nord-Vietnamiens.

Le Vietnam, c'était il y a longtemps. À l'époque, je n'avais aucun contrôle sur les autres, sur ce qu'ils pensaient, disaient ou faisaient. Aujourd'hui, je n'ai aucun contrôle sur ce qu'ils voient. Je ne me vois pas moi-même. En cette chaude journée de juillet, je voulais juste jeter un coup d'œil à mon vieux. Je ne sais pas ce qu'il a vu, mais il en est mort. Foudroyé par la peur. Sa bouche s'est ouverte, sa main s'est crispée sur sa poitrine et son visage tout entier a paru se ratatiner, sauf les yeux. Ils sont restés exorbités. Si j'avais pu deviner quel effet j'aurais sur lui, eh bien… je me serais manifesté plus tôt ! En tout cas, maintenant, c'est fait. Ma mère et mon frère sont libres.

1982 et 1983

Quand le ciel vide couleur saphir
Rencontre une allée bordée d'arbres noirs
Je sens ta présence hanter une région insoupçonnée
De mon cœur. Comment pourrais-je ordonner ces débris ?
Ils sont tout ce que je suis.

ROBERTA HILL
A Song for What Never Arrives

Nous sommes en juillet. Le chien couché sur la véranda halète, emprisonne l'air chaud dans sa gueule comme pour le goûter, puis le rejette. Je le regarde déchiffrer en une seconde les messages portés par le vent – quels sont les nouveaux arrivants, qui est parti, qui est en vie, qui est mort –, avant d'envoyer le sien dans un souffle à toutes les créatures capables de le comprendre. Angel a toujours agi ainsi. Il est vieux, aussi a-t-il certainement beaucoup à dire.

Indifférente à la chaleur, les yeux fixés sur lui, je fais la vaisselle au son des disques de Jimmy Lucas. La pile d'albums forme une sorte de gâteau de vinyle dont j'enlève une couche chaque fois que j'en place un sur la platine de l'électrophone.

En ce moment même, Roy Orbison chante une de mes chansons favorites : *Blue Angel.*

« Hé ! »

D'un doigt savonneux, je tape au carreau de la cuisine.

« C'est ta chanson aussi, mon vieux ! »

Angel lève les yeux vers moi puis, après avoir chassé d'un coup de patte un taon agaçant son oreille mutilée, il se remet à haleter. Le souvenir du jour où nous l'avons recueilli, il y a quinze ans, me revient à la mémoire.

C'était un vendredi soir et nous rentrions d'un dîner au restaurant quand j'ai cru voir quelque chose bouger dans les ombres sur le bas-côté de la route. Ernie a ralenti. Je lui ai fait signe de s'arrêter et j'ai baissé ma vitre.

Un animal noir tentait de se réfugier dans le fossé pour échapper à la lumière des phares. Au début, croyant qu'il s'agissait d'un ourson, j'ai scruté le sous-bois à la recherche de sa mère. Ernie, lui, est descendu du pick-up. Puis il s'est tranquillement adossé à la portière ouverte en tirant de longues bouffées de sa cigarette. J'ai patienté. Il contemplait toujours le fossé. Enfin, je me suis penchée vers son siège.

« Tu médites, ou quoi ? Tu veux que j'aille voir ce que c'est ? » ai-je chuchoté.

Il a lâché son mégot et l'a écrasé d'un coup de talon.

« Non, attends, a-t-il dit. À mon avis, c'est un chien. »

Lentement, il a longé le capot pour s'approcher du fossé. Au moment où je passais la tête par la vitre, j'ai entendu un grondement sourd. Un frisson m'a parcourue.

« Fais attention ! ai-je recommandé à mon mari. Il a peut-être la rage. » Munie de la lampe de poche trouvée dans la boîte à gants, je suis descendue à mon tour.

Ernie avait raison. Devant nous, dans la gadoue printanière, se trouvait un chien dont la truffe ensanglantée laissait échapper un son sifflant. Il n'avait guère plus de six mois, et pourtant il était déjà gros. Quand le faisceau de ma lampe a éclairé le sang ruisselant sur un côté de sa tête, il s'est tourné laborieusement vers nous. Son pelage était aussi noir qu'une nuit sans étoiles. Bleu-noir, plus exactement. Un de ses yeux brillait à la lueur de la lampe, mais l'autre, tout enflé, était fermé et couvert de sang séché. Au moment où Ernie s'avançait vers lui, il a aboyé et tenté d'attaquer.

« Bon sang ! s'est exclamé mon mari en reculant. On lui a tiré dessus, on dirait qu'il a été touché à la tête et à la cuisse gauche… Il a aussi du plomb dans la poitrine. De toute évidence, celui qui tenait le fusil tirait comme un pied. Ce qui explique pourquoi le malheureux est toujours vivant… et en un seul morceau. En tout cas, c'est une belle bête, pas vrai, Rose ? C'est un croisé labrador, non ? »

Le chiot a délaissé Ernie pour se concentrer sur moi et nous nous sommes regardés un long moment. Toutes sortes d'images se bousculaient dans ma tête. Soudain, immobile sur cette route de gravier, j'ai été saisie d'un grand froid en songeant à ce que signifiait la gravité de ses blessures – un sort semblable à celui du veau né difforme ou du goret dont la mère négligente a brisé la colonne en se couchant dans leur enclos. La décision de l'achever n'était pas dictée par la cruauté mais par la rudesse de la vie rurale et le coût des soins vétérinaires. Ernie, qui tenait sans doute le même raisonnement, avait déjà récupéré le fusil posé à l'arrière du pick-up. Ignorant l'arme, je me suis accroupie.

« Je crois, oui. Le pauvre », ai-je roucoulé.

Peu à peu, les grondements du chiot se sont mués en gémissements plaintifs. Mais lorsque Ernie s'est de nouveau avancé dans sa direction, il a reporté son attention sur lui en grognant, babines retroussées. C'était un homme qui lui avait tiré dessus, ai-je compris alors. La blessure de sa tête devait le mettre au supplice, et pourtant, il était encore capable de faire la distinction entre un homme et une femme.

Je l'ai adopté sur-le-champ.

« Non, ai-je dit. Pas cette fois. Je vais le soigner.

– Mais enfin, Rose ! Tu as vu dans quel état il est ? Il ne se remettra jamais. Sans compter qu'il va souffrir le martyre… »

Je me suis redressée, prête à affronter mon mari. Au même moment, une onde de chaleur s'est répandue dans ma poitrine, une sensation de plénitude semblable à celle que j'éprouvais lorsque je m'imaginais devenir mère, lorsque je pensais avoir été désignée pour protéger et choyer un enfant. J'avais bel et bien l'impression que ce chien m'avait choisie.

« Alors ? » a insisté Ernie.

Soudain, le nom a surgi dans mon esprit.

« Angel, ai-je déclaré. On va le prendre avec nous. Il s'appellera Angel.

– Tu es sûre ? a demandé Ernie en me gratifiant d'un regard étonné. Moi, je trouve qu'il a une tête à s'appeler Bruno.

– Non, c'est Angel. »

Ernie a haussé les épaules avant d'aller chercher de la ficelle à l'arrière du pick-up. L'oreille intacte d'Angel se dressait comme une petite aile d'oiseau. J'ai continué de lui parler jusqu'à ce qu'il se recouche dans la boue. Hypnotisé par la lumière de la lampe électrique, hébété par la douleur, il n'a pas résisté quand Ernie lui a passé un bout de ficelle autour du museau pour l'empêcher de mordre. Enfin, nous l'avons ramené chez nous.

Je ne sais pas comment il a survécu. Sans doute parce que l'auteur de ses blessures avait manqué les centres nerveux.

Notre chien a encore des crises de temps à autre, il se met soudain à courir après sa queue ou à galoper dans son sommeil, agitant frénétiquement les pattes. Sa tête paraît un peu de guingois lorsqu'on le regarde de face et les lambeaux de son oreille déchirée flottent au vent. Ils sont cependant doux au toucher, un peu comme une peau de chamois. Si Angel m'a laissée le caresser dès le début, il lui a fallu longtemps, en revanche, pour accorder sa confiance à Ernie. J'en ai toujours retiré une fierté secrète. En général, je suis plutôt douée avec les enfants et les animaux, mais Ernie l'est encore plus.

La mémoire d'Angel est intacte. Par chance, les plombs que je sens encore sous sa peau quand je lui caresse le crâne ont épargné cette partie de son cerveau. Quand il aime, c'est sans réserve. Mais sa haine est tout aussi absolue. Il déteste les hommes, tous les hommes à l'exception d'Ernie et des deux petits Lucas, Bill et Jimmy - sauf que Bill est aujourd'hui un adulte, et non plus l'enfant qui venait nous voir si souvent, et que Jimmy est mort il y a quatorze ans au Vietnam.

Angel est mon chien. Il s'assoit à côté de moi dans la cabine du pick-up, le museau passé par la vitre ouverte pour goûter le vent quand nous prenons la route.

J'ai presque fini la vaisselle. À sept heures du soir, il fait encore une chaleur infernale et j'ai le moral en berne. Je regarde par la fenêtre dans l'espoir de me changer les idées quand une tache de couleur dans le champ des Lucas attire mon attention. C'est Bill. Angel, qui a vu aussi notre jeune voisin, se lève sans aboyer. Son oreille intacte se dresse tel un drapeau.

« Voilà ton ami », dis-je doucement, mais, bien sûr, le chien ne m'entend pas à travers la vitre.

Soudain, Bill s'immobilise face au grand marais. Angel

l'observe toujours en humant l'air. Il ne se met à japper qu'au moment où le jeune homme disparaît parmi les cèdres. C'est la cinquième fois cet été que je surprends Bill près de nos terres. Je me hausse sur la pointe des pieds pour tenter de l'apercevoir au milieu des arbres mais il n'y a plus aucune trace de lui ; je ne distingue que la silhouette de mon mari près de la remise à outils. Ernie scrute l'orée du bois, tout comme moi, tout comme le chien. Un jour, l'été dernier, j'ai croisé Bill à la station-service Standard où il travaille et j'ai été stupéfaite par son expression fermée. Ses yeux gris ont perdu la douceur de l'enfance ; ils sont maintenant d'un gris minéral.

Nous restons encore immobiles quelques instants, dans l'expectative. Ernie se voûte quand il comprend que Bill ne reparaîtra pas, puis il se dirige vers la grange d'un pas traînant, comme si la fatigue de ses cinquante-huit années d'existence pesait lourd sur ses épaules.

Aucun de nous ne mentionnera cette apparition. Ernie ne sait pas que je sais qu'il surveille la ferme des Lucas, guettant un signe, un geste en guise de salut ou le halo jaune du lampadaire extérieur à la tombée de la nuit. Le petit garçon qui venait à la maison, restait dîner avec nous et jouait avec le chien est devenu un adulte réservé, terriblement distant. Nous ne le voyons que rarement et presque toujours de loin. Le plus étrange, c'est que nous ne prononçons jamais son nom… Un peu comme s'il était mort lui aussi. C'est absurde, bien sûr. Mais Ernie souffre de l'absence de Bill, même s'il ne l'avoue pas, et il vit sa douleur à la façon de beaucoup d'hommes – en choisissant de l'ignorer.

Pour ma part, je n'en ai jamais été capable. Quand je souffre, je pleure toutes les larmes de mon corps ; quand je suis en colère, je tempête. Et si quelque chose me contrarie, il faut que j'en parle. Beaucoup.

Malheureusement, je n'ai personne à qui parler en dehors d'Ernie, qui m'oppose un silence glacial depuis deux semaines. Je n'ai pas la moindre idée de ce qu'il me reproche – c'est dire si nos conversations sont inexistantes. J'ai renoncé à l'interroger, de crainte d'utiliser comme des armes les détails les plus intimes de notre vie de couple. En attendant, j'ai besoin de me confier à quelqu'un. Or nos plus proches voisins habitent à cinq kilomètres et sont aussi occupés que nous par les travaux de leur ferme. Alors je m'adresse au chien, dont le regard me paraît refléter une gravité de vieux sage en parfaite harmonie avec son museau blanchissant.

Certains jours, c'est en presque comique. Angel me suit patiemment pendant que je fais le ménage, se réfugiant derrière une chaise quand je passe l'aspirateur, s'asseyant près de la porte de la salle de bains le temps que je récure sol et toilettes, se couchant près de moi, les oreilles dressées comme s'il m'écoutait, tandis que j'épluche les légumes ou que je compte les œufs.

C'est seulement la nuit, lorsque je le laisse sortir, qu'Angel m'abandonne pendant quelques heures pour aller explorer les bois avec toute la détermination d'un pilote de reconnaissance, protégé par le camouflage naturel que lui offre son pelage noir. Autrefois, j'avais une vague idée de ce qu'il faisait pendant ces expéditions – ce que n'importe quel chien ferait s'il restait enfermé toute la journée. Mais depuis quelque temps, j'en arrive à me dire que ces virées nocturnes répondent à un autre but que la simple promenade ou le besoin de s'accoupler, et que, s'il en avait la possibilité, il aurait des tas de choses à me raconter. En même temps, cette dérive de mes pensées m'effraie. D'autres femmes obligées de vivre dans la solitude se mettent à boire, se disputent avec leur mari, prennent un amant ou souffrent en secret. Moi, je parle à mon chien. Tout en m'interrogeant sur un petit garçon devenu adulte depuis longtemps, dont je n'ai jamais été la mère et qui m'a abandonnée.

Au petit déjeuner ce matin, mon mari, qui a enduré tel un moine bouddhiste les épreuves imposées par la guerre, notre existence rurale et son statut de sang-mêlé dans le nord du Wisconsin, a enfin pris la parole, mais uniquement pour me faire du mal.

« Je n'en peux plus, Rose, a-t-il dit en posant sa tasse. Avant, j'étais capable de soulever une botte de foin dans chaque main, et aujourd'hui c'est tout juste si j'arrive à en soulever une à deux mains. J'ai perdu le sommeil et plus rien n'a d'importance à mes yeux. Je me fous de tout. »

Que pouvais-je dire ? Pour d'autres, le sens de la vie ne réside pas dans la capacité de soulever une botte de foin. Mais pour nous qui sommes des paysans, tout repose sur cette botte de foin. Au fond, ce n'est pas son discours mais plutôt son expression qui m'a le plus blessée – le message transmis par ses yeux bruns injectés de sang où se lisait une lassitude infinie : cette balle de foin aurait dû revenir à des mains plus jeunes. Nous sommes de bons fermiers, mais des fermiers sans descendance.

Je me suis assise avec l'impression d'avoir reçu une gifle. Mes lèvres remuaient sans qu'aucun son les franchisse. Ernie s'est levé comme s'il ne remarquait rien ou s'en fichait, puis il est sorti.

« Je ne m'en fous pas, moi, ai-je murmuré après son départ. J'ai essayé… »

Toute la journée, j'ai lutté pour refouler mes larmes.

À présent, la vaisselle est faite et le chien gratte à la porte. Quand je lui ouvre, il entre, s'assoit et lève les yeux vers moi. Angel, mon seul ami.

Soudain, je ne peux plus le regarder. Oppressée, je me traîne jusqu'au salon, Angel sur les talons. À peine assise dans le vieux fauteuil brun près de la fenêtre, j'éclate en sanglots telle une enfant, oubliant temporairement le silence incompréhensible d'Ernie et les propos méchants qu'il m'a tenus dans la matinée. Je pleure longtemps, jusqu'à la tombée de la nuit, ignorant la brûlure de mes yeux et mon mal de tête lancinant. Angel vient frotter son museau sur mon genou avant de s'installer près du fauteuil voisin. Je lui suis reconnaissante de sa présence.

J'aime ce chien, qui m'aime en retour. Mais à quel moment les sentiments ont-ils disparu entre mon mari et moi ? Qu'ai-je fait ? Quel crime ai-je commis pour mériter ainsi son indifférence ? Et quand cesserai-je d'être punie pour ne pas avoir été capable de lui donner des enfants ?

J'ai rencontré Ernie lors d'un bal à Milwaukee. J'avais passé deux ans aux Philippines en tant qu'infirmière militaire, il revenait de la guerre criblé d'éclats d'obus. Je sirotais un gin tonic, ma boisson de prédilection en cas de déprime, et je m'enlisais peu à peu dans le désespoir quand j'ai décelé l'odeur familière du cèdre. En tournant la tête, j'ai découvert deux yeux de velours fixés sur moi. Leur propriétaire avait un torse digne d'un gladiateur, d'épais cheveux noirs et une voix chaleureuse.

« La guerre est finie. Vous dansez ? » m'a-t-il demandé en se fendant d'un lent sourire qui m'a amenée à poser aussitôt mon verre tant j'avais hâte de refermer mes bras autour de cette poitrine puissante.

Nous nous sommes raccrochés l'un à l'autre tels deux amis d'enfance qui se seraient perdus de vue depuis longtemps. Il était né dans le nord du Wisconsin, comme moi. Après notre mariage, nous avons quitté Milwaukee pour reprendre la ferme de ses parents à Olina et j'ai essayé de tomber enceinte.

J'avais l'utérus abîmé, m'a dit le médecin, incapable cependant de déterminer la cause du problème. Je lui ai expliqué que j'avais été malade à plusieurs reprises aux Philippines, que je croyais avoir attrapé une sorte de grippe intestinale.

« Eh bien, c'est peut-être l'explication », a-t-il commenté d'un ton nonchalant. Il m'a fait signe de me rhabiller. Puis il m'a conseillé de renoncer. Mais je ne l'ai pas écouté.

Juste au moment où je commençais à penser que le fœtus allait tenir, cette fois, où je me préparais à acheter de la layette, je ressentais cette foutue douleur dans les reins. Immanquablement, les contractions apparaissaient, et avant que je puisse me rendre à l'hôpital distant de trente kilomètres, mon bébé s'échappait de mon corps et tombait, semblable à des pétales de pivoine au milieu d'une mare de sang.

Je me souviens encore du dernier. De son inexorable descente en moi tandis que je serrais les cuisses pour le retenir.

« Ne m'abandonne pas, je t'en prie, ne m'abandonne pas », répétais-je dans la salle de bains. Je le disais encore à l'hôpital, longtemps après avoir perdu l'enfant, m'a raconté Ernie. À la suite des trois premières fausses couches, il s'est montré plutôt gentil avec moi. Mais quand elles se sont multipliées, il s'est mis à me faire l'amour mécaniquement, comme pour se conformer au dicton selon lequel là où il y a de la vie, il y a de l'espoir. Hélas, la vie qui jaillissait de lui s'éteignait en moi.

Et puis nous avons eu deux fils adoptifs, du moins pour un temps, et Ernie, tout comme les fantômes de nos propres enfants, a été apaisé. D'abord Jimmy et ensuite Bill, chassés de chez eux par les crises de fureur éthylique de leur père et la folie grandissante de leur mère, ont commencé à nous rendre visite. Si je me fichais complètement de John Lucas, Claire en revanche m'inspirait de la pitié. Elle m'évoquait toutes ces femmes que j'avais connues dans ma jeunesse – des femmes dotées d'un cerveau bien supérieur à celui de leur père et de leur mari, et cependant prises au piège de cette intelligence qui ne pouvait les mener nulle part, sinon droit dans le mur. Pendant longtemps, j'ai tenté de me rapprocher d'elle, mais elle m'évitait comme si ma vue lui était pénible. Souvent, quand Jimmy était à l'armée et Bill à l'école, je la surprenais en train de tourner en rond dans leur champ en gesticulant, le visage levé vers le ciel.

« Elle perd la tête, ai-je dit à Ernie un jour où nous l'observions discrètement.

– Pas sûr, a-t-il répondu, à ma grande surprise. Peut-être qu'elle est réellement en train de parler à quelqu'un.

– Ah oui ? ai-je ironisé. Je ne vois personne, moi.

– Mais beaucoup de choses nous échappent, a-t-il répliqué en haussant les épaules.

– Surtout dans cette famille », ai-je conclu, et cette fois il n'a pu qu'approuver.

Honteuse cependant d'avoir tenu de tels propos, je n'ai pas insisté. *Ça aurait pu m'arriver,* ai-je songé.

Bien avant le départ de Jimmy, trop heureuse d'ouvrir mon cœur et ma maison aux deux frères, j'avais accepté avec joie leurs fréquentes visites en me disant que leur mère avait sans doute besoin de respirer. Mais mon amour n'a pas suffi. Jimmy est devenu un adolescent tellement obsédé par l'idée de fuir son père que s'engager dans les marines lui est apparu comme le plus sûr moyen d'y parvenir, même si une telle initiative revenait à tenter sa chance à la loterie. Or il n'a pas tiré un billet gagnant. Sous le choc, Claire Lucas s'est réveillée et, se rappelant qu'elle avait un autre fils, elle l'a gardé auprès d'elle. Du coup, Ernie et moi les avons perdus tous les deux. Je ne sais pas sur qui j'ai le plus pleuré – sur nous ou sur Jimmy et Bill.

Quand celui-ci a eu dix-sept ans, son père est mort d'une crise cardiaque. Je n'ai senti aucune chaleur dans sa main quand je l'ai serrée après l'enterrement. Comme s'il ne me reconnaissait pas ou ne se souvenait plus de moi. En tout cas, son expression m'a frappée : si Claire semblait surtout égarée et épuisée, son fils avait l'air avant tout soulagé.

« À sa place, tu le serais aussi ! a commenté Ernie sur le trajet du retour. Au moins, il n'aura plus à supporter ce sale ivrogne. »

À dix-huit ans, Bill s'est fait embaucher à plein-temps à la station-service d'Olina et Claire a décroché une place de standardiste au Service des Forêts. Aujourd'hui, elle semble aller mieux, et pourtant, elle continue d'ignorer mes tentatives de rapprochement.

Somnolente dans mon fauteuil, j'entends grincer les marches de l'escalier. Angel se réveille et incline la tête. Je retiens mon souffle. Enfin, la silhouette d'Ernie apparaît sur le seuil. Comme d'habitude, il porte juste un pantalon de pyjama. L'obscurité m'empêche de distinguer son visage, mais à ses épaules voûtées je me rends compte qu'il ne va pas bien.

« Avant que je sois envoyé dans le Pacifique, commence-t-il à voix basse, ma grand-mère m'a raconté que si un de mes proches mourait, ici ou là-bas, je le saurais. Je lui ai répondu que je ne voulais pas le savoir. Elle a dit : que tu le veuilles ou non, tu le sauras quand même, surtout si tu gardes l'esprit en éveil. Pour moi, c'étaient juste de vieilles superstitions indiennes. Pendant la guerre, jamais je n'ai eu l'occasion de repenser à ses paroles, sauf une fois, avec mon copain Frank. Sa mère, une Franco-Canadienne catholique, lui avait affirmé à peu près la même chose. Ça nous a bien fait rire. »

Ou je suis trop fatiguée, ou cette journée est encore plus étrange que je ne l'imaginais. Ce matin, Ernie prétend qu'il se fiche de tout, et maintenant, à presque minuit, il me parle de sa grand-mère indienne morte depuis près de quarante ans.

« Mais quand Jimmy est parti, reprend-il, j'ai eu un mauvais pressentiment. »

Cette fois, je me réveille complètement.

« Quel rapport avec *Jimmy* ? »

Ernie continue comme s'il ne m'avait pas entendue :

« Sur le moment, je n'y ai pas prêté attention. Je me suis dit que c'était normal, étant donné le genre de guerre auquel il allait participer. Mais quand je l'ai vu, j'ai compris que j'avais mal agi. J'aurais pu l'inviter à dîner ce soir-là avec Billy, tu te souviens ? La veille de son départ. Je n'ai pas voulu à cause de ce qu'ils avaient infligé à cette tortue, lui et ce petit con de Baker. J'aurais dû retourner le chercher, pour le mettre en garde. J'aurais dû essayer de le faire changer d'avis. C'était encore possible…

– Ernie… Tu ne te rappelles pas ? On ignorait que Jimmy s'était engagé quand Billy a mangé avec nous ce soir-là. C'est John qui nous l'a appris en venant le récupérer. Tu étais fou de rage, parce qu'il en était tellement fier… Tu disais qu'il voulait juste se débarrasser d'un fils devenu trop dangereux pour lui. Tu as oublié ?

– J'ai vu Jimmy la veille du jour où on nous a annoncé sa disparition, chuchote-t-il. C'était pendant cet hiver bizarre, je pelletais du fumier et… c'est à ce moment-là que je l'ai vu. Angel l'a aperçu le premier et s'est mis à aboyer comme un fou. Jimmy se tenait dans le champ derrière la grange. Il n'a pas dit un mot, pas un seul. Il a juste enlevé son casque et posé son fusil. Après, il s'est éloigné vers le marais. Alors, je… j'ai compris qu'il était mort. »

Mon mari n'a pas l'habitude de raconter des histoires. Pourtant, j'ai du mal à le croire, jusqu'au moment où je me remémore son calme quand on nous a appris ce qui était arrivé à Jimmy. À l'époque, je m'étais dit qu'il acceptait ce dénouement comme une conséquence inévitable de la guerre ; il s'était lui-même battu, il connaissait les risques. Mais maintenant, tout s'explique : ce n'est pas la rudesse d'un labeur solitaire qui l'a enfermé dans son silence durant ces quatorze dernières années, mais le chagrin.

« Je voulais t'en parler, dit-il, soudain saisi de tremblements. Et puis, ce matin, tu m'as semblé tellement triste, tellement solitaire… Je me suis rendu compte que je m'étais conduit comme un salaud. Je suis désolé, Rose. Mon Dieu, si tu savais à quel point je suis désolé… »

Il se cache le visage derrière ses mains et, penché en avant, il laisse échapper un long sanglot. Je sens mon cœur se déchirer.

Quand Ernie a-t-il pleuré pour la dernière fois ? Ça doit remonter à des années. Moi, j'ai beaucoup pleuré, comme bien des femmes ici. Mais même au plus fort de la douleur, nous gardons toujours espoir. Nous, les femmes, nous manifestons notre chagrin à la manière des loups et des coyotes, hurlant à l'adresse de nos partenaires et de toute la meute. Quand les hommes pleurent, ils expriment une telle vulnérabilité, une telle angoisse, qu'ils semblent presque à l'agonie.

Je sens mes larmes affluer. « Viens », dis-je en lui ouvrant les bras. Ernie titube dans ma direction. Quand il s'effondre contre moi, le fauteuil gémit sous notre poids. Angel se redresse d'un bond et trottine jusqu'au téléviseur. Aux aguets, mais étrangement calme, il se couche devant le poste puis renifle l'air autour de lui. Sans doute satisfait des informations transmises par son odorat, il pose la tête sur le sol baigné par le clair de lune. Alors que j'étreins Ernie de toutes mes forces, je sens les cicatrices sur son dos et les pointes de métal sous sa peau. Il enfouit son visage dans mon cou.

Comme j'aimerais faire savoir à Jimmy que les larmes versées par Ernie sont pour lui… John Lucas a-t-il jamais pleuré la mort de son fils, la chair de sa chair ? Rien n'est moins sûr. À l'époque, il fanfaronnait en ville, disant partout que Jimmy était un héros, racontant des histoires à qui voulait l'entendre comme s'il avait lui-même combattu au Vietnam. Ernie et les autres vétérans ne parlent jamais ainsi. Ils ont fait la guerre ; ils savent que ce n'est pas du cinéma mais l'enfer sur terre, et, pour eux, l'évoquer reviendrait à lui donner une nouvelle vie, à la ressusciter d'entre les morts. De mon côté, aux Philippines j'ai recouvert d'un linceul tellement de corps brisés que j'en ai eu des cauchemars effroyables pendant vingt ans. Je rêvais que mes membres étaient arrachés ou que j'étais tenue en joue puis passée à la baïonnette parce que je ne connaissais pas le japonais. Pis, dans certains de mes songes un immense drap blanc descendait sur moi, mais j'étais toujours vivante et je me débattais pour ne pas mourir étouffée. Non, tout cela, John Lucas ne pouvait pas le savoir. S'il buvait, ce n'était pas à cause de la guerre.

Le chien pousse un profond soupir. Ses yeux grands ouverts brillent dans la pénombre. Je m'aperçois soudain que j'ai oublié de le libérer pour la nuit. Mais à aucun moment il n'a demandé à sortir.

Mon esprit se vide de tout ce qui l'encombrait, me semble-t-il, et des picotements courent sur ma peau.

Oh oui, ai-je envie de dire à voix haute. *Oui, oui, oui.*

La grand-mère Morriseau savait ce genre de choses.

Jusqu'à maintenant, je n'aurais pas hésité à échanger Angel contre au moins un bébé né de mon ventre défaillant. Le jour où nous l'avions trouvé presque mort dans ce fossé, je traversais l'une des phases les plus sombres de ma vie. Pour moi, il était clair que je l'avais sauvé. Qu'il avait bénéficié des réserves d'amour maternel accumulées en moi. Mais toutes les larmes du monde ne peuvent dissimuler la vérité.

Si quelqu'un a été sauvé ce soir-là, c'est moi.

Quand je n'en pouvais plus d'aimer sans être payée de retour, quand mon mari se retranchait dans son mutisme ou se montrait aussi froid et triste qu'une journée d'hiver, ce chien me donnait sans compter. Quand je me sentais fragile et vulnérable, quand je me demandais si Ernie se battrait encore pour moi – une paysanne de cinquante-sept ans à la beauté fanée –, c'était Angel qui m'accompagnait dans la cabine du pick-up pendant que je sillonnais les routes cahoteuses du comté pour aller vendre des œufs ; c'était lui qui gardait la ferme, me protégeait des démarcheurs agressifs et de tous les êtres mal intentionnés. Lui encore qui m'empêchait de parler toute seule comme Claire Lucas, lui dont la seule présence suffisait à éloigner les fantômes de mes enfants inexistants. Qui faisait le tour de nos terres la nuit, silhouette noire et mystérieuse déchiffrant les messages du vent et des sons inaudibles pour nous. Et lui aussi qui avait vu Jimmy le premier, et que je soupçonnais, sans en avoir la certitude, de communiquer avec Bill Lucas comme ni Ernie ni moi ne pouvions le faire. Ce gros chien noir balafré couché devant nous est habité depuis des années par un esprit autre que le sien.

Mon mari ne pleure plus mais ne semble pas décidé à bouger. Un jour, je lui dirai tout ce que je sais : l'apparition de Jimmy ce soir-là était un bon signe, pas un mauvais ; Jimmy l'a choisi ; nous ne pouvons sauver personne, mais juste choisir de nous sauver nous-mêmes.

« L'amour, dirai-je à mon mari silencieux, n'est jamais perdu. »

Et je lui dirai aussi en regardant Angel que nous n'avons jamais été seuls.

S'il restait parfaitement immobile, sans montrer qu'il était réveillé, Bill pouvait voir à travers ses paupières mi-closes la silhouette d'Angel parmi les arbres, environ dix mètres plus loin. Il n'avait pas peur de lui, il voulait juste éviter de le faire fuir. Il connaissait bien le chien de leurs voisins, il avait joué avec lui autrefois, il l'avait vu rôder aux abords de la ferme de bon matin et le suivre comme son ombre chaque fois qu'il partait en forêt. C'était une vieille bête, à présent. Même à cette distance, Bill distinguait les poils blancs sur son museau. L'apparition du chien lui procurait un sentiment étrange et pourtant familier. Mais en aucun cas elle ne l'effrayait.

Pas comme cette nuit de l'été précédent, où il avait émergé d'un sommeil éthylique pour découvrir une meute de coyotes sur la pointe sud de la crête, le fixant de leurs yeux inquiétants, phosphorescents au clair de lune. Affolé, il s'était redressé d'un bond, criant et agitant les bras. Les bêtes s'étaient aussitôt éparpillées dans un concert de gémissements plaintifs. Bill avait écouté décroître le bruit de leurs pattes froissant les aiguilles de pin desséchées. Une fois calmé, il avait compris qu'il s'agissait d'un groupe de jeunes nés au printemps dont la mère – reconnaissable à sa patte mal remise d'une fracture causée par un piège – avait élu domicile depuis plusieurs années au pied de la crête. Ils étaient curieux, mais pas menaçants.

Ce qui l'avait profondément ébranlé, c'était l'impression d'*attente* qui émanait de leurs silhouettes immobiles. Semblable à celle que dégageaient les corneilles et les corbeaux perchés dans les arbres lorsque, au printemps, ils regardaient mourir une biche affaiblie par l'hiver et qui venait de mettre bas.

Au cours des six années écoulées, Bill avait passé bien des nuits sur cette crête qui surplombait le lac glaciaire au nord. C'était le seul endroit surélevé dans la propriété familiale et il émergeait du marais environnant tel le dos massif d'un brontosaure mort depuis des lustres et aujourd'hui couvert de pins rouges, de pins blancs et de bouleaux.

« Trouve et détruis ! Trouve et détruis ! » criait autrefois James tout en gravissant aux trousses de son petit frère l'un des versants, quand les deux garçons jouaient à la guerre. Bill, armé de son épée en bois et de la carapace de tortue en guise de bouclier, n'atteignait jamais le sommet. Son aîné l'attrapait par les chevilles, le plaquait au sol puis le chatouillait sous les bras jusqu'à ce que les cimes résonnent de ses rires – du moins, les jours où il était de bonne humeur.

S'il ne l'était pas, il traînait Bill jusqu'au bas de la pente sans se soucier de lui écorcher le visage et les mains. Puis, le souffle court, il s'accroupissait, lui arrachait épée et bouclier et se précipitait au sommet de la crête. Là, sans quitter des yeux son cadet en larmes, il brandissait son butin et récitait le « Notre Père » en modifiant cependant le pronom : « Car c'est à Moi qu'appartiennent le règne, la puissance et la gloire, pour les siècles des siècles ! »

Cette prière, dont la signification échappait en grande partie à Bill à l'église, prenait tout son sens dans la bouche du dieu qu'était son frère si semblable à Elvis. Pour lui, tremblant de peur et d'amour en contrebas, le pouvoir de ces paroles prononcées par la voix grave de James faisait s'abattre le silence sur les bois alentour. Et transformait l'éminence en montagne sacrée – le territoire de son frère, où il demeurerait à jamais.

Bien qu'adulte aujourd'hui, Bill se raccrochait toujours à ses croyances d'enfant. C'était ici même, en haut de la crête, qu'il dormait presque toutes les nuits, au milieu de quatre pins rouges formant naturellement un carré à la géométrie quasi parfaite. S'il ne parvenait pas à s'endormir, il buvait jusqu'à sombrer dans l'inconscience. Chaque fois qu'il partait en forêt, il emportait l'arme de son frère, un fusil à pompe Remington 870 Wingmaster – cadeau d'Ernie Morriseau pour le douzième anniversaire de James. À l'époque, Bill était encore trop jeune pour suivre son aîné quand celui-ci quittait la maison en tenue de chasse, le fusil à la main. Alors, le cœur étreint par la jalousie, il se réfugiait chez les voisins, où il préparait des cookies avec Rosemary.

Il se doutait bien, au plus profond de lui, de la raison qui le poussait à emporter le Remington. Un jour, il le savait, la douleur deviendrait si terrible qu'il ne pourrait plus l'étouffer dans l'alcool. Sa vie ne le menait nulle part, et même les plaisirs simples qui le comblaient autrefois ne lui apportaient plus aucune joie. Pis, la force même qui l'avait maintenu en vie, qui avait entretenu dans son cœur la flamme de l'espoir, semblait avoir disparu. Bill ne rêvait plus depuis l'âge de neuf ans. Quand il se regardait dans la glace, il voyait l'Homme de fer du *Magicien d'Oz*. Il avait le teint gris et, lui semblait-il, un vide béant dans la poitrine. Seuls comptaient désormais pour lui la torpeur de la bière et la sensation d'une présence sur la crête.

« Qu'est-ce que tu cherches, Bill ? »

La brume flottait sur le paysage ce matin-là, deux jours plus tôt, quand sa mère était apparue à la lisière du champ le plus proche de la grange. Le jour s'était levé, et pourtant, elle tenait une lampe à pétrole. Sa voix avait fait sursauter Bill qui, trempé, transi et en proie à une bonne gueule de bois, émergeait du couvert. Au début, incrédule, il s'était demandé s'il ne s'agissait pas d'une hallucination. Sa mère occupait désormais un poste de standardiste au Service des Forêts et ils se croisaient rarement à la ferme. Il savait qu'elle était là, pourtant. Elle lui lavait et lui rangeait ses vêtements ; elle laissait toujours à manger pour lui dans le réfrigérateur. La maison était propre.

Il n'en revenait pas qu'elle ait su exactement où il sortirait du marais, qu'elle ait préféré l'attendre au lieu d'aller travailler. En même temps, il en avait conçu de la colère.

« Le soleil, avait-il ironisé en levant la main vers le ciel. Je l'ai pas vu depuis des jours. »

Les yeux plissés, elle avait légèrement renversé la tête.

« Wally Wykowski m'a dit que tu allais perdre ta place, avait-elle repris au moment où il la contournait, et que c'était dommage parce que tu fais du bon boulot. »

Bill s'était retourné.

« Je l'emmerde.

– Bill… »

Un soupir avait échappé à sa mère.

« Je préférerais que tu n'utilises pas ce genre de langage devant moi. C'est une petite ville, ici, les emplois ne courent pas les rues. Sans ton aide, je serai peut-être obligée de vendre tout ça, avait-elle poursuivi en indiquant la maison et la grange. Tu sais très bien que mon salaire ne suffit pas à payer toutes les taxes. »

Sa tête l'élançait tellement qu'il avait du mal à se concentrer. Il avait baissé les yeux, mais il avait eu le temps de remarquer que sa mère frissonnait et qu'elle avait une traînée de boue sur la joue.

« Je ne te vois jamais, Bill. Tu n'es jamais à la maison. Tu as besoin de quelque chose ? Tu veux de l'argent ?

– J'ai pas besoin de ton fric !

– Regarde-moi, avait-elle ordonné en le saisissant par le bras. Je sais ce que tu cherches. Je vis ici, tu te rappelles ? »

Ses doigts s'étaient crispés sur le poignet de Bill.

« Ça ne mérite pas que tu te mettes dans des états pareils. »

Dans une tentative pour détourner l'attention de sa mère, il avait éclaté de rire. D'un rire forcé, chevalin.

« Je te l'ai dit, avait-il lancé en se dégageant, je cherche le soleil. »

Il avait envie de vomir. S'efforçant de refouler la sensation de nausée, il avait contemplé sa mère ; elle avait les cheveux blancs, avait-il constaté avec stupeur, et se tenait courbée. Sa détresse se lisait sur son visage ridé, son impuissance se devinait à ses bras ballants. Bill avait senti soudain son estomac se contracter et il s'était plié en deux pour vider dans l'herbe humide le peu de liquide qu'il restait en lui. La main de sa mère s'était posée doucement sur sa nuque.

« Oui, avait-elle murmuré. Je sais. »

Ce matin-là, Ernie bricolait sur le toit de la grange, s'assurant que les bardeaux recouverts de goudron se chevauchaient parfaitement pour assurer l'étanchéité, quand il entendit au loin le criaillement rauque des oies. Dans sa hâte de les regarder passer, il lâcha son marteau, qui tomba dans la cour. Pestant tout haut, il leva les yeux juste à temps pour voir un petit groupe d'oies du Canada le survoler en direction du sud. Il pensa tout d'abord en avoir dénombré douze, avant de remarquer un détail insolite dans leur formation en V. Il se dépêcha de recompter. Elles étaient onze. Un vide apparaissait dans la branche droite, entre le quatrième et le cinquième oiseau. Il en manquait un.

Les oies émettaient leur cri par intermittence, laissant derrière elles un sillage sonore censé guider telles des miettes de pain la voyageuse égarée. Ernie savait qu'elles maintiendraient cet espace entre elles durant tout le reste de leur migration. Lui aussi, il avait envie de croire que l'animal perdu retrouverait ses semblables. Mais on était en novembre et cette volée avait entamé tardivement son voyage. Selon toute vraisemblance, le douzième membre avait péri. Attristé, Ernie regarda s'éloigner leur groupe qui ressemblait désormais à une mèche de cheveux flottant dans les airs.

Il levait le bras pour s'essuyer le visage avec sa manche quand il suspendit son geste, l'attention attirée par un mouvement en contrebas. Il se redressa pour mieux voir, se doutant déjà de ce qu'il allait découvrir : la silhouette dégingandée de Bill Lucas émergeant à l'angle du champ, puis escaladant la clôture. C'était néanmoins la première fois qu'il l'apercevait le matin. En général, Bill apparaissait plutôt le soir. Depuis le printemps, c'était même devenu une sorte de rituel : au crépuscule, le jeune homme traversait l'étendue herbeuse sous le regard attentif de son voisin.

Ernie en conçut un certain soulagement. Au fond, il s'inquiétait toujours de ne jamais le voir revenir, même s'il le savait en sécurité dans les bois et le marais. Pour lui, Bill Lucas resterait à jamais le petit garçon sensible et curieux qui venait souvent à la ferme avec son grand frère, Jimmy, et il trouvait particulièrement difficile de réconcilier cette image avec celle du mécanicien qui habitait encore avec sa mère et dont on disait qu'il avait hérité de son père un goût immodéré pour la bière. Ernie n'avait tenté d'en avoir le cœur net qu'une seule fois ; un jour où Bill venait de disparaître parmi les pins, il avait décidé de le suivre. Mais il s'était immobilisé au milieu de son champ, l'estomac noué par l'appréhension, avant de rebrousser chemin, s'interdisant de violer ainsi l'intimité du jeune homme.

Pareil à un moineau perché sur le toit de la grange, il leva une main comme pour saluer Bill, puis écarta les doigts afin de laisser le vent glisser entre eux. Soudain, une vague de chagrin enfla dans sa poitrine. Pris de tremblements, il dut poser les paumes sur les bardeaux pour assurer son équilibre.

Rosemary, sortie de la maison quelques instants pour voir ce qui avait provoqué les jurons de son mari, le découvrit replié sur lui-même et secoué de sanglots.

« Ça va passer, affirma-t-elle ce soir-là en le serrant contre elle dans le vieux fauteuil brun. Pense aux larmes comme à un remède, lui chuchota-t-elle à l'oreille. Sur le moment, ce n'est pas agréable, mais à long terme, elles te permettront de guérir. Il n'y a aucun mal à pleurer. »

Ernie avait senti vibrer la gorge de sa femme avant même de distinguer ses paroles. Elle avait raison, bien sûr ; pourtant, il avait du mal à concevoir qu'à cinquante-huit ans, tel un nouveau-né affligé de coliques, un homme puisse éprouver le besoin irrépressible de pleurer. Il lui semblait que le chagrin s'était accumulé en lui, formant derrière ses yeux un petit lac alimenté par son cœur, et dont le niveau s'était lentement élevé pendant des années jusqu'à déborder. Désemparé, il demeura blotti dans les bras de Rosemary jusqu'au moment où elle le repoussa doucement pour le conduire vers la chambre à l'étage.

Épuisé par son accès de larmes et les efforts physiques de la journée, il s'endormit profondément pendant deux ou trois heures. Il se réveilla en pleine nuit, conscient de l'agréable chaleur répandue par la cuisse de Rosemary contre la sienne. Quand elle se tourna sur le côté, il s'allongea contre elle, et, glissant une main sous le bras qu'elle avait sorti du drap, il lui caressa les seins et le ventre. Elle ouvrit les yeux et ils firent l'amour sans hâte. Plus tard, alors qu'Ernie plongeait peu à peu dans cette somnolence du petit matin la plus propice aux rêves, il crut entendre un coup de fusil. Sa femme remua dans son sommeil comme si elle l'avait entendu aussi. Il souleva paresseusement les paupières, vit qu'il était deux heures et demie et sombra de nouveau dans l'inconscience. La sonnerie insistante du réveil l'en arracha à cinq heures et demie.

Il s'assit en frissonnant. S'il avait attendu avec impatience cette journée qui marquait l'ouverture de la chasse, il trouvait néanmoins pénible d'avoir à se lever dans l'obscurité glacée. Il sortit tout doucement du lit et descendit à tâtons jusqu'à la cuisine. La semaine précédente, il y avait entreposé un grand sac en plastique contenant la plupart de ses vêtements de chasse mélangés à des rameaux de cèdre. Après l'avoir ouvert, il s'aperçut qu'il avait oublié ses grosses chaussettes. Il remonta à pas de loup jusqu'à la chambre, et il fourrageait à l'aveuglette dans le tiroir de la commode quand un froissement de draps, suivi du déclic de la lampe de chevet, résonna derrière lui.

« Qu'est-ce que tu cherches ? demanda Rosemary.

– Mes chaussettes en laine, répondit-il au moment précis où il les repérait. Ça y est, je les ai. »

Il se tourna vers sa femme en les brandissant comme des trophées. Rosemary, dont les longs cheveux poivre et sel étaient déployés sur l'oreiller telle une toile d'araignée, esquissa un sourire.

« Je ferais mieux d'y aller », reprit Ernie. Quand il se pencha pour lui donner un baiser, elle lui appuya sa paume sur la joue. Prisonnier de cette main, il ne bougea pas.

« Mais tu préfères peut-être que je reste à la maison ? »

Ai-je envie qu'il reste ? Oui et non. Tout en réfléchissant, je contemple Ernie, ses yeux brun foncé, ses joues et son menton ombrés d'une barbe grisonnante. Ce chaume dru m'a irrité le visage quelques heures plus tôt, quand ses mains m'ont tirée du sommeil. J'ai encore dans la bouche le goût de sa peau, mélange de sueur et de cèdre – celui que j'avais découvert quand nous avions fait l'amour le soir de notre rencontre. J'aurais voulu dire : « Oui. Reste avec moi. Au lit. » Il ne m'avait pas touchée depuis si longtemps que je me sens d'humeur rêveuse, alanguie par ses caresses. Une vraie midinette.

Mais c'est bon signe qu'il veuille partir à la chasse. Pendant l'été, j'ai vécu quotidiennement dans la terreur de le découvrir pendu à une poutre de la grange. Je le voyais batailler pour se lever le matin, incapable qu'il était devenu d'apprécier la perspective d'une belle journée ensoleillée. Je devais lutter pour ne pas me laisser entraîner dans le tourbillon où il avait sombré et, en même temps, pour lui maintenir la tête hors de l'eau même lorsqu'il se débattait et me blessait.

Tous les mariages se défont et se refont à chaque nouvelle crise. Jusque-là, nous avions eu de la chance : durant toutes ces années, nous avions connu un bonheur seulement gâché par l'absence d'enfants. Avec le recul, je me dis que l'été était sans doute le moment le plus propice à une crise ; telle une inflammation de la peau provoquée par la chaleur, tous les secrets douloureux de notre vie commune sont remontés à la surface. Dont le plus terrible. Aucun de nos amis ne se doute de ce que nous avons traversé. Pas seulement cet été, mais ces quatorze dernières années. S'ils le savaient, ils diraient que je suis folle de laisser Ernie partir seul dans les bois armé d'un fusil. S'ils le savaient, ils diraient qu'Ernie est fou, point final.

Quand il a commencé à pleurer, j'ai compris qu'il survivrait. Je m'arrange néanmoins pour ne jamais trop m'éloigner de lui. Il pleure chaque fois qu'il en éprouve le besoin. Bientôt, il surmontera la phase des larmes. Et leur cause.

Je m'inquiéterais davantage s'il partait avec d'autres hommes. Dieu soit loué, alors qu'Ernie allait autrefois à la chasse avec son père et ses oncles, et, plus tard, avec Jimmy Lucas, il préfère aujourd'hui y aller seul. Chez les Morriseau, c'était un rituel très différent de la folie suscitée de nos jours par la chasse – traque le dimanche matin, pause à midi pour commenter le match de foot et écluser plusieurs packs de bière, puis de nouveau traque jusqu'à la tombée de la nuit. Je ne sais combien d'accidents se produisent le dimanche.

Et j'en connais d'autant mieux les conséquences que je me suis portée volontaire pour assister les ambulanciers d'Olina. J'ai vu les ravages causés par des coups de fusil tirés à bout portant, ouvrant dans un corps humain des trous gros comme des pièces de monnaie. Les balles de carabine sont différentes, à la fois de celles des fusils et entre elles ; il n'y a pratiquement rien de commun entre une balle de 22 et une balle de 30-06. Avec une puissante carabine 30-30 équipée d'une lunette de visée, un chasseur peut abattre un animal de très loin, assis confortablement à l'arrière d'un camion ou dans un affût. On ne distingue d'abord qu'un orifice net dans le torse de l'homme ou du jeune garçon touché. La taille de la flaque de sang dans laquelle il gît est cependant révélatrice et, pour constater les dégâts, il faut retourner la dépouille. Une balle de 30-06 non chemisée pénètre les chairs avec toute la finesse d'une aiguille à coudre. Lorsqu'elle ressort, en revanche, sa force est telle qu'elle creuse un cratère, brisant la colonne, exposant les intestins transpercés. L'odeur du sang et des entrailles vous prend à la gorge. Mais c'est encore plus terrible quand la victime a reçu la balle dans la figure ou la tête, devenant alors méconnaissable. L'année dernière, trois nouvelles volontaires m'ont abandonnée après avoir vu le crâne du jeune Penter.

La plupart du temps, le chasseur qui a malencontreusement pressé la détente ne vomit pas, ne pleure pas non plus mais demeure pétrifié près du cadavre, l'air hagard. Parfois, l'émotion le submerge, surtout si le mort est son père, son fils ou son frère ; alors il tombe à genoux, bredouille prières et excuses, et finit par partir en ambulance aussi. Parfois, tout simplement, il s'évanouit.

Il y a cinq ans, je me suis étonnée moi-même en proposant mes services aux urgentistes d'Olina. Après avoir soigné des hommes pendant la guerre, ou ce qu'il en restait, je ne me croyais plus capable de supporter la vue d'un corps mutilé. J'avais perdu la vocation, me semblait-il. Mais la ville avait du mal à trouver des volontaires, et après tout, il faut bien que quelqu'un fasse le travail. De plus, le détachement acquis par la pratique constitue un précieux atout, car si les victimes sont encore vivantes, il est nécessaire d'agir au plus vite et de garder les idées claires pour essayer de les sauver.

Ne vous y trompez pas, ce n'est jamais facile. Plus tard, quand je rentre chez moi, je m'emporte toujours contre la stupidité de ces accidents avant de fondre en larmes.

Et pleurer, justement, c'est bien de cela qu'il s'agit.

Ce sont ces hommes qui ne pleurent jamais dont on devrait se méfier à la chasse, car ils représentent un danger pour eux et pour les autres. Ces mêmes hommes qui, souvent, boivent au lieu de verser des larmes. Qui s'aperçoivent soudain, quand les brumes de l'alcool se dissipent, qu'ils ont dans leur ligne de mire la tête d'un copain et non celle du huit cors juste derrière, au milieu des fourrés. Qui tirent parfois sur tout et n'importe quoi. À mon avis, certains pressent la détente uniquement parce qu'ils ont épaulé leur fusil et ne conçoivent pas de le reposer sans avoir fait feu. Comme si, une fois leurs yeux fixés sur le viseur, ils jugeaient honteux de ne pas abattre leur cible. C'est étrange… Ces hommes-là finissent en général entre mes mains, lorsqu'ils ont sombré dans un coma éthylique fatal ou retourné leur arme contre eux. Et ils meurent sans même savoir pourquoi.

« Non, vas-y, ai-je répondu en ôtant ma main de sa joue. Mais tâche de revenir avant la nuit. »

Cela faisait maintenant trois jours que Bill, incapable de dormir, ne se présentait plus à son travail. Le ciel demeurait d'un gris de plomb depuis le début du mois. C'était un temps de novembre typique et, le troisième soir, le soleil se coucha une nouvelle fois sans s'être montré de la journée. Bill quitta la maison dans cette luminosité particulière précédant la tombée de la nuit, que sa mère avait baptisée « la lumière des chouettes » car c'était le moment où les chouettes blanches mouchetées de brun s'envolaient pour aller chasser les souris.

Appuyé contre le mur de la grange, il attaquait la dernière canette de son second pack de bière quand il entendit un jappement. Un seul. Il repéra le chien dans l'herbe haute au milieu du pré et laissa lentement retomber son bras.

« Angel ! » appela-t-il, avant de le siffler.

Le chien aboya à deux reprises, mais sans avancer.

Bill le siffla de nouveau. Le chien se borna à humer l'air. Quelques instants plus tard, il s'assit.

« Annnngel ! Viens, mon vieux ! » roucoula Bill pour l'encourager à approcher. Mais le chien noir se contenta de le regarder.

« Foutu clébard. »

Cédant à un brusque accès de colère, il écrasa la canette dans sa main et la lança vers Angel, qui dressa seulement les oreilles quand elle tomba près de lui.

« Qu'est-ce que tu veux, hein ? s'écria Bill. Pourquoi tu me suis ? Qu'est-ce que je t'ai fait, bordel ? Sans moi, tu serais mort, ajouta-t-il en brandissant le poing en direction de l'animal. Je t'ai jamais maltraité ! Alors pourquoi tu m'obéis pas ? »

Il ramassa son fusil, le chargea, visa le chien et tira. Constatant quelques secondes plus tard qu'il avait manqué sa cible, il rechargea. Mais quand il épaula de nouveau le Remington, l'index déjà replié sur la détente, ce fut un homme qu'il découvrit à la place d'Angel.

Stupéfait, il faillit lâcher son arme. L'homme se tenait parfaitement immobile. Bill avança d'un pas mal assuré pour tenter de distinguer ses traits dans la faible luminosité. Aussitôt, l'autre recula.

« Ernie ? »

Personne, à part son voisin, n'avait la moindre raison de se trouver au milieu de ce champ. Bill sentit son souffle s'accélérer.

« Hé ! lança-t-il encore d'une voix rendue plus sonore par la peur. Ernie, c'est toi ? »

L'homme se tourna brièvement vers le marais. Quelque chose, dans la façon dont il inclinait la tête, laissait supposer une connaissance intime des environs. Bill fit quelques pas et leva le bras, pour s'apercevoir trop tard qu'il serrait toujours le Remington. Cette fois, l'inconnu prit la fuite.

« Attendez ! » cria Bill. L'homme continua de courir, et, sans réfléchir, Bill s'élança à sa poursuite.

« Attendez ! »

Le champ n'avait pas été labouré à l'automne, et bientôt il

s'empêtra dans les hautes herbes puis trébucha. Le fusil chargé lui échappa des mains, le coup partit tout seul. La bière et le manque de sommeil avaient beau l'avoir plongé dans une sorte d'état second, Bill savait bien que la balle s'était enfoncée en terre. Pourtant, lorsqu'il se redressa après avoir ramassé son arme, il vit des flammes jaillir et engloutir l'homme qui courait devant lui. Paralysé par l'horreur, il regarda la silhouette en feu danser en hurlant de douleur. Puis l'homme s'écroula et les flammes disparurent.

Il passa des heures à fouiller désespérément l'étendue herbeuse, s'obstinant alors même qu'il ne distinguait plus ses mains. Mais nulle part il n'y avait trace d'un corps ou d'Angel. S'il n'était sûr de rien, la seule pensée de ce qu'il avait peut-être fait le poussa à errer jusqu'au moment où il heurta violemment la clôture de fil de fer barbelé séparant leur propriété de celle des Morriseau. Alors qu'il basculait par-dessus, il sentit les pointes métalliques déchirer son jean et entailler ses cuisses. Il atterrit de l'autre côté, le Remington toujours à la main, le souffle coupé par la brutalité de sa chute. Ses bottes s'étaient coincées entre deux rangs de barbelé. Il demeura longtemps à terre, n'osant bouger de crainte de revoir l'homme en feu.

Enfin, au lever du jour, il se risqua à dégager ses bottes et à se redresser. Il ne devait jamais se rappeler comment il avait fait le trajet, juste qu'il avait couru comme un fou au milieu des cèdres et pataugé dans un ruisseau pour finalement se retrouver au pied du versant nord de la crête. Là, en voyant une masse sombre dans le pin rouge le plus proche, il recouvra un peu d'espoir. Avant de comprendre de quoi il s'agissait. Dans un moment d'inconscience engendré par une douleur fulgurante, il chargea son fusil, le pointa vers l'affût et tira balle après balle. Puis il arracha l'échelle fixée à l'arbre, jeta son arme et s'élança vers le sommet de la pente.

Quand Ernie sortit, une demi-heure plus tard, et s'avança dans le cercle lumineux projeté par le lampadaire de la cour, il savait que Rosemary l'observait depuis la fenêtre de leur chambre. Il avait enfilé son pantalon et sa veste orange vif dont le dos s'ornait de son permis de chasse au cerf. D'une main, il tenait la Marlin 1895 héritée de son père, canon pointé vers le sol. Juste avant d'atteindre l'extrémité de la cour, il s'arrêta en faisant mine de fouiller dans ses poches. Puis il se redressa et, se détournant légèrement, envoya un baiser à sa femme avant de quitter la lumière pour s'enfoncer dans l'obscurité.

Une fine couche de neige, parfaite pour relever les empreintes, était tombée durant la nuit. Au bout de quelques mètres, Ernie s'arrêta pour regarder la County H, la route goudronnée qui passait devant sa ferme. Il pourrait la suivre sur un peu plus d'un kilomètre pour rejoindre la forêt de pins rouges et le grand marais bordé de cèdres où il avait l'habitude de chasser, mais cela lui prendrait du temps. Ce serait plus rapide de traverser son champ, songea-t-il en scrutant la pénombre.

Autrefois, avant que Jimmy Lucas parte au Vietnam, Ernie l'attendait toujours à ce même endroit. Il entendait arriver son jeune voisin, essoufflé d'avoir couru dans les champs entre leurs deux fermes, avant de l'apercevoir. Puis Jimmy se matérialisait, les joues aussi rouges que s'il avait longtemps nagé sous l'eau. Son regard s'illuminait en se posant sur Ernie, ses lèvres esquissaient ce sourire charmeur qui amenait tant d'habitants de la région à le comparer à Elvis Presley. Cela faisait maintenant des années que les petits matins de novembre ne s'accompagnaient plus de la vue de ce visage heureux. Ernie avait commencé à l'emmener quand Jimmy avait douze ans, et jamais il n'avait imaginé chasser de nouveau seul sur ses vieux jours.

Le cœur serré, il se tourna vers sa grange à peine visible dans la pénombre. Le café avalé au petit déjeuner lui brûlait l'estomac et des picotements familiers lui parcouraient les jambes, signe qu'elles s'engourdissaient. Il avança un pied, puis l'autre, se dirigeant d'une démarche raide vers le champ, la tête haute et les yeux grands ouverts, attentif au moindre mouvement, tel le cerf qu'il espérait débusquer.

Il avait parcouru quelques centaines de mètres quand le soleil apparut, salué par le chœur rauque des corneilles rassemblées dans les pins blancs en bordure du pré. Ernie s'arrêta pour écouter leurs cris déchirer le profond silence qui régnait encore sur la campagne.

Il aimait bien les corneilles. Elles lui inspiraient de la tendresse, un peu comme un parent proche bourré de défauts touchants. Sans avoir la noblesse des oies, elles avaient leur rôle à jouer. Les corneilles étaient les piliers de bar du monde ailé, voletant d'arbre en arbre, cherchant toujours à manger ou à boire, babillant à chaque halte. Leur vigilance était rarement prise en défaut. Pour elles, la saison de la chasse représentait une époque de ripailles. Ernie distinguait maintenant leurs silhouettes noires perchées sur les branches. Il était capable de déchiffrer leur langage. Leurs criaillements matinaux résonnaient à intervalles irréguliers, dénués de toute note stridente indiquant un danger ; pour le moment, leur territoire était sûr. Une soudaine bouffée de joie l'envahit. Son père lui avait tout appris sur les corneilles. Quand Ernie éviscérait un cerf, il laissait les entrailles dans la forêt à leur intention, comme le faisait Claude Morriseau avant lui.

« Tu comprends, disait-il toujours, les oiseaux parlent entre eux. »

Sur une impulsion, Ernie posa sa carabine sur le sol moucheté de neige, se redressa et leva les bras, les doigts tendus vers le soleil, imitant les gestes paternels d'autrefois. Alors que sa mère exprimait ouvertement ses sentiments, le regard souvent éclairé par une lueur malicieuse, son père avait tendance à cacher ses émotions. Bien que d'ascendance à la fois ojibwé et française, Claude Morriseau incarnait presque jusqu'au stéréotype le caractère indien tant il se montrait réservé et stoïque devant les épreuves de la vie. Avec les années, Ernie avait néanmoins compris que cette attitude tenait avant tout d'une stratégie permettant à ses parents de vivre en paix hors de la réserve et de cultiver les terres déboisées du nord du Wisconsin : en offrant un visage toujours impassible, Claude Morriseau interdisait aux notables allemands d'Olina tout accès à ses émotions et, par conséquent, toute possibilité de déceler ses faiblesses. Ce qui ne l'empêchait pas de posséder une sensibilité dont la profondeur transparaissait dans l'amour qu'il portait au petit matin.

Pour lui, c'était l'heure la plus sacrée de la journée. Quand il passait une nuit blanche, avait-il dit à Ernie, l'aube pouvait lui rendre la vie. La première chose qu'il faisait au réveil, avant que son attaque l'ait paralysé, c'était de sortir saluer le soleil, même par temps couvert. S'il chassait dans les bois avec son fils au point du jour, il s'arrêtait, posait son fusil et levait les bras vers les rayons filtrant à travers le dais de verdure. Il s'agissait là d'une pratique qui lui était propre. Personne d'autre, au sein de la grande famille d'Ernie dans la réserve du Héron, ne manifestait un tel respect pour l'aurore.

Ernie renversa la tête afin de mieux savourer ces instants. Sa nuit blanche avait duré des années et, aujourd'hui, la caresse du soleil matinal lui confirmait qu'elle allait bientôt prendre fin. Il se sentait étrangement vivant, ainsi que le lui avait assuré son père ; d'ailleurs, son cœur battait plus fort dans sa poitrine, comme s'il était stimulé par un souvenir lointain.

« Je te porte dans mon cœur », lui avait écrit son père dans une de ses rares missives à l'époque où Ernie se remettait de ses blessures dans un hôpital militaire à Hawaii pendant la Seconde Guerre mondiale. Ces mots, étonnants de sentimentalisme, l'avaient réconforté comme s'il était encore un petit garçon. Il avait fourré la lettre sous son ventre pour pouvoir la relire quand la douleur de son dos incrusté d'éclats devenait intolérable.

Après avoir jeté un dernier coup d'œil au ciel, Ernie ramassa son arme, l'essuya avec un chiffon retiré de sa poche puis se remit en marche. Les corneilles se turent à son approche, mais au moment où il allait franchir la partie affaissée de la barrière à neige, où de nombreux cerfs étaient passés avant lui, elles annoncèrent bruyamment son arrivée en prenant leur essor. Ernie attendit, pour pénétrer dans le marais, que le silence soit revenu.

Il inspira profondément, savourant l'odeur riche et sucrée des cèdres. Elle imprégnait déjà ses vêtements, mais il arracha néanmoins un rameau aux aiguilles aplaties qu'il frotta entre ses mains avant d'essuyer ses paumes sur sa figure et son torse. Ernie chassait depuis son plus jeune âge dans ce marais qui ne l'avait jamais trahi. Même si les cerfs s'y faisaient rares, il lui était néanmoins arrivé d'en croiser. C'était risqué d'essayer de les abattre sur ce terrain accidenté, surtout maintenant qu'il avait vieilli. Il n'avait plus l'agilité nécessaire pour s'approcher de sa cible rapidement et en silence afin d'assurer son tir, ni l'énergie requise pour courir sur le terrain spongieux à la poursuite d'un animal blessé. Et il ne pouvait plus compter sur l'aide d'un homme plus jeune. Il était handicapé dans un tel environnement, et les animaux le sentaient, il l'aurait parié.

Avec un soupir, il reporta son attention sur l'eau couleur de tanin accumulée autour de ses bottes. Rosemary et lui n'avaient pas vraiment besoin de gibier. Quelques semaines plus tôt, il avait envoyé une de leurs génisses à l'abattoir, et à présent leurs deux congélateurs étaient remplis de quartiers de viande. Mais c'était si agréable de se retrouver dans les bois – si agréable de se sentir bien – qu'il ne voulait pas rentrer chez lui. Il ne pouvait imaginer l'automne sans la chasse, et pourtant il n'y était pas allé depuis cinq ans tant il craignait, déprimé comme il l'était, de rester seul avec une carabine ou un fusil. C'était cependant une erreur, comprenait-il à présent, de rester à l'écart de la forêt : la chasse avait toujours été une tradition familiale, et jamais il ne se sentait aussi proche de son père disparu qu'à cette époque de l'année.

Ernie plaça une main en visière au-dessus de ses yeux pour scruter les environs. Au milieu du marais s'élevait une crête morainique évoquant une colonne vertébrale bombée. C'était sur le flanc nord qu'il avait abattu son premier cerf quand il avait douze ans et qu'il avait installé son affût au milieu des pins rouges. Après tout ce temps, il avait envie d'y grimper de nouveau, ne serait-ce que pour admirer le plus petit des deux lacs glaciaires.

Mais quand il eut parcouru les trois quarts du chemin, il se demanda s'il parviendrait à gravir le versant nord. Non qu'il n'en eût pas la force. Après tout, la pente n'était pas trop abrupte ; s'il montait lentement, la promenade ne serait guère plus fatigante que sur terrain plat. Il avait commencé à marcher d'un bon pas vers son but, songeant aux expéditions d'autrefois avec son père, se disant qu'il n'avait pas remis les pieds sur cette crête depuis quarante ans, quand sa mémoire défaillante s'était ressaisie. Il s'était figé, le regard rivé sur les grands pins rouges, incapable de croire qu'il ait pu oublier une journée pareille. La dernière fois où il avait chassé sur cette crête remontait à seize ans, et non à quarante, et ce n'était pas avec son père mais avec Jimmy Lucas. Celui-ci, alors en terminale, avait tué l'impressionnant douze cors que tant de gens avaient aperçu dans la région. Comme défoncée par un coup de poing, une porte s'ouvrit dans son cerveau, libérant un flot de souvenirs.

Ce jour-là, ils s'étaient postés au pied de la crête dans l'espoir de surprendre l'animal au moment où il gravirait ou descendrait la pente.

« Je crois qu'il est là », avait chuchoté Jimmy en indiquant de la tête le marais. Le soleil ne s'était pas encore levé et Ernie avait senti sur sa joue le souffle chaud de son jeune compagnon.

« Peut-être, avait-il murmuré à son tour. Mais n'oublie pas ce que je t'ai dit : si tu l'abats ici, assure-toi que tu ne le rates pas. Sinon, tu seras obligé de passer la journée à essayer de retrouver sa piste dans ce bourbier. »

En silence, ils s'étaient dissimulés derrière des pins rouges espacés de cinq mètres. À vrai dire, Ernie ne s'attendait pas vraiment à croiser le douze cors. Les cervidés n'aimaient pas se coucher sur ce terrain trop humide ; en général, ils s'y réfugiaient seulement lorsqu'ils tentaient de semer leurs poursuivants.

Il s'était écoulé encore une demi-heure avant que l'obscurité ne vire au gris puis s'éclaire suffisamment pour leur permettre de distinguer les grands pins blancs en bordure de la ferme des Morriseau. Au début, le sous-bois boréal avait paru complètement désert. Peu à peu, la lumière avait dissipé la brume, révélant des étendues entières de roseaux et de mousse. Soudain, une sorte d'aboiement avait résonné, et trois biches avaient émergé de derrière un gros cèdre blanc. Aucun des deux chasseurs ne les avait visées. Leur permis leur en donnait l'autorisation, mais, d'un commun accord, ils étaient convenus d'abattre d'abord un mâle. Elles s'étaient éloignées en file indienne sur le sentier qui serpentait à travers les arbres jusqu'à son champ, et Ernie s'était dit qu'elles étaient les seules de leur espèce dans le marais quand, du coin de l'œil, il avait vu Jimmy lever lentement sa carabine. Il avait alors reporté son attention sur le cèdre près duquel elles étaient apparues.

Une immense ramure, suivie d'une tête, d'un cou et d'un corps non moins impressionnants, s'était matérialisée devant l'arbre, le faisant presque paraître petit en comparaison. Ernie n'en revenait pas. Tels les animaux quasiment mythiques de certains récits de chasseurs, il semblait irréel dans la brume, au point qu'Ernie s'était demandé si ses yeux ne l'abusaient pas. Un cerf de cette taille avait forcément survécu à de nombreuses saisons de chasse et assumé le rôle de mâle dominant dans toute la région. Concentré comme il l'était sur les mouvements des biches, il n'avait pas senti les deux hommes ; le museau noir levé, les narines palpitantes, il essayait de déterminer la direction qu'elles avaient prise. Lorsque Jimmy l'avait visé dans sa lunette, Ernie s'était surpris à espérer pendant quelques secondes qu'il ne presserait pas la détente. Puis le coup de feu avait claqué et la balle avait fendu l'air en sifflant. Le grand mâle les avait surpris en s'effondrant aussitôt au lieu de détaler ainsi que certaines bêtes le faisaient parfois, même mortellement blessées. Ernie était sûr que son jeune compagnon l'avait atteint en plein cœur. Comme il le lui avait appris. Il s'attendait à l'entendre pousser une exclamation de joie, au lieu de quoi Jimmy s'était contenté de baisser son arme d'un air stupéfait.

Ernie s'était approché de lui et lui avait assené une bonne bourrade sur l'épaule.

« Eh bien, tu l'as eu, ton douze cors ! s'était-il exclamé. Tu avais raison. Jamais je n'aurais cru qu'il était dans le marais.

– J'en étais pas… pas sûr non plus, avait bredouillé Jimmy. C'était juste une intuition… Bon Dieu ! Il est encore plus gros que je le pensais.

– Viens, faut qu'on le tire au sec. »

Saisissant chacun la bête par une patte de derrière, ils l'avaient traînée laborieusement jusqu'au pied de la crête, où ils l'avaient étendue sur le dos. Avant de lui fendre l'abdomen avec son couteau, Ernie avait respecté un moment de silence, comme le faisait toujours son père autrefois.

Jimmy avait enlevé sa veste et l'avait repliée avant de plonger les mains dans le ventre du cerf pour en retirer les entrailles : foie brun-rouge ; longs intestins enroulés ; estomac presque vide d'un mâle en rut, trop excité pour penser à se nourrir. La sueur dégoulinant de son front tombait sur la dépouille. Lorsqu'il avait sorti le cœur, Jimmy l'avait contemplé quelques secondes avant de le placer à côté des viscères.

Une fois cette tâche achevée, il s'était essuyé les mains dans l'herbe, puis il avait cherché dans la poche de sa veste une brosse à ongles et une savonnette. Il s'était ensuite méticuleusement lavé les mains dans un trou d'eau au milieu de la sphaigne. Enfin, il avait rejoint Ernie près de la carcasse, s'était assis à côté de lui et avait accepté une barre chocolatée Hershey. Quand il en avait défait l'emballage, Ernie avait remarqué qu'aucune trace de sang ne subsistait sur ses doigts.

« Avant, avait murmuré Jimmy en regardant les entrailles, je croyais que c'étaient des conneries, toutes ces histoires de types qui tombaient sur le cerf de leur rêve mais renonçaient à le tuer parce que ça leur paraissait cruel. Mais tu sais, j'ai failli pas tirer. Maintenant, je me demande si j'ai bien fait. »

Ernie l'avait observé un moment, notant l'expression de virilité affectée, les cheveux noirs gominés, les yeux sombres et les lèvres charnues, légèrement boudeuses. Il avait presque l'impression d'éprouver de nouveau la difficulté d'être un adolescent, cet éveil des hormones suscitant des désirs d'adulte chez un être qui n'a ni l'expérience ni les connaissances nécessaires pour les maîtriser. La mort du cerf avait cependant ébranlé la façade de petit dur présentée par Jimmy, et Ernie avait fait mine de ne pas le voir ciller rapidement pour chasser une larme.

« C'est toujours comme ça, lui avait-il expliqué. Seuls les meilleurs chasseurs connaissent un moment de doute. Quand j'ai tué mon premier cerf, j'ai cru que j'allais me mettre à pleurer. Je ne pouvais pas regarder ses yeux. Il y a quelque chose chez ces bêtes-là qui semble irréel… comme si c'étaient des esprits. J'ai encore parfois cette impression, tu sais. Mon père m'a dit ce jour-là que ma réaction était normale : je venais de mesurer toute la gravité de la mort. C'était un homme bon, attaché aux traditions, qui chassait seulement pour nourrir sa famille. Quant à toi, Jimmy, n'oublie pas une chose : maintenant que le grand chef n'est plus là, les jeunes mâles auront une chance de se reproduire.

– Ouais, avait murmuré Jimmy, les yeux fixés sur ses bottes. On aura bien besoin de sa viande. D'ailleurs, c'est sûrement pour ça que maman me laisse chasser avec toi. »

Ernie avait hoché la tête. Presque tout le monde à Olina savait John Lucas plus enclin à assurer la survie du bar de Pete que celle de sa famille.

« Tu vas faire empailler la tête ? avait demandé Ernie, que cette idée n'avait jamais séduit.

– Avant de l'abattre, je pensais que j'en aurais envie, avait répondu Jimmy. Mais je suis plus trop sûr. De toute façon, j'ai pas l'argent et Bill m'en voudrait à mort… »

Son visage s'était soudain illuminé.

« C'est un drôle de numéro, mon frangin, avait-il ajouté avec un sourire. Il passe son temps à se battre contre des ennemis imaginaires avec cette fichue épée en bois et une carapace de tortue en guise de bouclier. Mais en réalité, il serait bien incapable de tuer la moindre bestiole. S'il pouvait, il amènerait dans notre chambre des animaux encore plus gros. Si tu voyais ça… C'est un vrai zoo ! »

Ernie avait éclaté d'un rire dont l'écho s'était répercuté dans le marais.

« Bon sang ! avait poursuivi Jimmy sur sa lancée. L'autre soir, je vais pour me coucher, et au moment où je pose la tête sur l'oreiller, deux souris cachées en dessous se carapatent devant moi. Elles m'ont flanqué une de ces frousses ! J'ai traité Bill de petit con, et du coup, maman m'a engueulé. N'empêche, j'avais des crottes de souris partout dans mon pieu ! »

Si Ernie n'était jamais entré chez les Lucas, il n'avait cependant aucun mal à imaginer dans la chambre des garçons le bruit et l'odeur liés à la présence des rongeurs, oiseaux, serpents et autres créatures chères au cœur de Bill.

« Ne sois pas trop dur avec lui, Jimmy. C'est un brave gosse.

– Oh, je sais. Sauf qu'il aime pas les gens. Depuis toujours, c'est un solitaire. Tiens, par exemple, il déteste mon copain Terry. Bon, d'accord, Terry n'a rien d'un saint, et des fois il s'amuse à l'embêter. À mon avis, Bill l'embrocherait volontiers sur son épée ! »

Connaissant ledit Terry, un jeune voyou qui fumait comme un pompier, Ernie avait approuvé secrètement Bill. *Vas-y, mon gars, transperce-le !*

Songeur, il avait levé les yeux. Il devait être neuf heures mais le soleil n'avait pas encore réussi à percer la couche de nuages et le ciel conservait sa teinte grise typique du mois de novembre. Pourtant, la température approchait les dix degrés et l'on entendait le goutte-à-goutte régulier de la neige en train de fondre. Sans l'avoir vu, Ernie savait que le versant nord de la crête, privé de sa couverture neigeuse, n'était plus qu'un matelas boueux jonché d'aiguilles de pin et de feuilles de bouleau brunies. De sa veste de chasse, il avait sorti une Thermos de café, et il en avait rempli sa tasse quand Jimmy avait repris la parole :

« Dis, tuer un homme, c'est pareil que tuer un cerf ? »

Ernie avait failli en lâcher sa tasse. Lentement, il avait reposé la Thermos.

« Comment ça ? avait-il demandé pour essayer de gagner du temps.

– Quand t'étais à la guerre, t'as bien dû tuer des hommes pour te défendre, non ?

– Oui. »

À en juger par la façon dont Jimmy gardait la tête baissée, il était mal à l'aise.

« Ne t'inquiète pas, l'avait rassuré Ernie, tu as le droit de poser la question. C'est juste que je ne sais pas comment te répondre. Non, ce n'est pas pareil, et en même temps, ça l'est, puisque tu ôtes une vie. »

Il avait regardé son jeune compagnon, dont le visage reflétait la perplexité et l'embarras. Comment aurait-il pu lui expliquer la bataille de Leyte, aux Philippines, pour justifier les tueries auxquelles il avait participé ? Il faisait partie de la 8e armée américaine, de ces soldats envoyés sur place avec pour mission de « nettoyer le terrain », autrement dit d'exterminer les Japonais encore présents sur l'île. Pour leur faciliter la tâche, leurs supérieurs avaient décrit l'ennemi comme une souillure entachant l'humanité tout entière. Au fond, ils étaient chargés de faire le ménage à grand renfort de balles et d'artillerie lourde. Ernie, que sa nature ne portait pas à la violence, avait eu le plus grand mal à trouver en lui la rage nécessaire pour combattre les Japonais. S'il n'avait pas été tué, c'était principalement grâce à la chance et à un fort instinct de survie. Or ce qu'attendait Jimmy, il le savait, c'étaient des récits d'actes héroïques.

Du coin de l'œil, il l'avait vu se pencher vers lui, impatient de l'entendre. Qu'aurait-il pu lui dire ? La guerre engendrait son lot d'anecdotes. Cette belle chaussure d'homme qu'il avait trouvée dans la gadoue un jour, par exemple. Ou cette broche en ivoire. Une fois aussi, une petite mâchoire humaine, peut-être celle d'un enfant. Mais surtout, Ernie voyait la guerre comme une succession de phases d'ennui angoissé entrecoupées de crises de terreur pure. Assis dans la boue, sous une pluie qui n'en finissait pas. Tourmenté par cette calamité appelée « pourriture de la jungle », qui faisait puer et gonfler les pieds. Obligé de se nourrir de rations K à tous les repas, au point d'en oublier le goût des vrais aliments. Révulsé par l'odeur répugnante de son propre corps quand il ne pouvait pas se laver pendant des jours, et par la pestilence insoutenable des cadavres en décomposition, japonais pour la plupart, entassés les uns sur les autres, autour desquels tournoyaient des nuées de mouches. S'il y avait de l'action, elle se déclenchait tout d'un coup. Les soucis du quotidien étaient oubliés momentanément, chassés par les tirs d'artillerie, les explosions et le désir désespéré de rester en vie. Après, quand tout était terminé, on se retrouvait de nouveau assis dans la boue sous la pluie, à rêver d'un beau ciel clair, des pins et des érables flamboyants à l'automne.

Ernie ne comprenait toujours pas comment il avait pu rentrer sain et sauf quand tant d'hommes avaient péri – des hommes qu'il connaissait et auxquels il pensait encore de temps en temps. On ne leur avait pas dit combien de Japonais restaient sur l'île. Ceux-ci surgissaient de nulle part comme des diables de leur boîte. Jamais Ernie n'avait connu de combats rapprochés aussi terribles. Il devait lutter à mains nues, en se servant de son couteau de chasse non réglementaire pour frapper sous les côtes avant de remonter vers le cœur. Parfois aussi, il utilisait comme une masse la crosse de son fusil, la projetant en tous sens jusqu'à rencontrer un crâne. Et tous ces sons odieux ! Le craquement des os, le bruit de succion d'une lame s'enfonçant dans la chair…

Il avait tenté en vain de refouler le souvenir du jour terrible où il avait reçu dans le dos et les jambes suffisamment de métal pour attirer un aimant de taille industrielle.

Ils progressaient à flanc de colline. L'humidité de l'air était telle que les hommes ruisselaient. La pression de leurs casques en devenait insupportable, leur donnant l'impression d'avoir le cerveau comprimé. Tous peinaient pour respirer, comme s'ils étaient asthmatiques. Frank lui avait dit quelque chose en riant. Ernie se rappelait encore ses dernières paroles : « Je m'offrirais bien un steak, tiens. » Puis des détonations avaient claqué, des balles étaient passées près d'eux en sifflant. Ils s'étaient tous jetés à terre et Frank avait riposté. Une fois le silence revenu, il s'était élancé sur la piste boueuse, pensant avoir abattu le Japonais qui les avait pris pour cibles. Ernie, qui s'apprêtait à le suivre, se retournait pour vérifier si le reste de leur section se trouvait bien derrière eux quand l'explosion l'avait soulevé du sol et projeté en avant comme si une immense main de feu le poussait dans le dos. La douleur, atroce, lui avait coupé le souffle. Incapable d'entendre ou de voir Frank au milieu des débris et de l'épaisse fumée, il avait voulu se redresser pour se mettre à sa recherche. Mais quelqu'un l'avait de nouveau plaqué au sol. Redoutant de tomber sur d'autres mines terrestres, il lui avait fallu une heure pour parcourir dix mètres. Alors seulement, Ernie avait pu se relever et rejoindre le démineur.

Comment dire à un gamin de dix-sept ans ce qu'on ressent en découvrant une tête humaine ? La tête de son ami ? Secoué de sanglots, Ernie avait serré contre lui celle de Frank, dont il avait refermé les yeux de ses doigts tremblants, couverts de sang. Frank, qu'il considérait comme un frère… Il avait grondé tel un ours blessé quand les gars avaient essayé de la lui prendre, puis découragé à coups de pied toute nouvelle tentative. Les autres l'avaient laissé tranquille jusqu'au moment où ils l'avaient placé sur un brancard avec son macabre chargement. Ernie ne se souvenait pas d'avoir souffert alors que son dos frottait contre la toile du brancard. Ce n'était qu'après l'avoir transporté dans un hôpital d'évacuation et mis sous morphine qu'on avait pu récupérer la tête de Frank.

Il avait eu de la chance. Malgré les nombreux éclats d'obus dans son dos, il avait survécu ; mieux, aucun de ces fragments de métal brûlants n'avait touché sa colonne, lui évitant la paralysie. Ernie aurait dû éprouver de la reconnaissance mais il était rongé par le doute. Il se reprochait de ne pas avoir été assez courageux, de n'avoir pas pris assez de risques pour protéger ceux qui étaient morts.

Par la suite, il s'était méfié des armes et n'était pratiquement plus retourné à la chasse après son mariage et son retour à

Olina. Claude Morriseau, installé dans un rocking-chair à la cuisine, avait perçu le malaise de son fils, son désarroi. Il lui avait alors tenu un discours lent et mesuré :

« Tu as fait ce que tu avais à faire, avait-il dit en regardant son fils enfiler sa tenue de chasse imprégnée de cèdre. Tu n'es pas devenu mauvais pour autant. »

Penché en avant, il avait ensuite prononcé des paroles qui allaient à l'encontre de celles qu'Ernie avait dû répéter pendant toute sa formation militaire.

« Ceci, avait-il ajouté en tapotant d'un doigt calleux le canon du fusil d'Ernie, est juste un outil, rien de plus. Ce n'est pas une partie de toi. Réfléchis bien avant de t'en servir, et surtout, ne te prends pas d'affection pour lui. Ainsi, tu ne tueras pas aveuglément. Seuls les idiots et les faibles, avait-il chuchoté dans la pénombre de la cuisine, aiment leurs armes. »

Ernie avait changé de position pour pouvoir faire face à Jimmy.

« Quand un homme te fonce dessus armé d'un fusil et d'une baïonnette, avait-il expliqué, tu n'as pas le temps de penser. C'est lui ou toi.

– T'as eu des médailles ?

– Oui, la Purple Heart à cause de ma blessure et la Bronze Star pour mon courage. Aujourd'hui, Rosemary m'enlève encore des éclats avec une lame de rasoir. Tu te rends compte, ils continuent à remonter à la surface, après tant d'années…

– Papa aussi a des médailles, avait observé Jimmy sur un ton amer. Il les sort juste pour me rabaisser. Mais tu sais, avait-il ajouté en regardant Ernie d'un air énigmatique, je crois pas qu'il se soit battu pendant la guerre. J'ai pas de preuve, bien sûr. C'est juste une impression, sans compter qu'il tire comme un pied. Alors je me dis que tout ça, c'est de la foutaise. De toute façon, venant de lui, je m'attends à rien d'autre.

– Oh, eh bien… »

Embarrassé, Ernie avait balayé d'un geste cette remarque.

« Tous les gars ne réagissent pas de la même façon. »

Pourtant, les propos de Jimmy l'avaient pris de court. Lui aussi aurait parié que John Lucas n'était jamais allé au front, en dépit des histoires dont il abreuvait la clientèle de Pete. Mais en aucun cas il ne ferait part de ses soupçons au jeune garçon. Ce n'était pas à lui de dévoiler au fils l'imposture du père.

Avec un soupir, il s'était resservi du café, puis en avait proposé à Jimmy. Celui-ci avait vidé sa tasse d'un trait avant de la lui tendre de nouveau.

« Je ne suis pas le seul à avoir souffert, avait repris Ernie en espérant détourner la conversation de ses propres expériences de la guerre. Quand Rosemary était infirmière aux Philippines, elle devait parfois aider à débarquer les blessés alors que les Japonais bombardaient la plage. Une de ses collègues y a laissé la vie. Rosemary, elle, a attrapé une mauvaise fièvre qui l'a rendue malade pendant longtemps.

– Oui, elle me l'a raconté.

– Ah ! Tu l'as questionnée ? »

Ernie avait souri en lui donnant une petite bourrade sur l'épaule.

« À propos, on ferait bien de rentrer. Rose nous a sûrement préparé un bon gâteau. »

Tous deux avaient traîné le cerf jusqu'à la ferme des Morriseau. Rosemary, dont le visage était apparu à la fenêtre de la cuisine, avait agité la main et s'était empressée de les rejoindre dans la cour. Les deux hommes avaient suspendu la carcasse à l'une des grosses poutres de la grange puis, confortablement installés dans la cuisine chauffée, ils avaient savouré une autre tasse de café.

Ce fut le cri guttural d'un héron qui arracha Ernie à ses souvenirs pour le ramener au présent. Comme s'il s'était endormi debout, il dut faire un effort pour reprendre ses esprits, et à cet instant seulement il remarqua le filet de salive qui avait coulé sur sa veste. Après l'avoir essuyé, il reprit sa traversée du marais. Il lui fallut encore cinq bonnes minutes pour atteindre le pied du versant nord, qu'il longea jusqu'à l'endroit où se croisaient trois pistes de cerfs – un coin qu'il connaissait bien pour y avoir beaucoup chassé. Enfin, il leva les yeux, et ce qu'il vit lui coupa le souffle.

Son affût avait disparu.

Ou plutôt, il n'était plus perché dans le grand pin rouge devant lui mais dispersé sous forme de débris sur la pente autour de l'arbre. Même l'échelle en bois qu'il avait fixée au tronc pour grimper jusqu'à la petite plate-forme camouflée avait été arrachée et jetée dans la neige. Sur le coup, Ernie pensa à un ours. En s'approchant, cependant, il s'aperçut que les morceaux de bois étaient criblés d'impacts de balles et que le sol alentour était jonché de douilles jaunes. Puis il découvrit l'arme – un ancien modèle de fusil à pompe saupoudré de neige, gisant à un mètre cinquante du pin. Une colère mêlée d'incompréhension s'empara de lui, que la raison eut tôt fait d'apaiser. Le fusil, cerné par de multiples traces de pas, lui semblait familier. Il s'agissait d'un Remington Wingmaster 870 qui s'était bien vendu dans les années cinquante et au début des années soixante. Il le ramassa, l'essuya, puis pompa pour éjecter les cartouches et jeta un coup d'œil dans la chambre afin de s'assurer qu'elle était vide. Enfin, il en appuya le canon sur son épaule, à côté de celui de sa propre carabine, et commença sa lente ascension.

Non seulement les empreintes qu'il suivait n'allaient pas en ligne droite, mais elles se doublaient de celles, reconnaissables entre toutes, d'Angel. Ernie avait gravi les deux tiers du versant quand son pied glissa sur des aiguilles de pin détrempées. Il tomba sur un genou et, avec une petite grimace de douleur, se redressa péniblement en se servant du Remington comme d'un bâton. De nouveau, il l'examina. Pas étonnant qu'il lui paraisse familier ! comprit-il soudain. Il l'avait autrefois possédé, puis offert. En passant les doigts sur la crosse, il sentit les lettres gravées à l'extrémité. JPL. James Peter Lucas.

L'estomac noué, il balaya du regard les environs, cherchant parmi les arbres et les broussailles un morceau de toile kaki, un motif particulier révélant une tenue de camouflage ou le sommet arrondi d'un casque métallique. Ses pires craintes au sujet de cette matinée de chasse s'avéraient fondées.

Instinctivement, il chargea sa carabine mais n'ôta pas le cran de sûreté et maintint le canon pointé vers le sol. Il appuya le vieux Remington contre le pin le plus proche avant de reporter son attention sur les traces qui disparaissaient au sommet de la crête. Son esprit fonctionnait au ralenti, lui semblait-il, aussi se frotta-t-il le front comme pour inciter son cerveau à s'activer.

En même temps, il s'obligea à respirer tout doucement afin de mieux percevoir les bruits autour de lui. Seul résonnait dans le silence le pépiement des mésanges, auquel se mêlait parfois l'appel d'un grimpereau. Ernie fit rapidement le calcul dans sa tête ; la mort de Jimmy remontait maintenant à quatorze ans, presque quinze. Jadis, il aurait donné cher pour le revoir une dernière fois, lui parler, mais aujourd'hui, il était terrifié par cette perspective. Or Jimmy était tout près. Ernie ne voulait pas lui tourner le dos, et pourtant, une peur irrationnelle l'y poussait.

« Jimmy ! » cria-t-il, avant d'écouter l'écho de sa voix se répercuter dans la forêt. Jimmy ! C'est Ernie ! »

Sans quitter des yeux le sommet de la crête, il attendit une quinzaine de minutes.

« Jimmy ! Je sais que t'es là ! Je ne t'en veux pas, tu sais… pour l'affût. »

Il patienta encore longtemps. Enfin, au moment où il allait trouver le courage de se détourner, il entendit des craquements dans les broussailles proches. Il était tellement obsédé par la dernière apparition de Jimmy qu'en voyant la silhouette d'un homme se dresser en haut de la pente il laissa échapper un hoquet de stupeur, persuadé que son cœur allait s'arrêter de battre.

Bill.

Il était d'une maigreur effrayante, et ses grandes mains osseuses pendaient, inertes, le long de ses flancs. Dans ses cheveux, tout comme sur sa veste à carreaux rouges et noirs, s'accrochaient des feuilles mortes et de la terre. Mais ce qui frappa surtout Ernie, ce fut le visage du jeune homme. Loin d'avoir le teint rougeaud des buveurs invétérés, Bill était d'une pâleur cireuse, et ses yeux profondément enfoncés dans leurs orbites brillaient d'un éclat fébrile.

« T'es là pour me punir, hein ?

– Non, Billy ! Je ne savais même pas que tu étais dans le coin.

– C'est moi qui ai fait ça », déclara Bill d'une voix monocorde en le regardant d'un air hagard.

Ernie balaya d'un geste ces aveux.

« Ah, ne t'inquiète donc pas pour l'affût, j'en fabriquerai un autre. Celui-là allait finir par pourrir, de toute façon. C'est rien, mon garçon. T'as eu envie de te défouler ?

– C'est moi qui ai fait ça, répéta Bill.

– Je m'en fiche, Billy. C'étaient juste des vieilles planches. Allez, oublie ça. J'ai une idée, reprit-il du ton apaisant qu'il utilisait avec les animaux malades. Tu vas rentrer avec moi, d'accord ? Rosemary serait tellement contente de te voir ! Qu'en penses-tu ?

– T'es là pour me punir, s'obstina Bill, dont les yeux se portèrent vers la carabine d'Ernie.

– Non, non, je t'assure. J'allais chasser le cerf. »

Sans quitter du regard le jeune homme, Ernie se baissa pour poser sur le sol l'arme chargée. Puis, lentement, il s'avança vers Bill. « Alors, tu viens ? Tu ne m'as pas l'air en forme. Je te ramène à la maison, OK ?

– Non ! hurla Bill, amenant Ernie à s'arrêter. C'est moi le coupable, t'entends ? »

Il frottait frénétiquement ses mains sur le devant crasseux de sa veste.

« Mais enfin, Billy, de quoi parles-tu ? demanda Ernie, gagné par la frustration. Qu'est-ce que tu as fait ? »

Le jeune homme leva les yeux vers la cime des pins. Ses lèvres remuaient, mais aucun son ne s'en échappait. Enfin, il reporta son attention sur son vieux voisin, et, soudain, la vue de ce visage amical venu du monde de son enfance libéra le chagrin accumulé depuis des années en lui. Il fit quelques pas chancelants et chuta sur les fesses.

« C'est moi, sanglota-t-il. J'ai tué mon frère. »

Ernie relâcha brusquement son souffle, comme s'il venait de recevoir un coup au creux de l'estomac. Les mains sur les cuisses, il se pencha.

« Bill… Tu sais bien que c'est impossible. Jimmy est mort depuis presque quinze ans. Tu n'en avais que neuf à l'époque. Il a été tué au Vietnam, tu te rappelles ?

– Non ! Je… je l'ai vu. Je voulais pas… lui tirer dessus. J'ai cru que… que c'était le chien. J'étais furieux parce qu'il refusait de venir… »

Il hoqueta.

« Après, j'ai vu James. Et il s'est enfui. J'arrêtais pas de lui crier de m'attendre mais… il continuait à courir. Je… je voulais pas lui tirer dessus ! J'ai trébuché, le fusil est tombé et le coup est parti tout seul. Jimmy brûlait, il courait comme un fou et… et il s'est effondré. Je l'ai cherché partout dans le champ. Je… je l'attendais depuis si longtemps ! J'étais si heureux de le revoir ! Mais je l'ai pas retrouvé. Nulle part. Il s'est enfui, et moi, je l'ai tué. »

Il plia les jambes et posa le front sur ses genoux. Ernie, impuissant, le regardait pleurer. Ses mains tremblaient, la sueur coulait le long de ses bras jusqu'à ses paumes. *Dis, tuer un homme, c'est pareil que tuer un cerf ?*

Il n'oublierait jamais ce jour-là. Le contact du manche de la pelle dans sa main. Le hurlement du chien. La vue de Jimmy en plein milieu du champ. La douleur explosant dans sa tête et sa poitrine avec une telle force qu'il s'était cru sur le point de mourir là, agenouillé dans la neige.

Par la suite, cette même douleur avait reflué pour mieux envahir insidieusement tout son être. Tel un poison engourdissant ses sens, une maladie innommée pendant quinze ans, elle l'avait privé peu à peu des plaisirs les plus simples, empêché de remarquer les détails importants : le passage des nuages devant une lune pleine, le cliquetis des griffes d'Angel sur le plancher, les premières mèches blanches dans les cheveux de sa femme, la solitude de plus en plus grande dans ses yeux. Et puis, au moment même où il pensait ne plus avoir d'autre solution que de se pendre à l'une des poutres de la grange, Ernie avait descendu l'escalier un soir de juillet pour rejoindre Rosemary assise au salon, les mots retenus depuis 1968 se frayant enfin un chemin jusqu'à ses lèvres. Il se rappellerait toujours la façon dont elle avait tendu les bras vers lui, prête à le rattraper si nécessaire. Et elle l'avait bel et bien rattrapé. Au cours des cinq mois écoulés, elle l'avait empêché de sombrer de nouveau, lui maintenant la tête hors de l'eau, le serrant contre elle chaque fois qu'il pleurait. Jamais il n'avait vu l'ombre du doute dans son regard ni un coup d'œil furtif laissant supposer qu'elle le croyait peut-être fou. Ernie l'avait suppliée de ne pas souffler mot de ce qu'il avait vu et Rosemary avait docilement gardé l'histoire pour elle. Mais c'était compter sans Bill.

Ernie gravit lentement la pente pour le rejoindre, s'assit à côté de lui et l'attira dans ses bras en le berçant doucement. D'une poche de sa veste, il retira son chiffon pour lui essuyer d'abord le nez, puis la joue où le tissu imprégné de graisse à fusil avait laissé une traînée huileuse.

« Billy… murmura-t-il en le sentant se laisser aller contre lui. Jimmy est mort depuis longtemps.

– Pas pour moi.

– Non, je sais que pour toi, il n'est pas mort. Il a probablement toujours été avec toi, ajouta Ernie en regardant l'endroit où gisait la carabine. Ici même. »

Quand il se tut, seuls les sanglots de Bill troublèrent la quiétude de la forêt.

Enfin, il recommençait à apprécier l'automne, songea Ernie en contemplant le ciel de novembre. Il aimait la mise en conserve des fruits et des légumes, les derniers préparatifs destinés à aménager la maison et la grange pour l'hiver. Il aimait les sillons sombres creusés dans la terre par les labours qui les préparaient à absorber la fonte des neiges au printemps. Il aimait l'odeur des feux de cheminée, une odeur ancestrale qui collait à sa peau et le rendait heureux d'avoir un foyer accueillant et chaleureux. Il aimait la silhouette austère des feuillus dénudés qui se découpait sur les cieux gris pommelé, et le jaune vibrant des mélèzes dans le marais. Il aimait le silence de plus en plus profond et la vue de tout cet espace au-dessus de sa tête, traversé par des oiseaux migrateurs dont les voix résonnaient, lui semblait-il, depuis des temps immémoriaux. Pour lui, cette saison ne marquait pas une fin mais une transformation ; les créatures vivantes s'envolaient vers une autre partie du monde, se réfugiaient sous terre, s'endormaient ou au contraire se montraient plus vigoureuses que jamais. C'était la saison des esprits et du monde spirituel, la saison la plus riche de traditions et de rituels pour lui, la saison de son père. À cinquante-huit ans, Ernie regrettait toujours la disparition de ses parents, et surtout celle de Claude Morriseau.

Sentant la tête de Bill glisser sur son bras, il le redressa délicatement de façon à lui caler la nuque contre son torse. Après avoir écarté quelques mèches humides égarées sur le front du jeune homme, il remarqua les fines veines bleues sur ses paupières et l'étonnante couleur de son teint, d'un blanc cireux presque translucide. Bill avait tellement maigri que la peau sur son visage se plissait par endroits, le faisant paraître bien plus vieux que ses vingt-trois ans. D'une main, Ernie lui frotta les joues pour les réchauffer. Bill avait toujours été très pâle de toute façon, contrairement à son frère. Comme il avait taquiné Jimmy quand il avait commencé à se raser, lui tapotant la figure chaque fois qu'il y remarquait une écorchure ! se rappela Ernie. Tout en frottant plus fort les joues de Bill, il tenta de se remémorer quel âge avait Jimmy quand il s'était présenté chez eux pour la première fois. Cinq ans ?

Il était venu les trouver. Au début, Ernie et Rosemary ne s'étaient pas posé de questions sur la raison de sa présence, mais quand ses visites avaient commencé à se multiplier, ils en avaient déduit que tout n'allait pas pour le mieux chez les Lucas. Jimmy mangeait des sandwichs aux œufs frits avec Rosemary le matin et essayait d'aider Ernie dans la grange l'après-midi. En général, à ce moment-là, Rosemary appelait Claire Lucas pour lui demander si son fils pouvait dîner avec eux. Bientôt, le jeune Bill avait suivi son frère chez leurs voisins. Si sa femme les maternait, Ernie, désireux de maintenir ses distances, se montrait plutôt bourru envers les deux garçons, d'autant qu'il avait une conscience aiguë de l'antipathie de John Lucas à son encontre. Une antipathie réciproque, du reste.

Les deux frères avaient beau fréquenter assidûment la ferme des Morriseau, l'appel de Claire en ce jour d'août avait grandement surpris Ernie.

« Jimmy voudrait aller à la chasse et je n'en peux plus de dire non. Je ne veux pas que mon mari lui apprenne à tirer. Il… il n'a pas le temps, avait-elle ajouté dans un souffle. Vous accepteriez de l'emmener ? »

Il avait deviné sa nervosité à la façon dont sa voix faiblissait à chaque fin de phrase. Elle avait dû rassembler tout son courage pour oser formuler une telle requête. « C'est Claire », avait-il articulé en silence à l'intention de Rosemary, occupée à pétrir du pain. Elle avait haussé les sourcils d'un air étonné. Leur voisine se manifestait si rarement… Ne sachant pas si John Lucas était au courant de l'initiative de sa femme, Ernie avait encore hésité avant de reprendre la parole.

« Jimmy a un fusil ? » avait-il demandé enfin.

Comme sa question était accueillie par un silence éloquent, il s'était empressé de dire :

« Ne vous en faites pas. J'en ai un à lui prêter, ainsi que des vêtements de chasse. »

Il mentait. Il ne possédait aucune arme sûre à mettre entre les mains d'un gosse de douze ans ni aucune tenue susceptible de lui aller.

« Je ne sais pas trop quoi penser, avait-il déclaré après avoir raccroché. Je ne tiens pas à ce que ce sale ivrogne de John débarque chez moi en hurlant. C'est lui qui devrait se charger de Jimmy. Après tout, c'est son fils. Et s'il arrivait quelque chose ? On serait responsables. »

Rosemary avait délaissé sa tâche puis avait écarté d'un revers de main une mèche tombée devant son œil, laissant une trace farineuse au-dessus de son sourcil.

« Ce que tu peux être bouché, parfois, mon chéri ! À ton avis, pourquoi les garçons passent-ils autant de temps chez nous ? Tu crois vraiment que John se soucie d'eux ? Pour que Claire ose te demander ce service… C'est révélateur, non ? Elle est l'autre parent. »

Elle avait placé la boule de pâte dans un saladier beurré qu'elle avait recouvert d'un linge.

« On a les moyens d'acheter un autre fusil et quelques vêtements, avait-elle ajouté posément en grattant les petits morceaux de pâte collés à ses paumes. Et puis, je crois que ce sera une bonne chose pour toi aussi. »

La réaction de sa femme avait eu raison des dernières réticences d'Ernie. Il avait accepté de relever le défi, motivé par le souvenir des parties de chasse avec les hommes de sa famille et le triste constat qu'il n'avait pas d'enfants à qui transmettre les enseignements de son père.

Ces expéditions les avaient beaucoup rapprochés, Jimmy et lui. Tous deux avaient affronté le froid et la pluie, retranchés dans un affût où ils buvaient du café, grignotaient des brownies et plaisantaient en attendant qu'une nuée de colverts, de carolins, de sarcelles d'hiver ou de fuligules à tête noire descende du ciel pour venir se poser sur la berge de la Chippewa. Ils avaient traversé des sous-bois touffus où croissaient peupliers et trembles, le visage fouetté par les branches et le pantalon couvert de bardanes, en essayant de ne pas perdre de vue Butter, le labrador jaune qu'Ernie avait alors. C'était un vieux chien plein de malice. Les deux chasseurs ne savaient jamais à quel moment une soudaine envolée de plumes signalerait la présence d'une gélinotte huppée, car Butter n'en faisait qu'à sa tête.

Un jour, quand Jimmy avait quatorze ans, le chien avait rendu furieuse une ourse en pourchassant l'un de ses petits. Ernie et son jeune compagnon s'étaient précipités vers les arbres les plus proches, Ernie se plaçant d'instinct sur la trajectoire de la femelle en colère pour laisser à Jimmy le temps de grimper. Ils étaient restés sur leur perchoir jusqu'au moment où l'ourse, lasse de poursuivre Butter, s'était éloignée, son petit dans son sillage. Le labrador s'était alors tranquillement assis sous l'arbre où s'était réfugié son maître, la gueule ouverte comme s'il arborait un sourire idiot.

Ernie avait aussi emmené son jeune compagnon pêcher le corégone blanc et la truite arc-en-ciel dans la rivière Namekagon, la Brule, le Flambeau Flowage et même le lac Supérieur. Partout où ils allaient, on les prenait pour le père et le fils. Sauf que Jimmy était beaucoup plus grand qu'Ernie et son mètre soixante-dix-huit. Les autres chasseurs et pêcheurs en riaient, gratifiant Ernie d'une bonne bourrade dans le dos en s'extasiant sur la taille de son « rejeton ». En général, Ernie ne les laissait pas dans l'erreur, mais Jimmy, lui, se contentait de sourire. À dix-sept ans, il était devenu un chasseur beaucoup plus doué et intuitif que bien des hommes trois fois plus âgés. Ernie était un bon professeur et Jimmy un élève doué. Trop doué pour son bien, ce qu'Ernie n'avait pas compris à l'époque. Parce qu'il savait manier un fusil, Jimmy s'était cru à même de pouvoir se défendre.

Les bombes. C'était l'une des différences les plus évidentes entre la chasse et la guerre. Aucune balle ne pouvait neutraliser ces engins infernaux. Ni ces projectiles mortels qu'on pouvait lancer sur une cible aussi facilement qu'une balle de base-ball. Les armes avaient évolué depuis la Seconde Guerre mondiale, elles étaient devenues plus profilées, plus précises, mais si le conflit auquel avait participé Jimmy déroutait autant Ernie, c'était surtout parce qu'il n'en comprenait pas la raison.

J'ai connu dans les marines des hommes formidables. Y compris parmi les officiers. En attendant, les troufions dans mon genre se faisaient automatiquement taxer d'idiots s'ils n'étaient pas allés à l'université. C'est vrai, certains des gars de la 5e division n'avaient même pas leur bac, mais ils n'étaient pas *stupides* pour autant. Avant tout, ils venaient de familles pauvres. Plus pauvres encore que je ne pouvais l'imaginer. Pour eux, le Corps représentait une île au soleil, avec ananas et cocotiers. Quelques-uns, tel Cracker Jack, avaient failli séjourner derrière les barreaux. On lui avait donné son surnom tout gosse, m'a-t-il raconté, parce qu'il adorait les boîtes de Cracker Jack avec les surprises à l'intérieur. Comme il n'avait pas de quoi les acheter, il les fauchait dans les magasins, et, en grandissant, il s'était mis à faucher des trucs plus gros. Quand on l'avait arrêté après un vol de voiture, on lui avait donné le choix : la prison ou l'armée. Il avait opté pour les marines, pensant que quelques coups de pied au cul le remettraient dans le droit chemin.

Pour ma part, j'avais mon bac. Ma mère m'avait également convaincu à force de me traîner jusqu'au bibliobus que, tout comme respirer, lire répondait à un besoin vital. Elle avait raison.

J'ignorais quel genre de pays était le Vietnam. J'étais terrifié à la perspective de partir, et je me doutais que la seule façon de me débarrasser d'une partie de mes peurs consisterait à découvrir où j'allais atterrir et qui vivait là-bas. J'avais toujours été passionné par l'histoire. Alors j'ai dévoré tout ce que je pouvais trouver sur le Vietnam au cours de mes rares moments de liberté pendant ma formation. D'accord, j'ai passé une nuit avec une prostituée et chopé la chaude-pisse, ce qui a bien fait marrer tout le monde. Mais le reste du temps, je lisais. D'un côté, ça m'a aidé. De l'autre, ça m'a rendu les choses encore plus difficiles.

Les officiers, à Khe Sanh, mentionnaient toujours Diên Biên Phu. Je savais exactement de quoi ils parlaient même si je n'en laissais rien paraître. C'était comme la bataille de Little Bighorn, sauf que c'était arrivé au Vietnam, où les troupes de Giap avaient massacré les Français en 1954. J'avais l'impression de lire les pensées de mon commandant : le sort réservé aux Français n'était rien en comparaison de ce que Giap voulait faire aujourd'hui. Puisqu'il avait déjà réussi à monter une opération de cette envergure, il pouvait très bien recommencer avec nous. Et quel triomphe ce serait alors pour lui ! Massacrer les soldats du pays le plus puissant du monde… La base de Khe Sanh ressemblait à un enclos où grouillaient des cochons – nous – en attente d'être étripés.

J'ai appris beaucoup de bonnes et de mauvaises choses chez les marines. Les mauvaises allaient à l'encontre de pratiquement toutes les valeurs qu'on m'avait inculquées avant mon engagement. Parmi les bonnes, une se détachait du lot : *ne prends pas ce qui ne t'appartient pas.*

À l'approche de Noël, Marv m'a demandé un soir :

« Tu sais pourquoi on est là ? »

Ce n'était pas une question idiote. Il ne l'aurait jamais formulée avant de quitter les États-Unis, mais en découvrant le vaste merdier qu'était le Vietnam, on ne pouvait que la poser. De toute façon, on n'avait rien à perdre. Surtout quand on était coincé à Khe Sanh.

« Pour combattre le communisme », ai-je dit – la réponse attendue. Je lisais *Huckleberry Finn* pour la énième fois en buvant une bière piquée dans les réserves d'un autre bunker. J'avais également emporté *L'Homme qui a tué le cerf*. Parmi tous les bouquins offerts par Ernie, je n'avais pris que ces deux-là. Mon calibre 45 faisait la sieste sur mon ventre. Je le gardais toujours à portée de main même dans mes moments de détente, à cause des rats. Des rats monstrueux, porteurs de tout ce qu'on ne voulait surtout pas attraper, entre autres la rage, et infestés de puces elles-mêmes porteuses de maladies telles que la typhoïde. Se faire mordre par un rat était considéré comme une blessure de guerre au même titre que recevoir une balle ou un éclat d'obus. Ils se réfugiaient dans les sacs de sable, et certaines nuits ils nous tombaient dessus pendant qu'on dormait. Quel enfer c'était ! Je sentais soudain le poids de l'animal sur mon torse, puis des griffures sur ma peau lorsqu'il prenait la fuite. Et ces couinements... Je me réveillais en beuglant comme un veau. J'aurais juré que les Viêt-congs les dressaient, ces putains de rats. Dieu que je les détestais. Je les dégommais dès que j'en voyais un.

« Ouais, je sais bien, a repris Marv. Mais c'est ce qu'ils veulent, merde ! Du moins, les Vietnamiens. Pour les Yards, je suis moins sûr. À vrai dire, j'ai même pas compris ce qu'était le communisme. Alors, sérieux, qu'est-ce qu'on fout là ? »

Marv étudiait à l'université depuis un an quand il avait été appelé sous les drapeaux. Il était intelligent. Mais les bombardements l'avaient traumatisé et il avait du mal à réfléchir. Dans certaines situations, l'ignorance est une véritable bénédiction. Tout à *Huckleberry Finn*, j'ai reformulé ma réponse dans des termes susceptibles de le faire rigoler.

« Passsse que… ai-je commencé en imitant l'accent traînant du Sud, un tas de vieux croulants ont fourré leurs pattes dans cette boîte de biscuits. Et on est là pour s'assurer qu'ils ont chacun leur gâteau.

– Et nous, on aura quoi ?

– Des médailles.

– Je suis censé me prendre des bombes sur la tête juste pour avoir une médaille ?

– Ouais. »

Vu qu'il ne disait plus rien, je l'ai regardé. Il avait la moustache piteuse et les joues ombrées d'un chaume irrégulier, comme si le rasoir avait tressauté dans sa main, manquant certains endroits. Malgré sa barbe naissante, il avait l'air aussi jeune que mon frangin. Et tout aussi triste. C'est drôle, jamais je n'aurais pensé qu'on puisse s'attacher autant à quelqu'un en si peu de temps. Tout en sachant pertinemment que ce n'est pas une bonne idée puisque l'autre risque de mourir n'importe quand. Voilà pourquoi on était là : pour tuer et être tué. Marv, lui, n'avait pas eu le choix. Mais moi, j'étais le seul responsable de mes actes. J'avais signé un pacte avec le diable, en somme. Rick s'était enrôlé lui aussi. J'étais le pauvre con qui l'avait laissé se faire choper par le démon.

« Écoute, ai-je dit en lui tendant mon bouquin, tu vas lire *Huckleberry Finn*. Ça te changera les idées.

– Et ça me sauvera la vie ? a-t-il ironisé.

– Peut-être bien, ai-je répondu avec un certain sérieux. Peut-être bien. »

Un mois après avoir accompagné les deux lieutenants chez les Lucas, Ernie avait menti une nouvelle fois en racontant à sa femme qu'il partait toute la journée à Madison chercher des pièces pour le tracteur Farmall, impossibles à trouver ailleurs. Afin de s'assurer qu'il ne ferait pas le voyage pour rien, il avait d'abord appelé la base arrière et pris rendez-vous avec l'officier resté dans la voiture au moment du départ.

« Je ne peux rien vous dire sans l'autorisation de la famille.

– Je n'en parlerai à personne », avait répliqué Ernie.

Il s'était penché en avant pour poser les coudes sur le bureau du lieutenant Hildebrandt.

« Son père n'en avait rien à faire de lui. Je sais que vous n'avez pas tout raconté à sa mère. Je ne bougerai pas d'ici tant que vous ne m'aurez pas donné des explications.

– Ce n'est pas si facile…

– J'ai combattu aux Philippines. »

Ernie s'était levé, avait déboutonné sa chemise et l'avait enlevée. Puis il s'était retourné pour montrer son dos à l'officier.

« Je n'étais pas dans les marines mais dans l'armée. Je ne

cafterai pas auprès d'eux, si c'est ce que vous craignez. Ça vous rassure ? »

Après s'être rhabillé, il avait esquissé un sourire entendu.

« J'imagine que l'armée et les marines n'ont toujours pas fait ami-ami… »

Hildebrandt avait ouvert le dossier placé devant lui et déplié une carte.

« Ce sont juste des notes prises pendant l'entraînement et sur le terrain, monsieur Morriseau. Le soldat Lucas appartenait à la 5e division des marines, 26e régiment, 3e bataillon, compagnie India… »

Il avait indiqué un point sur la carte. Quang Tri.

« Il était stationné à la base de combat de Khe Sanh. Le 20 janvier, avait poursuivi le lieutenant en déplaçant légèrement son doigt, la compagnie Bravo a perdu temporairement le contrôle de la colline 881 Nord, et la compagnie India a quitté la colline 881 Sud pour participer à la reconquête de la 881 Nord. Apparemment, le soldat Lucas se trouvait juste derrière le lieutenant Miller quand ils ont lancé l'offensive sur le flanc ouest. Le rapport précise qu'il y avait du brouillard ce jour-là et qu'il s'est levé seulement en début d'après-midi. Nos hommes ont alors découvert qu'ils étaient cernés par l'armée nord-vietnamienne. Le lieutenant Miller a été abattu. Le soldat Lucas, qui le suivait, d'après le soldat Marvin Martinson, est passé devant lui. Ensuite, Martinson ne l'a plus vu. Un F-4 a largué du napalm tellement près de nos troupes que le soldat Martinson en a eu la moustache carbonisée. Il affirme avoir entendu aussi une explosion. »

Le regard rivé sur le bureau de l'officier, Ernie avait murmuré :

« Rien d'autre ?

– Il est inscrit dans son dossier que le soldat Lucas s'est distingué par sa valeur pendant l'entraînement et que c'était l'un des meilleurs tireurs jamais reçus à Camp Pendleton. Le capitaine Kendall a noté que le soldat Lucas se serait illustré à Annapolis et s'est étonné qu'il ne soit pas allé à l'université. Il était tireur d'élite au Vietnam. Extraordinairement doué, à ce qu'il paraît. Très apprécié de ses camarades. »

Une longue pause s'était ensuivie, durant laquelle Ernie avait perçu du bruit dans le couloir.

« Écoutez, monsieur Morriseau, je vais être franc avec vous. À mon avis, il a pris de plein fouet la vague de napalm. Je prie Dieu pour qu'il ait été abattu avant. »

Sentant un flot de bile lui remonter dans la gorge, Ernie avait toussé.

« Vous étiez là-bas, vous aussi ? avait-il demandé d'une voix faible.

– Oui. Ironiquement, j'étais à Khe Sanh en 65 et en 66. La base est située sur un plateau lui-même bordé de collines. À condition d'ignorer tout ce que cachait cette beauté, on aurait pu se croire au paradis… Après mon départ, avait repris Hildebrandt, ils ont renforcé les effectifs. Vous avez lu les journaux ? »

Ernie avait fait non de la tête.

« Khe Sanh n'était qu'une cible préliminaire. Les Nord-Vietnamiens se dirigeaient en masse vers Huê. En ce moment même, c'est un véritable enfer, là-bas. »

Cette fois, Ernie s'était levé.

« Je vous remercie pour votre franchise, lieutenant. Je suis sûr que vous avez apporté un précieux soutien aux hommes de votre unité. »

Hildebrandt s'était mis debout à son tour.

« Je n'en sais rien, hélas. Je suis prêtre et il m'arrivait aussi de prêter main-forte aux équipes médicales. Je n'étais pas censé participer aux affrontements ni même porter d'arme. Ce qui ne m'empêchait pas d'avoir toujours sur moi un quarante-cinq… »

Il avait passé une main dans ses cheveux en brosse.

« Je pensais avoir connu le pire au Vietnam. Mais aujourd'hui, toutes ces visites aux familles…

– Vous serez bientôt démobilisé, j'imagine. Vous ne pourriez pas vous établir dans une petite paroisse tranquille ?

– Pour tout vous dire, j'aurais pu être démobilisé il y a déjà quelques mois. À ce stade, c'est du volontariat. Mais je vais partir sous peu. »

Il avait contourné son bureau pour pouvoir raccompagner Ernie jusqu'à la porte.

« Vous étiez très attaché à James Lucas, n'est-ce pas, monsieur Morriseau ?

– C'est vrai. »

Au moment de franchir le seuil, Ernie s'était tourné vers l'aumônier.

« C'est moi qui lui ai appris à tirer. »

Il avait regardé Ernie Morriseau s'éloigner dans le couloir étroit, tourner à l'angle et disparaître.

Dans une semaine, il informerait de sa décision l'évêque de son diocèse puis remplirait les papiers de démobilisation afin de quitter le corps des aumôniers de la Marine. Il ne savait pas encore ce qu'il ferait après. Cette visite chez les Lucas semblait avoir ouvert un trou dans son cerveau par lequel Marcus s'était faufilé. Hildebrandt pensait à lui chaque jour, il avait presque l'impression de sentir sa présence. De nouveau, il avait songé aux paroles de saint Jean : « *La prière de la foi sauvera le malade, et le Seigneur le relèvera ; et s'il a commis des péchés, il lui sera pardonné.* »

Après avoir fermé sa porte, il était allé se rasseoir à son bureau, les yeux fixés sur la fenêtre. On lui avait remis les plaques militaires de Marcus pour qu'il puisse les laver avant de les placer dans la housse mortuaire où se trouvait le corps. La chaîne enroulée autour des doigts, il avait vu l'eau emporter le sang et les fragments de peau. Longtemps il avait contemplé la plaque rectangulaire où figurait le numéro de matricule du soldat Marcus. Ce bout de métal était tout ce qui subsistait d'un homme. Tout ce qui subsistait d'une vie.

Comme c'était étrange… Lui aussi avait eu des plaques militaires, puisqu'il était prêtre et soldat. Pourquoi n'en avait-il pas pris conscience avant ? Pourquoi n'avait-il jamais fait le rapprochement ? Ces plaques réglementaires ne représentaient que cinq des quinze mystères du rosaire. Pas les cinq joyeux ou les cinq glorieux, mais les cinq douloureux, gravés dans le métal par une machine pour être confiés à chaque homme – ou adolescent, comme Marcus.

La veille, Hildebrandt s'était rendu à l'université du Wisconsin, où les étudiants organisaient des marches de protestation. Dans tout le pays, les manifestations prenaient de l'ampleur. Une pancarte en particulier avait attiré son attention, brandie non par un jeune mais par une femme d'âge mûr. Il avait supposé, avant même de lire l'inscription, que la photo militaire officielle collée sur le bois était celle de son fils. En guise de slogan, le texte disait :

CHER PRÉSIDENT JOHNSON,
MON FILS EST MORT À CAUSE DE VOS PÉCHÉS.

Ce fredonnement dans ses oreilles… Hildebrandt s'était concentré comme si le soldat Marcus se tenait près de lui, chantonnant cet air familier. Une comptine. « *Down will come baby, cradle and all*[1]. »

Ernie avait quitté Madison sans avoir appris grand-chose. Au fond, l'aumônier avait simplement confirmé ses soupçons : Jimmy avait eu une fin atroce, son corps avait été réduit en cendres sur cette colline. Jusque-là, après ce qu'il avait vu pendant la Seconde Guerre mondiale – tous ses copains morts là-bas, dont Frank Larue –, il avait cru que rien ne pourrait plus le bouleverser. Mais la pensée de ce qui était arrivé à Jimmy l'atteignait en plein cœur, lui causant une souffrance intolérable. Il était rentré courbé sur le volant de son pick-up, avec l'impression de suffoquer sous le poids de l'information qu'on lui avait donnée dans l'après-midi.

« Ernie, avait répété Rosemary la semaine précédente, écoute-moi, tu veux ? À cet âge-là, les enfants se croient immortels. Ils font tout le contraire de ce qu'on voudrait qu'ils fassent. Ma mère disait que j'étais égoïste et affectée. Mon père, qu'il n'aurait jamais pensé voir sa fille partir un jour au front. Tes parents ont été très malheureux quand tu t'es engagé. Et si heureux quand tu es rentré en vie… »

Elle avait raison, il le savait. Il n'aurait pas pu amener Jimmy à revenir sur sa décision. Le simple fait qu'ils aient survécu à la guerre, Rosemary et lui, avait dû donner à Jimmy l'espoir de connaître le même destin.

1. Littéralement : « Et tomberont le bébé, le berceau et tout le reste. » *(N.d.T.)*

« Bill est toujours vivant, lui avait-elle rappelé. Et si on essayait de renouer avec lui ? »

En regardant Bill, Ernie comprit qu'ils avaient sans doute attendu trop longtemps.

Les joues sillonnées de larmes, le jeune homme gémissait. Physiquement, Bill tenait de son père, mais Ernie ne pouvait ni ne voulait croire qu'il avait aussi hérité de sa personnalité. Pas le gosse dont il se souvenait. Avec son épée en bois. Sa grande carapace de tortue lui dissimulant tout le bras gauche, comme s'il était manchot. Son sourire timide et plein d'espoir, façon Oliver Twist, quand il pressait son petit visage contre la porte-moustiquaire à l'heure du déjeuner.

Lorsque Ernie lui caressa le front, un autre souvenir lui revint en mémoire. Autrefois, il lui suffisait de tendre l'oreille pour localiser Bill n'importe où sur ses terres. Sa voix d'enfant résonnait comme une aria.

Il le berça durant les trois heures suivantes, jusqu'au moment où les sanglots de Bill se réduisirent à une plainte sourde de temps à autre. Quand il s'endormit enfin, Ernie se dégagea et l'allongea doucement sur le sol. Puis il se redressa et étira ses membres engourdis en jetant un coup d'œil au bas de la pente, où son fusil était toujours par terre et le vieux Remington appuyé contre l'arbre. Il lui faudrait revenir les chercher plus tard. Il se pencha, souleva Bill dans ses bras, stupéfait par la légèreté de ce grand corps famélique, et entama le long trajet du retour.

Le ciel, ensoleillé en début de matinée, se couvrit vers midi. Comme toujours en novembre, la lumière commença à décliner vers quatre heures. Le manque de sommeil me rendait rêveuse, distraite. Je regardais par la fenêtre en me remémorant les mains d'Ernie sur mes seins quand je me suis soudain écorché le pouce en épluchant des pommes de terre. J'ai lâché le couteau puis secoué bêtement la main pour essayer de chasser la douleur. Alors que je tenais mon doigt sous l'eau froide, j'ai entendu le chien gémir et gratter à la porte de derrière.

Angel, parti toute la nuit, avait bien choisi son moment pour rentrer. Lorsque j'ai ouvert la porte, le vent m'a giflée et je me suis empressée de la claquer une fois le chien à l'intérieur. La température chutait vite, manifestement. Je n'ai rien remarqué avant que le chien traverse la cuisine jusqu'à son écuelle, disséminant de minuscules gouttelettes rouges sur le lino derrière lui. Intriguée, je me suis baissée pour l'examiner pendant qu'il lapait son eau. Il s'est légèrement écarté quand j'ai voulu lui palper le flanc droit. Il avait reçu une décharge de grenaille, ai-je constaté en voyant les petits plombs logés dans la peau. Pourtant, à ma grande surprise, il ne paraissait pas souffrir ; après avoir tourné sur lui-même à trois reprises, il s'est tranquillement laissé choir sur sa couverture. J'étais abasourdie. Qui pouvait lui vouloir du mal ?

Ma trousse d'infirmière se trouvait dans le pick-up d'Ernie. Je savais qu'il me faudrait attendre son retour pour soigner le chien – il le maintiendrait pendant que je retirais les plombs avec mes plus petits forceps –, mais j'ai néanmoins enfilé ma veste afin d'aller chercher mes instruments.

Les premiers flocons de ce qui allait devenir une véritable tempête de neige m'ont cinglé le visage et j'ai détourné la tête pour les éviter. Au même instant, j'ai aperçu la silhouette distante mais familière d'Ernie à l'orée du bois. Je me souviens d'avoir souri en pensant que la chasse avait dû être bonne, vu la lenteur de son pas. J'avais récupéré ma trousse et je regagnais la maison lorsque mon regard a de nouveau été attiré en direction du champ. Cette fois, la démarche d'Ernie m'a paru bizarre : il semblait lesté d'un lourd fardeau qui gênait sa progression. Or, en général, il revenait chercher le pick-up pour y charger le gibier abattu. Pourquoi avait-il décidé de le rapporter, cette fois ? Et comment s'y était-il pris pour charger sur ses épaules une bête de peut-être cent kilos ?

Soudain, en distinguant plus nettement la silhouette de mon mari, j'ai poussé un cri. La trousse serrée contre moi, je me suis élancée vers lui. Mais je n'avais que mes pantoufles aux pieds et, parvenue à la hauteur de la grange, j'ai simultanément dérapé et entendu Ernie m'appeler. Ma trousse a atterri dans la boue, tout comme moi. En me redressant, j'ai entendu Ernie m'appeler de nouveau :

« Rose ! Rentre ! Tiens-toi prête à nous ouvrir ! »

Je suis retournée tant bien que mal jusqu'à la véranda, où je me suis débarrassée de mes pantoufles trempées. Mes pieds me brûlaient. J'ai sautillé sur place pour les empêcher de s'engourdir pendant que j'attendais. Ernie s'est arrêté à plusieurs reprises pour mieux répartir le poids de l'homme dans ses bras. Le vent se levait et la neige tombait désormais de plus en plus dru, en grands rideaux blancs. Mon mari avait atteint la grange mais je le discernais à peine.

Juste à temps, ai-je pensé.

Cette première soirée et les semaines qui ont suivi ont ravivé blessures secrètes et douleurs muettes, certaines imprégnant l'atmosphère autour de nous ou devenues visibles sur nos visages et nos corps, tels des signes en braille destinés à être lus du bout des doigts. D'autres, encore, furent exprimées à haute voix.

Je me souviendrai toujours de la façon dont Ernie a dû se placer de côté tellement Bill était grand ; malgré cette précaution, une des bottes du jeune homme a accroché le ressort de rappel de la porte-moustiquaire et l'a étiré comme un élastique. Je me suis glissée entre les deux hommes et la porte pour le dégager.

Mon mari a allongé Bill sur le lit jumeau où celui-ci dormait enfant quand il avait la permission exceptionnelle de passer la nuit chez nous. Il s'est ensuite affalé dans le rocking-chair recouvert de chintz jaune. Il avait tellement mal aux bras, m'a-t-il dit, qu'il doutait de pouvoir les lever de nouveau un jour. J'ai dû retenir ma respiration en enlevant la veste malodorante de Bill, puis ses bottes, ses chaussettes, son pantalon et sa chemise. Une fois ses vêtements entassés sur le sol, je me suis penchée sur son corps presque nu. Sans voir aucune trace de sang.

« Il n'est pas blessé...

– Je n'ai jamais dit qu'il l'était, Rose. Je l'ai trouvé sur la crête, expliqua Ernie avant de pousser un profond soupir. Ou plutôt, c'est lui qui m'a trouvé. Il est ivre mort. »

À mes yeux, Bill paraissait plus mort qu'ivre. Ses os pelviens saillaient telles des falaises bordant une rivière. La partie inférieure de son abdomen était si creusée qu'elle aurait pu accueillir de l'eau et quelques vairons en prime. Il n'avait pratiquement plus de graisse. Même ses fesses étaient plates comme des crêpes. Ses sous-vêtements auraient sans doute glissé tout seuls le long de ses jambes si je l'avais redressé. J'ai étudié son visage, notant les lèvres gercées, fendillées, et les cheveux plus secs que des épis de maïs. La salive accumulée aux commissures. Les paupières enflées, collées et bordées de rouge. Ce n'était pas le corps d'un alcoolique heureux, d'un bon vivant qui boit le soir et dans les fêtes. Il n'avait même pas le corps d'un alcoolique d'âge mûr. Il me rappelait ces hommes que j'avais vus quand j'étais petite, dans les années trente. Des hommes réduits à la misère et au désespoir par la crise, privés de logement et souffrant de malnutrition parce qu'ils avaient perdu l'appétit et le goût de vivre. Toute leur paie passait dans la bière, le vin, le whisky ou même l'alcool pur, qui les achevait souvent. On retrouvait leurs cadavres à la sortie de Cedar Bend, parfois dans la ruelle derrière le vieil hôtel. Un jour, on en avait même découvert un groupe entier mort de froid dans la grange de Washaleski. Avec leur teint livide tirant sur le verdâtre, ils avaient tous l'air d'avoir été conservés dans le formol. J'ai fait rapidement le calcul dans ma tête : Bill avait vingt-trois ans.

J'ai fait couler un bon bain chaud pour Ernie pendant qu'il plaçait un petit radiateur électrique sur l'une des tables de chevet. Avant de fermer les robinets, j'ai rempli d'eau savonneuse un grand saladier que j'ai emporté dans la chambre. Ernie m'avait apporté une chaise de cuisine et je suis allée chercher une serviette et un gant de toilette dans l'armoire. Au moment où je mouillais le gant vert, j'ai entendu mon mari pousser un grognement d'aise en s'installant dans la baignoire, puis se mettre à siffloter.

J'ai commencé par nettoyer le visage de Bill, lui inclinant la tête d'un côté puis de l'autre, avant de m'interrompre pour poser deux doigts sur l'une des artères dans son cou. Quoique faible, son pouls était régulier. Ses yeux roulaient sous ses paupières closes.

Chaque corps humain a ses caractéristiques propres. Des marques inscrites depuis la naissance, des traces laissées par la vie. Une cicatrice sur un genou récoltée en grimpant aux arbres, de minuscules creux à la place de boutons de varicelle grattés trop tôt, la piqûre d'un vaccin dans le bras… La dernière fois où j'avais vu Bill nu, il devait avoir six ans. Ce soir-là, il m'avait autorisée à le déshabiller et à lui donner un bain après une journée passée à jouer dans notre cour boueuse. Je revoyais encore ses cuisses frissonnantes, son petit pénis se contractant comme s'il voulait disparaître entre ses jambes, sa touchante timidité d'enfant.

Je n'ai même pas tenté de lui enlever ses sous-vêtements. Son caleçon était tellement crasseux que j'ai attrapé les ciseaux dans le tiroir de la table de nuit pour le découper. J'ai incliné l'abat-jour de la lampe pour faire de la lumière puis mouillé de nouveau mon gant de toilette avant de me redresser d'un coup. C'est seulement en entendant Ernie se laver, faire jaillir l'eau en y trempant son propre gant et se savonner avec vigueur que j'ai pris conscience de mon immobilité. Des gouttes tombaient sur le sexe de Bill. Je les ai regardées glisser sur sa peau et disparaître entre ses cuisses.

Pour qui possède un œil exercé, un corps nu en dit long sur son histoire. Après les épreuves endurées pendant l'été, j'aspirais à me libérer du poids des secrets et des cauchemars. Je voulais qu'Ernie aille mieux, que nous trouvions enfin la paix. Or je venais de découvrir un autre secret, et il me brûlait les yeux sans que je puisse en détacher mon regard. Je ne savais pas quoi faire. *Je ne savais absolument pas quoi faire.*

Des bruits d'éclaboussures me parvenaient toujours de la salle de bains. Craignant de voir arriver mon mari, je me suis dépêchée de laver Bill. Le radiateur électrique me soufflait au visage des vagues d'air chaud. À un certain moment, j'ai dû enlever mon gilet car la sueur ruisselait sur ma figure et me piquait les yeux. Je me suis ensuite glissée dans notre chambre, où j'ai sorti d'un tiroir de la commode un pyjama appartenant à Ernie. Bill avait de longues jambes, le pantalon lui arrivait au milieu des tibias. Enfin, j'ai soigneusement ramené les couvertures sur lui.

Je me rappelle être descendue à la cuisine chercher deux tasses de café. Le chien dormait comme si la blessure sur son flanc n'était qu'un désagrément déjà oublié. J'ai scotché sur la porte du réfrigérateur une petite note à mon intention : « Angel, piqûre de pénicilline ce soir. Enlever les plombs demain matin. »

De retour à l'étage, j'ai tendu une tasse à mon mari toujours dans son bain avant de m'asseoir sur le siège des toilettes. Son torse scintillant de gouttelettes ne semblait pas appartenir à un homme de cinquante-huit ans. Ses pectoraux saillaient, développés par les rudes travaux des champs, les muscles de ses épaules et de ses bras étaient bien dessinés et fermes. En d'autres circonstances, je me serais déshabillée pour le rejoindre dans notre grande baignoire à l'ancienne – comme j'en avais l'habitude autrefois, quand nous avions fait l'amour. Machinalement, j'ai porté la tasse à mes lèvres. La première gorgée de café m'a brûlé le palais.

Ernie en a bu aussi, avant de poser sa tasse sur le bord de la baignoire.

« Maintenant, on sait ce qu'il fabriquait dans les bois », m'a-t-il dit.

J'ai songé à ce que je venais de découvrir et dont je ne pouvais ni ne voulais parler pour le moment.

« En partie, du moins, ai-je murmuré. On ne connaîtra peut-être jamais toute la vérité. »

Après avoir vidé sa tasse, mon mari l'a posée sur le carrelage. Parmi les cicatrices chéloïdes laissées par ses blessures de guerre, deux nouvelles bosses grises tendaient la peau sur son épaule droite. Quand j'aurais soigné Angel, demain, je m'occuperais d'Ernie, ai-je pensé. Je perçais toujours la peau avec une lame de rasoir avant de faire sortir le bout de métal. J'étais l'archéologue du corps de mon mari, cherchant les vestiges d'un passé vieux de trente-neuf ans. Cela peut paraître bizarre, mais je conservais ces reliques dans un bocal.

Mon regard se porta vers la fenêtre. La neige tombait si dru qu'on ne voyait plus le ciel nocturne. Bientôt, elle recouvrirait tout, y compris les entrailles des bêtes dépecées dans les bois après cette première journée de chasse. Elle aurait sans doute recouvert Bill si Ernie ne l'avait pas trouvé. Ou s'il n'avait pas trouvé Ernie.

J'avais le matériel nécessaire, en particulier les poches de perfusion, pour mettre Bill sous intraveineuse. Quand il serait capable de manger sans vomir aussitôt après, je lui préparerais des plats adaptés : crème de riz ou crème de blé. Il nous faudrait nous relayer pour le veiller. Les crises de tremblements débuteraient dans un jour, peut-être plus tôt. Mais avec un peu de chance, Bill n'en souffrirait pas trop ; après tout, son problème d'alcoolisme n'était pas très ancien. Tant que je n'aurais pas décidé de ce qu'il convenait de faire, je serais la seule à le laver et à l'habiller. J'envisageais de demander à Ernie si nous devrions le transporter au centre de désintoxication de Cedar Bend quand il a repris la parole :

« Tu as prévenu Claire ? »

Je n'oublierai jamais ce moment : comme si la voix d'Ernie l'avait fait apparaître, notre voisine a frappé à la porte de la cuisine.

Elle était presque méconnaissable, ainsi vêtue des habits de son mari : grosses bottes Sorel aux pieds, pantalon d'homme à bretelles, à carreaux noirs et rouges, large parka saupoudrée de neige. Machinalement, j'ai baissé sa capuche.

« J'ai besoin d'aide, a-t-elle dit. Je ne sais pas où est Bill. »

Sa voix semblait sur le point de se briser telle une porcelaine fragile. C'était la voix d'une mère proche de la crise de nerfs.

« Il est ici, ai-je répondu. Ernie l'a retrouvé. »

Claire, immobile, m'a regardée d'un air hébété. J'ai répété plus fort, comme si je m'adressais à une sourde :

« Il est ici. »

Tout doucement, j'ai ouvert sa parka, dont je l'ai débarrassée sans qu'elle essaie de résister. J'ai défait les attaches de ses bretelles, puis je lui ai ôté ses gros gants de cuir doublés d'une autre paire en laine. Elle s'est assise sur un siège pour me permettre de lui retirer ses bottes.

« Levez-vous. »

Avec docilité, elle a pris appui sur les bras du fauteuil. Je lui ai enlevé son pantalon. Enfin, j'ai saisi une de ses mains glacées.

« Comment êtes-vous venue ? ai-je demandé.

– Ma voiture est bloquée à la ferme. J'ai marché à travers champs. »

Je lui ai servi du café.

« Buvez, ai-je ordonné. Après, je vous emmènerai là-haut voir votre fils. »

Cette nuit-là, Claire et moi avons vidé trois cafetières et nous n'avons pas fermé l'œil un seul instant. Elle était installée à droite de Bill endormi, dans le fauteuil recouvert de chintz, moi à gauche sur la chaise de cuisine et Ernie dans un autre rocking-chair au pied du lit.

Mon mari a fourni à Claire des explications suffisantes pour l'apaiser, mais sans entrer dans les détails. En partant chasser, a-t-il dit, il avait découvert Bill sur la crête, ivre et en larmes ; quand celui-ci s'était enfin calmé et endormi, il l'avait porté jusque chez nous, juste au moment où la tempête de neige se déclarait.

« Il était tout seul ? » a demandé sa mère.

S'efforçant d'ignorer sa fatigue, Ernie s'est redressé. Je n'osais pas le regarder.

« Oui. Pourquoi ? Il chasse avec quelqu'un d'autre, d'habitude ?

– Oh non, a-t-elle répondu. Il ne chasse pas, il se promène dans les bois. Je m'inquiétais seulement parce que nous sommes en pleine saison de chasse et que des gens s'aventurent sur nos terres. »

Nous en sommes restés là. La question de Claire tracassait Ernie, c'était évident, mais il était fatigué et luttait pour ne pas s'endormir. Les effets de son bain chaud, associés au souffle régulier du radiateur électrique, l'avaient plongé dans une sorte d'état second. Enfin, j'ai vu ses paupières se fermer, ses épaules se voûter et sa tête tomber sur l'une de ses épaules.

Au début, nous avons bu notre café en silence. De temps à autre, Claire caressait la joue de son fils. J'avais apporté du salon le panier en osier contenant mon tricot et je faisais mine d'ajouter des rangs au pull que j'avais commencé.

La situation me paraissait pour le moins étrange. Durant toutes ces années où nous avions vécu à moins de deux kilomètres de distance, c'était la première fois que je passais autant de temps avec Claire. La première fois que j'étais aussi proche d'elle. Elle refusait systématiquement mes invitations à dîner ou mes propositions d'aide, et elle ne me rendait jamais mon salut quand je la croisais en ville. Pourtant, je savais que nous étions pareilles à certains égards. Nous ne ressemblions en rien à ces grosses femmes assises au bar du bowling Clemson, qui, après avoir avalé une bière de trop, se tapaient sur les cuisses et partaient d'un rire éraillé en attendant leur tour de jouer. Ni à celles qui participaient aux activités des clubs féminins ou se rendaient aux réunions de parents d'élèves. Nous n'arborions pas ces choucroutes laquées à ne défaire qu'une fois par semaine – des coiffures partout passées de mode depuis des années, sauf à Olina. Certaines des femmes affectionnant ce genre de chignon ne se lavaient les cheveux que tous les quinze jours et je n'aurais pas été surprise d'apprendre que des bestioles se nichaient dans ces écheveaux de mèches crêpées. Claire avait autrefois des cheveux noirs, comme moi. Depuis qu'ils avaient blanchi, elle avait opté pour un carré court et seyant. Les miens grisonnaient, mais je les gardais longs parce que Ernie les aimait ainsi.

Nous avions aussi toutes les deux les mêmes goûts en littérature. Je le savais pour avoir remarqué son nom sur les fiches des livres que j'empruntais au bibliobus.

Il existait cependant des différences entre nous. J'étais entrée à l'école d'infirmières, qui m'avait formée à un métier ; d'après le peu que m'avaient raconté les garçons quand ils étaient petits, leur mère avait fréquenté une université privée à Milwaukee. Elle allait encore à l'église le dimanche ; Ernie et moi n'y avions pas remis les pieds depuis des années. Tout bien considéré, j'avais un mari merveilleux ; le sien sortait tout droit d'un film d'horreur de série B.

Mais Claire avait des enfants. Pas moi.

Je l'ai observée du coin de l'œil tandis qu'elle buvait son café.

Pendant des années, je m'étais demandé quelle était son histoire et pourquoi nous ne voyions jamais personne chez eux. Des proches, j'entends. On aurait pu penser que certains membres de sa famille lui auraient rendu visite après la disparition de Jimmy. Ou à la mort de John. Or les deux frères n'avaient jamais mentionné ni grands-parents, ni oncles, ni tantes. Je ne leur posais pas de questions. Ce n'étaient que des enfants et je ne voulais pas les embarrasser.

De mon côté, j'avais deux sœurs à qui je rendais visite dans l'Oregon ou qui venaient chez nous. J'écrivais toujours aux amies que j'avais connues dans l'armée et nous nous appelions de temps à autre. Mais il est vrai qu'avec mes parents – en particulier ma mère – et mes frères, les relations étaient quasiment inexistantes.

Ma mère vivait à Cedar Bend, à trente kilomètres, pourtant je n'allais la voir que si j'y étais vraiment obligée. J'ai accueilli sa mort comme un soulagement. Sa cruauté résidait dans l'acceptation passive des torts commis contre nous et dans son incapacité à aimer ses trois filles autant que ses fils. À ses yeux, nous avions moins de valeur que nos trois frères. Dans son esprit, notre destin se résumait à rester à notre place, nous marier, travailler jusqu'à l'abrutissement, mettre au monde une tripotée de gosses et s'occuper d'elle et de papa sur leurs vieux jours. La ferme ne serait jamais à nous.

Ma sœur aînée, Betty, a été la première à partir. Une semaine après l'obtention de son baccalauréat, en 1935, elle s'est levée un matin et, après s'être habillée, elle a laissé un mot sur la table de la cuisine : elle nous ferait savoir en temps voulu où elle s'était établie, avait-elle écrit ; signé « Betty ». Cette note était avant tout un code pour Jeannie et moi. Comme dans une chanson de honky-tonk[1], Betty nous disait en vérité : « Je pars chercher l'amour et quelqu'un qui voudra bien de moi. » Elle nous adorait. Quand nous nous sommes réveillées ce matin-là, nous avons vu deux barres chocolatées calées contre le miroir sur la commode. En larmes, nous nous sommes précipitées au fenil pour les dévorer avec délice. J'ai découvert ainsi que les départs pouvaient s'accompagner d'une certaine douceur.

Quelques années plus tard, Jeannie et moi avons suivi l'exemple de notre aînée : nous sommes parties un beau matin, sans un regard en arrière.

Voilà pourquoi je comprenais la décision de Jimmy, même si elle m'avait peinée.

1. À l'origine, le terme désignait les gargotes du sud des États-Unis. Après la Seconde Guerre mondiale, il fut utilisé pour décrire le genre musical que l'on y écoutait, à savoir une country mêlant diverses influences et préfigurant le rock'n'roll. *(N.d.T.)*

Je brûlais de quitter Cedar Bend tout comme il brûlait de quitter Olina. Et à ma sortie de l'école d'infirmières, en 1943, je me suis engagée dans l'armée. Je voulais voyager et j'étais fière de pouvoir servir mon pays. J'allais montrer à mes parents que j'étais plus intelligente et courageuse que mes frères gâtés à outrance, qui avaient tous trouvé un moyen de se faire réformer. J'étais théoriquement préparée à exercer en Afrique du Nord. Mais à la dernière minute j'ai été envoyée dans le Pacifique Sud. J'ai travaillé à Guam, dans les îles de l'Amirauté puis à Leyte, où j'ai intégré le 58e hôpital d'évacuation.

Je n'avais pas prévu de retourner un jour dans le nord du Wisconsin. Je suis revenue à Milwaukee, où j'avais fait mes études, pour chercher une place d'infirmière dans le civil. Je n'avais plus ni orgueil ni courage, me semblait-il. Je me sentais triste, vidée de l'intérieur. Je croyais être tombée amoureuse d'un médecin, mais après la guerre il avait rejoint sa femme – dont j'ignorais l'existence. En guise de cadeau d'adieu, il m'avait offert une paire de bas de soie. Pour me consoler, j'avais englouti une bonne partie de mes économies à San Diego dans une robe magnifique et une paire de chaussures assorties. En arrivant à Milwaukee, j'ai entendu parler d'un bal de la VFW en l'honneur des combattants tout juste revenus de la guerre. Alors j'ai enfilé fourreau et escarpins neufs pour m'y rendre, bien décidée à oublier mes blessures et mes souvenirs. Je ne voulais pas rencontrer quelqu'un, je voulais juste boire. Avec classe.

Je ne croyais plus aux contes de fées après la trahison du médecin. Pour moi, l'amour se construisait et se consolidait petit à petit, comme une maison que l'on doit entretenir et réaménager au fil du temps. Le désir, c'était différent. Il aidait à mieux supporter les nuits de solitude, au même titre qu'un bon vin ; c'était juste un emplâtre temporaire sur le cerveau et une source de plaisir entre les cuisses. Mais lorsque j'ai posé les yeux sur Ernie et entendu sa voix, bon nombre de mes certitudes se sont volatilisées. J'ai compris que j'avais rencontré mon futur mari. S'il n'avait pas demandé ma main, j'aurais demandé la sienne. À cette époque, on parlait de destin ; aujourd'hui, on invoque plutôt la chimie ou les phéromones. L'étincelle qui s'est allumée entre nous dès le début ne s'est jamais éteinte. Jamais. Même si parfois elle couvait sous la cendre.

Ernie a insisté pour que nous rendions d'abord visite à mes parents. Je ne voulais pas, mais pour lui, c'était une question de correction. À mon avis, il se doutait pourtant de la tournure que prendraient les événements.

« Comment as-tu pu nous faire ça ? » a grondé ma mère quand nous nous sommes retrouvées seules.

J'avais prédit qu'elle en chierait des cacahuètes, sauf que la robe n'était pas en cause. J'avais épousé *un Indien*. Pis, *un Indien de la région*. Ce n'était déjà pas facile pour moi d'avoir été considérée comme une incapable toute ma jeunesse, mais me retrouver confrontée à l'arrogance et aux préjugés allemands après toutes les épreuves endurées pendant la guerre a été la goutte d'eau qui a fait déborder le vase. Ses paroles ont glissé sur moi parce que je me fichais complètement de son opinion ; je ne pouvais tolérer en revanche qu'elle veuille blesser Ernie.

« Trop tard, ai-je répliqué en levant la main. Je pensais que tu serais contente pour moi.

– Aucune de mes filles n'a su utiliser la cervelle que Dieu lui a donnée ! »

J'ai traversé la cuisine jusqu'à la porte.

« Ne t'inquiète pas, nous ne viendrons plus t'embarrasser par notre présence, ai-je lancé avant de claquer la porte de cette maison dans laquelle j'avais grandi et que je détestais. Je m'appelle maintenant Morriseau, et plus Niedemeyer. »

Ernie a conduit jusqu'à Olina en tenant le volant d'une main et en essuyant mes larmes de l'autre. Étant donné la réaction de ma mère, je redoutais de rencontrer ses parents. Après tout, le racisme se manifeste dans les deux sens et je craignais qu'ils ne me jugent pas digne de leur fils. Comme je me trompais !

On aurait presque pu croire que c'était grâce à moi si leur fils était vivant. La mère d'Ernie avait un visage lunaire et des yeux ronds d'un beau brun cuivré. Elle m'a accueillie avec des transports de joie, comme si Ernie leur apportait une magnifique surprise, et son sourire radieux a dissipé les ténèbres de mon esprit. Je la dominais d'une bonne tête, ce qui ne l'a pas empêchée de me serrer dans ses bras. Son père s'est montré plus réservé, mais ses grosses mains ont longtemps emprisonné les miennes.

Quel bonheur d'avoir de tels parents… Durant les cinq années où je l'ai côtoyée, la mère d'Ernie m'a donné l'amour maternel dont j'avais manqué toute ma vie. Les derniers temps, bien qu'affaiblie par une insuffisance cardiaque congestive, elle me frottait encore les mains, parfois, pour me réconforter.

« Les bébés finiront par arriver, chuchotait-elle. Peut-être un peu tard pour Ernie, mais ne vous inquiétez pas. Ils arriveront. »

J'ai jeté un coup d'œil à Claire. Avait-elle été proche de sa mère ? Et elle-même, était-elle proche de ses fils ?

Jimmy insistait toujours pour que je lui parle de la guerre. À vrai dire, il me harcelait avec la ténacité d'un blaireau. Alors je lui ai raconté les anecdotes les plus drôles, en expliquant toutefois que j'avais été malade pendant six semaines quand nous étions à Leyte. Je lui ai confié que nous utilisions nos casques pour laver nos sous-vêtements, transporter de l'eau ou même creuser de petits tunnels sous les barbelés. Qu'il nous arrivait de découvrir le matin des serpents sur le sol de terre battue près de nos lits de camp et que j'avais dû tuer le premier à coups de botte pour inciter les autres infirmières à faire de même. Qu'un jour où nous n'avions plus de récipients pour nos rations, j'avais ôté mon soutien-gorge, remis ma chemise et rempli de riz les bonnets afin de pouvoir emporter la nourriture à l'hôpital. Ce récit avait bien fait rire Jimmy. Il n'en revenait pas que j'aie suivi une formation militaire moi aussi et que je sache tirer. Sans compter que j'avais un grade nettement supérieur à celui d'Ernie : j'étais lieutenant, lui caporal.

Souvent aussi, Jimmy me demandait de lui narrer ma rencontre avec Ernie. Il lui trouvait un côté magique : nous ne nous étions jamais croisés avant ce bal à Milwaukee alors que nous avions grandi à trente kilomètres l'un de l'autre et séjourné au même moment aux Philippines. Il voulait savoir ce que nous portions et de quoi nous avions parlé. Comme j'avais gardé ma tenue, je la lui ai montrée. Il l'appelait ma « robe de star ». Quand il était petit, je le surprenais parfois en train de la caresser dans ma penderie. J'ai même dû égrener la liste des chansons sur lesquelles nous avions dansé, ce qui constituait un véritable défi pour moi : je ne tenais pas à lui dire que j'étais trop ivre ce soir-là pour m'en souvenir. Lâchement, j'ai fini par lui citer les succès de l'époque : *Jivin' the Vibes*, *This Love of Mine*, *Take the A Train* et *It Don't Mean a Thing If I Ain't Got That Swing*. J'ai ressorti mes albums pour les lui faire écouter sur le tourne-disque. Jimmy adorait la musique.

Je m'étonnais toujours de ce désir chez lui d'entendre des histoires. Sa mère ne lui en racontait-elle pas ? Était-elle malheureuse au point d'avoir oublié tous les bons moments de son existence ? Je savais que les femmes battues n'ont pas particulièrement cherché à souffrir, qu'elles se retrouvaient bien souvent piégées avant même d'avoir compris ce qui leur arrivait. Mais je me posais la question : John Lucas l'avait-il déjà poussée trop loin ? L'avait-il acculée à ce stade où elle aurait attrapé n'importe quoi – poêle ou marteau – pour tenter de lui briser le crâne ?

J'ai avalé une gorgée de café. Nous en aurions probablement entendu parler si elle avait fait une chose pareille ; John l'aurait sans doute à moitié tuée pour avoir osé lever la main sur lui. Mais au cas où elle aurait réussi, Ernie et moi l'aurions défendue bec et ongles. Ma foi en la rédemption était morte pendant la guerre en même temps que tous ces hommes qui avaient agonisé dans mes bras. Tous ces Philippins parlant le filipino ou le chamorro, pris entre deux forces dont ils ne se sentaient pas solidaires, qui venaient chercher à manger auprès de nous... Ils étaient souvent abattus et leurs femmes violées. Parfois, l'une d'elles, dont le village avait été bombardé, accouchait à l'hôpital. Le bébé passait de bras en bras, d'infirmière en infirmière. Nous étions émerveillées par la petitesse de ses mains et de ses pieds, et même par la beauté de ses pleurs. Les blessés encore conscients, qui voulaient le voir aussi, le regardaient d'un air incrédule. Les naissances n'entraient pas dans le cadre de nos attributions quotidiennes, aussi revêtaient-elles un caractère presque miraculeux. C'était en quelque sorte un acte de rébellion par rapport aux tueries qui faisaient rage autour de nous. Chaque fois, le spectacle d'un petit visage extatique pressé contre le sein maternel me bouleversait.

En temps de guerre, la notion de justice revêt un sens concret. Il n'y a pas de tribunaux pour prendre des décisions impartiales, pour protéger l'innocent ou juger le coupable. C'est une chose de tuer ou d'être tué au combat ; c'en est une autre de torturer, violer ou massacrer des innocents. En temps de guerre, la justice peut être immédiate : l'auteur de ces crimes a droit à une balle dans la tête.

Je ne pouvais m'empêcher d'espérer, quand l'ambulance venait me chercher pendant la saison de la chasse, que John Lucas avait essuyé un coup de feu fatal. C'était trop compliqué d'enquêter sur ce genre de décès. La plupart du temps, ils étaient traités comme des accidents. J'étais presque sûre que si Jimmy était revenu du Vietnam, son père aurait connu cette fin-là.

J'ai reposé ma tasse sur la table de nuit.

« Il sera bientôt pris de tremblements, peut-être même de convulsions, ai-je expliqué. Il vaudrait sans doute mieux l'emmener au centre de désintoxication de Cedar Bend. Vous voulez qu'on le transporte là-bas demain matin ? »

Claire a placé sa tasse près du radiateur.

« Je ne crois pas que Bill ait encore une assurance, a-t-elle répondu en caressant de nouveau le visage de son fils. À mon avis, il a perdu son travail à la station. »

L'air honteux, elle a baissé les yeux comme si elle-même se retrouvait sans emploi. Je l'ai rassurée.

« Dans ce cas, le comté réglera les frais.

– Je ne suis pas sûre que ce soit une bonne solution pour lui. Que d'autres sachent, je veux dire. »

Elle s'est détournée pour regarder tomber la neige derrière le carreau. Le plus profond silence régnait maintenant dans la pièce, ponctué de temps à autre par un ronflement d'Ernie ou un gémissement de Bill. *Que d'autres sachent…* Toujours cette peur du qu'en-dira-t-on qui l'avait empêchée de demander de l'aide. Je ne suis pas non plus dénuée d'orgueil, mais, s'il l'avait fallu, je n'aurais pas hésité à tenir tête à John Lucas sans m'inquiéter de l'opinion d'autrui.

Je me doutais bien, à la façon dont Claire pinçait les lèvres en gardant les yeux fixés sur la fenêtre, qu'elle voulait ajouter quelque chose. Ses paroles, quand elles ont résonné, m'ont fait l'effet d'une gifle.

« Vous avez toujours eu tout ce que j'aurais voulu. Un mari merveilleux, une vie agréable… »

Elle a reporté son attention sur Ernie qui, en cet instant, n'apparaissait pas sous son meilleur jour, car un peu de bave dégoulinait sur sa chemise. Je m'étais habituée à voir la gent féminine, instantanément conquise, lui jeter des œillades furtives. C'était le genre d'homme dont on tombe amoureuse en quelques secondes. Après tout, il ne m'en avait pas fallu plus pour succomber le soir même de notre rencontre ! Il était très beau à l'époque, et aujourd'hui il possède encore beaucoup de charme. Surtout, il a un cœur d'or. C'est un homme qui réfléchit toujours avant d'agir – peut-être trop, parfois. Il n'y a rien d'affecté ni d'agressif dans ses manières. Pourtant, j'ai souffert à cause de lui. Maris et femmes s'infligent des blessures qui passent inaperçues aux yeux d'autrui.

J'étais certaine qu'Ernie n'avait pas fréquenté Claire plus que moi. Et jamais il ne m'était venu à l'esprit qu'elle pouvait désirer mon mari. Mais au fond, était-ce si étonnant ?

Une main sur la poitrine, j'ai pris une profonde inspiration.

« Claire… Vous avez eu des enfants. Nous, nous ne pouvions pas en avoir. Notre vie n'a pas été dorée. J'aime Ernie, c'est vrai, ai-je affirmé en indiquant de la tête mon mari endormi, mais il n'est pas parfait non plus. »

Elle se mordillait la lèvre inférieure, sans doute pour en maîtriser les tremblements.

« Oh si, vous avez eu des enfants, a-t-elle répliqué. Les miens. Mes garçons vous adoraient. »

Elle avait raison. Je n'avais jamais eu l'intention de lui faire du mal. Autrefois, je pensais sincèrement l'aider en accueillant ses fils ; ils venaient chez nous, me disais-je, parce que leur mère avait trop de travail ou de soucis pour s'occuper d'eux. Mais je l'avoue, j'aimais ses enfants de tout mon cœur. Pis, je les convoitais comme des trésors.

« Et je les adorais aussi, ai-je répondu après avoir recouvré l'usage de ma voix. Ce qui ne faisait pas de moi leur mère pour autant. Êtes-vous en train de m'accuser de les avoir éloignés de vous ? »

Cette fois, elle m'a regardée droit dans les yeux. Malgré des années de mauvais traitements, elle paraissait toujours aussi délicate et frêle, comme un oiseau. Ses yeux bruns semblaient plus sombres que jamais dans son visage auréolé de cheveux blancs. Eussent-ils été gris, elle m'aurait évoqué un junco ardoisé.

« J'aurais peut-être dit cela il y a des années, a-t-elle déclaré enfin en s'efforçant de garder son calme, mais ce n'est pas la vérité. Vous n'avez même pas eu besoin d'essayer. Mes garçons mouraient d'envie d'aller chez vous. Remarquez, je ne peux pas leur en vouloir. Ernie et vous, a-t-elle ajouté en croisant les mains sur ses genoux, vous devez penser que j'ai été une bien mauvaise mère durant toutes ces années. Même encore aujourd'hui… »

Elle a incliné la tête en direction de Bill.

Je me suis levée et j'ai posé mon tricot sur la chaise.

« Nous n'avons jamais pensé une chose pareille, Claire. Jamais. Que vous étiez malheureuse, oui. Mais une mauvaise mère, jamais », ai-je répété d'un ton catégorique. J'ai placé une main sur le front de Bill pour m'assurer qu'il n'avait pas de fièvre.

« Ce n'est pas à cause de vous qu'il traverse une période difficile. »

J'ai tendu la main vers elle.

« Donnez-moi votre tasse. Je vais rechercher du café. »

Claire a repris la parole au moment où je saisissais le récipient :

« Sa mort a été un vrai soulagement pour moi. Jamais il ne m'a manqué. De toute façon, même de son vivant, sa présence me pesait. J'ai souvent envisagé de… Mais j'avais des enfants, a-t-elle ajouté aussitôt, comme pour me mettre au défi de formuler mes pensées à voix haute. S'il y a bien une chose que je ne regrette pas, c'est sa disparition. »

Je m'en étais toujours doutée. Pourtant, j'ai été heureuse de l'entendre me le dire, de savoir qu'une partie d'elle n'avait pas été vaincue.

« Je comprends. »

En descendant l'escalier, il m'est venu à l'esprit que nous avions le beau rôle, Ernie et moi – celui d'un oncle et d'une tante ou encore de grands-parents. Nous n'avions pas été obligés de supporter les caprices et les querelles des garçons, ils ne nous avaient jamais répondu avec insolence, nous n'avions pas eu à leur faire faire leurs devoirs ni à nous inquiéter d'éventuelles mauvaises notes. Nous ne connaissions pas la discipline quotidienne exigée par leur éducation ; nous profitions juste de leur amour et de leurs bons côtés. Claire aussi bénéficiait de cet amour, mais il lui coûtait des efforts et des larmes.

Est-ce qu'on l'a jamais aimée sans rien attendre en retour ? me suis-je demandé.

Claire a accepté notre offre de prendre soin de Bill.

Ernie ne devait jamais oublier les jours et les nuits passés au chevet de Bill. Les contractions musculaires dans ses jambes et son ventre. Les crises de larmes et de suffocation provoquées par le sevrage, même si elles n'étaient pas aussi terribles qu'il l'avait imaginé. Souvent, Ernie sentait ses mains trembler quand il tentait d'insérer une paille entre les lèvres desséchées du jeune homme pour lui faire avaler un peu d'eau ou, si celui-ci avait les mâchoires trop crispées, de lui presser une éponge mouillée contre les dents pour humecter sa bouche.

Dès le premier soir, Rosemary lui avait placé une intraveineuse dans le bras droit, mais Bill l'arrachait régulièrement lors de ses violents accès de délire hallucinatoire. Pour finir, ils avaient dû lui attacher les mains au lit afin de permettre à Rosemary de le remettre sous perfusion.

Le lendemain, Ernie avait été obligé d'attendre une accalmie pour aller récupérer les armes dans les bois. Ses après-skis avaient facilité sa progression dans l'épaisse couche de neige, mais, en atteignant le pied de la crête, il s'était rappelé avec horreur que la carabine à présent invisible était chargée. Le vieux Remington toujours appuyé contre l'arbre ressemblait à un bout de bois saupoudré de blanc. Quant à la crête elle-même, elle était recouverte de neige gelée. Ernie, qui redoutait de marcher sur la carabine, scrutait les environs en essayant de se remémorer où il avait pu l'abandonner lorsqu'il avait remarqué un détail étrange : un ruban de neige aplatie d'environ un mètre de large, interrompu à mi-parcours par des traces chaotiques. Intrigué, il avait rejoint cette zone, qu'il avait fouillée prudemment jusqu'au moment où ses doigts fébriles avaient senti la crosse de la carabine. Comme le cran de sûreté était bloqué par le froid, Ernie l'avait réchauffé entre ses mains avant d'ouvrir la culasse pour récupérer les cartouches.

Il était redescendu en serrant une arme dans chaque main, mais une fois en bas il s'était retourné pour examiner le versant. Aucun animal n'aurait pu laisser des marques aussi insolites ; du reste, il n'y avait pas d'empreintes alentour. On aurait dit qu'un enfant avait sorti sa belle luge dernier cri, de celles qui ressemblaient à un grand plateau métallique, et dévalé la pente au cours de la nuit.

Quatre jours après avoir ramené Bill à la ferme, Ernie se rendit à l'étage un après-midi pour prendre son tour de garde, permettant ainsi aux deux femmes de manger et de se reposer. Une demi-heure plus tard, alors qu'il épongeait le front du jeune homme, il entendit un gémissement sonore à l'extérieur. Lâchant son gant de toilette, il se précipita à la fenêtre. Claire et Rosemary se tenaient dans le potager, de la neige jusqu'aux genoux. Rosemary avait passé un bras autour de la taille de Claire, manifestement pour la soutenir. Il demeura immobile durant quelques minutes, à écouter les sanglots désolés de leur voisine qui finit par s'effondrer, entraînant sa compagne avec elle. Il se dit qu'elle subissait tardivement un choc à la pensée d'avoir failli perdre son autre fils.

Quand elle l'aperçut derrière la vitre, Claire fit non de la tête. De toute évidence, elle ne voulait pas qu'il s'en mêle.

Bill n'était pas silencieux non plus. Ernie n'avait aucun moyen d'étouffer les cris du jeune homme ni d'atténuer l'effet qu'ils produisaient sur lui, faisant affluer les souvenirs de guerre. Il repensait à tous ces hommes transportés sur des brancards jusqu'aux hôpitaux d'évacuation de Leyte – des hommes qui appelaient leur mère ou imploraient Dieu. C'était tellement difficile de stabiliser les brancards sur ces pentes boueuses… Des bâches recouvraient les blessés pour les protéger de la pluie, mais à chaque cahot Ernie distinguait leurs lamentations étouffées.

Il revoyait encore l'un d'eux, un officier britannique. Roux, les yeux bleus. Le visage parsemé de taches de son. Le corps pratiquement réduit à un torse et une tête. Il n'était pas encore mort ; pis, il n'avait pas perdu connaissance.

« Regardez-moi », avait-il ordonné à Ernie. Celui-ci avait demandé à l'autre brancardier de s'arrêter et, après avoir calé le bras de la civière, il avait soulevé la bâche.

« Abattez-moi », avait dit l'officier d'un ton calme. Et d'ajouter aussitôt, comme si sa mère l'avait réprimandé : « S'il vous plaît. »

Quand les tremblements cessèrent, les trois gardes-malade se relayèrent pour faire avaler à Bill des cuillerées de gâteau de riz et de petits pots Gerber. Purées d'abricots, purées de légumes, puddings au tapioca.

Ernie se rappellerait toujours les semaines qui suivirent,

quand Bill put enfin se lever, marcher seul et manger de la nourriture solide. Ses vêtements ne lui allaient plus, son jean flottait autour de ses hanches. Claire refusa cependant de lui acheter des vêtements neufs, comme le suggérait Rosemary. Ce serait du gaspillage, affirma-t-elle, car il n'allait pas tarder à reprendre du poids. Pourquoi se donner la peine d'investir dans une ceinture d'enfant qu'il jetterait plus tard ? Bill porta donc son jean avec un bout de ficelle glissé dans les passants. Peu à peu, il recouvra suffisamment de forces pour exécuter de menus travaux à la ferme. L'après-midi, Ernie l'accompagnait chez les Lucas afin d'assurer l'entretien indispensable.

Rien n'était facile ni gagné. Après tout, l'été précédent, Ernie s'était lui-même péniblement extirpé du bourbier dans lequel il s'enlisait, mais celui-ci demeurerait toujours dans un coin de sa tête, menaçant, tels des sables mouvants, de l'engloutir à nouveau. Il en allait de même pour la guérison de Bill. Sauf que le terme était mal choisi : Bill ne guérirait jamais complètement ; il apprendrait juste à faire face.

Au début du printemps, Bill emprunta le pick-up d'Ernie pour se rendre en douce chez Pete, l'ancien repaire de prédilection de son père, et les Morriseau durent prendre leur berline pour aller le chercher. Rosemary attendit dans la voiture pendant que son mari, à la fois indigné par l'initiative du jeune homme et soulagé qu'il soit trop ivre pour résister, le traînait hors du bar. L'alcool n'avait cependant pas privé Bill de la parole. Ernie serra les dents sous les insultes qui fusaient, résonnant dans le silence de la nuit. Par chance, il était presque minuit et seule une poignée de noctambules invétérés s'attardait encore dehors. Il y avait deux ou trois termes en particulier dont Bill ne semblait pas se lasser et qu'Ernie fut obligé de supporter pendant les dix kilomètres jusqu'à la ferme, tandis que Rosemary les suivait au volant de la berline.

« Je crois que tu as un nouveau nom », dit-elle quand ils eurent enfin couché leur protégé. Ils étaient assis à la table de la cuisine, sous la lampe, trop épuisés pour boire leur café. Ernie se passa les mains sur le visage. Il était plus fatigué qu'il ne l'aurait cru possible et il avait mal aux bras suite aux efforts déployés pour hisser Bill dans le pick-up.

« Laisse-moi deviner, murmura-t-il, les yeux fixés sur sa femme. " Putain de bâtard " ? »

Rosemary esquissa un petit sourire entendu.

« Va falloir que je mette les choses au point une bonne fois pour toutes, répliqua Ernie, pince-sans-rire. Je suis un putain de sang-mêlé, pas un putain de bâtard. Merde, mes parents étaient *mariés* ! »

Ils furent pris d'un fou rire qui les laissa hors d'haleine.

Les premières fois, Rosemary et Claire accompagnèrent Ernie et Bill aux réunions des Alcooliques anonymes à Cedar Bend. Plus tard, Ernie y conduisit seul le jeune homme le lundi soir.

Début mai, Bill fit un nouveau faux pas. Un soir, après le dîner, il raconta qu'il allait prendre l'air. Vers dix heures, Ernie sortit de la maison en se demandant si le jeune homme avait parcouru à pied les dix kilomètres jusqu'à la ville.

Qui aime bien châtie bien, répétait-on toutes les semaines à ces réunions. Qui aime bien châtie bien.

Nom de Dieu ! fulmina-t-il. *Qui doit châtier qui ?*

Il décida néanmoins de suivre le conseil. Que Bill aille donc cuver dans le premier fossé venu ! Mais, bien entendu, il ne put fermer l'œil. Il arpenta la cuisine, puis ressortit et s'engagea dans l'allée.

Il la longeait pour la seconde fois lorsqu'une pensée lui traversa l'esprit. Claire l'avait prévenu : la ferme des Lucas était truffée de bouteilles enterrées un peu partout. Il imaginait sans peine John Lucas creusant la terre dans le noir quand il ne pouvait pas ou ne voulait pas aller en ville. Fouillant le sol avec la détermination d'un écureuil roux à la recherche d'une réserve de pommes de pin. D'après Claire, le champ derrière leur grange abritait des stocks de spiritueux. En explorant la grange, elle avait trouvé et vidé vingt bouteilles d'Ever Ready dissimulées sous des balles de foin. Au moins, les lieux étaient désormais sûrs. Mais le champ ? Comment récupérer les réserves ? Ernie regarda le chien qui marchait à côté de lui ; pourrait-il le dresser à chercher l'alcool comme on se sert des cochons en Europe pour récolter les truffes ?

Enfin, il s'assit sur les marches de la véranda. Son intuition ne l'avait pas trompé, et quelques instants plus tard il entendit Bill avant de le voir revenir de la ferme voisine. Claire avait raison. Apparemment, l'alcool se conservait très bien sous terre, malgré le gel.

Lorsque le jeune homme l'aperçut, il courut vers le bosquet de cèdres bordant le marais au nord de la maison. Ernie s'élança à sa suite et le plaqua au sol, dans la boue, tandis qu'Angel aboyait comme un fou à l'angle de la grange. Au moment où il tentait de bloquer les bras de Bill, celui-ci lui expédia un coup de poing qui l'atteignit à la pommette, manquant de peu l'œil gauche. Furieux, Ernie traîna le jeune homme vociférant hors du marais et vers la grange pour mieux le voir à la lumière. Mais Bill parvint à se dégager et les deux adversaires se mirent à tourner l'un autour de l'autre près du lampadaire de la cour.

Le chien n'arrêtait plus d'aboyer. Ernie craignait que Rosemary ne se réveille, si ce n'était déjà fait. Alors il finit par s'immobiliser, imité presque aussitôt par Bill. Postés à trois mètres l'un de l'autre, ils s'observèrent. Bill avait manifestement son compte, mais il ne titubait ni ne tanguait. Il tremblait, en revanche, et gardait les bras croisés sur la poitrine comme pour se réchauffer. De la boue lui maculait tout le côté gauche du visage, y compris la paupière, l'obligeant à plisser les yeux.

Angel se contentait de gronder, à présent, mais restait agité et ne cessait d'aller et venir entre les deux hommes.

« Pour un type qui a trop bu, tu cours rudement vite ! » lança Ernie.

Il se pencha, les mains appuyées sur les cuisses, sans pour autant quitter Bill du regard. Celui-ci, à vingt-quatre ans, avait incontestablement meilleure allure que six mois plus tôt. S'il demeurait mince, il n'avait cependant plus cette silhouette efflanquée de carcasse de gibier picorée par les corneilles. Grâce à un régime alimentaire adapté, il s'était remplumé ; il ressemblait maintenant à un cow-boy dégingandé.

Ernie, qui luttait toujours pour recouvrer son souffle, s'essuya le front. Décidément, il ne comprenait pas l'attitude de Bill. Dans la journée, c'était un jeune homme taciturne, mais accommodant et serviable. De temps à autre, d'accord, il trahissait sa nervosité en se frottant frénétiquement les pouces. Mais s'il mettait la main sur un alcool fort, il devenait complètement différent. Sauvage.

Bon sang ! Il était dans un tel état !

Il se souvenait d'avoir vu Jimmy ivre à deux ou trois reprises, mais ce n'était rien en comparaison. Bill écumait littéralement de rage, comme un taureau de rodéo. En cet instant, son regard était empli de haine.

Ernie prit une profonde inspiration, puis leva la tête. S'il s'approchait de Bill, il serait grisé rien qu'en respirant son haleine.

Dès le lendemain, il réfléchirait à un moyen de récupérer les réserves enfouies dans ce champ. John Lucas avait sans doute veillé à toujours approvisionner ses stocks, et de toute évidence il les avait enterrés assez profondément pour que le gel ne puisse pas briser le verre. Combien de temps avait-il fallu à Bill pour les découvrir ? se demanda-t-il. Et les alcools forts vieillissaient-ils comme les vins ? Auquel cas, était-il possible qu'un whisky à quarante degrés en affiche aujourd'hui quatre-vingts ? Un spiritueux distillé à ce point pouvait tuer celui qui le consommait. Voire tuer un proche de cette personne.

Il se redressa lentement. À cinquante-neuf ans, il était trop vieux pour se battre.

« Nom de nom, Bill ! C'est quoi le problème, ce coup-ci ? »

Les traits du jeune homme se chiffonnèrent. Un filet de bave coula de ses lèvres collées par la boue et lui dégoulina sur le menton.

« Toi ! s'écria-t-il. T'étais toujours là pour James, hein ? T'allais à la chasse avec lui ! Mais moi, tu m'as jamais emmené… Je restais tout seul là-bas ! »

Il s'interrompit pour s'essuyer la bouche d'un revers de main.

« Tu crois que c'était une partie de plaisir de vivre avec le vieux ? Au moins, James pouvait compter sur toi ! Moi, j'avais personne ! »

Ernie refoula un gémissement. Il avait parlé trop vite, sans réfléchir. Il ne voulait pas se montrer brutal ni blasé, mais il était fatigué. N'empêche, il aurait dû faire plus attention.

Angel continuait d'aller et venir entre eux. Ernie ouvrit la bouche pour s'excuser, essayer de rattraper ces quinze années perdues, mais Bill le devança.

« Tu veux savoir ce qui s'est passé après le départ de James ? »

Il alla se placer sous la lumière, puis défit sa ceinture et baissa caleçon et jean jusqu'à ses genoux. Il ôta ensuite son T-shirt et renversa la tête en se mordillant la lèvre.

« Regarde bien. »

Fêlure dans sa voix.

Ernie avança d'un pas en levant instinctivement les mains comme pour se protéger le visage. Il ne pouvait pas croire à la réalité de ce qu'il voyait. Une douleur sourde palpitait sous son œil gauche, signe annonciateur d'un coquard au matin. Enfin, il laissa retomber ses bras, décidé à affronter la vérité. Il se rappela soudain le comportement étrangement possessif de Rosemary, son insistance à rester seule quand elle apportait le bassin à Bill ou lui faisait sa toilette et, plus tard, lorsqu'il avait été capable de marcher, à l'escorter jusqu'à la salle de bains.

Il dut prendre sur lui pour ne pas détourner les yeux.

Les testicules de Bill n'étaient pas plus gros que des petites noix et toute leur surface était couverte de cercles brun-rouge semblables à ceux qui se dessinaient sur le haut de ses cuisses, dans les plis de l'aine et sur son pénis.

Ernie relâcha son souffle puis avala aussitôt une grande goulée d'air pour refouler la rage qui montait en lui. Un cri inexprimé résonna dans sa tête, menaçant de lui crever les tympans. Cette pression dans ses oreilles… Il allait exploser.

Il avait été tellement obsédé par Jimmy, par son éventuelle réapparition et par ce chagrin qui l'avait lui-même paralysé pendant quinze ans qu'il avait traité Bill comme tout le monde, sans s'interroger sur son silence, y voyant seulement le signe que tout allait bien.

Malgré ses difficultés pour se concentrer, il s'approcha de Bill. Luttant toujours contre la douleur dans sa poitrine, il se pencha pour lui remonter son caleçon et son pantalon. Délicatement, il ferma la braguette et boucla la ceinture. Puis il lui passa les bras autour de la taille, appuya la joue contre son torse nu et éclata en sanglots.

Aucun d'eux ne se rappellerait comment ils avaient regagné la maison ou gravi l'escalier. Ernie se souviendrait vaguement de lui avoir enlevé ses bottes avant de le forcer à s'étendre sur le lit. Bill pleurait en se raccrochant à lui. Alors Ernie s'était allongé à ses côtés et l'avait serré dans ses bras pour l'endormir.

Ils n'entendirent pas le plancher grincer. Ne se rendirent pas compte qu'ils avaient laissé la porte entrebâillée. Le vieux chien arthritique, traînant ses pattes arrière déformées, entra à leur suite.

Le lendemain matin, Rosemary les trouva tous les trois dans la chambre – Ernie et Bill sur le lit, Angel couché sur le sol derrière la porte.

La première fois où il se réveilla complètement lucide, Bill prit conscience d'occuper une chambre qui, si elle n'était pas la sienne, lui paraissait néanmoins familière. Il tenta de lever une main, pour s'apercevoir que ses deux bras étaient attachés au lit. En tournant la tête, il vit la poche de perfusion fixée à la potence et la sonde qui descendait jusqu'à son bras droit. Il tenta sans succès de se libérer ; il n'avait plus de forces. Soudain, il découvrit Angel.

Celui-ci était couché dans l'angle près de la porte. Bill se rappelait vaguement l'avoir aperçu dans le champ un soir, mais il s'agissait peut-être seulement d'un rêve. Le chien toussa et bâilla. Sa respiration s'accompagnait d'un étrange sifflement, comme si l'air avait du mal à circuler dans son corps. Comment pouvait-il être encore en vie ? se demanda Bill. *Puisque j'ai vingt-quatre ans, Angel en a au moins seize,* songea-t-il.

Alors qu'il le regardait se redresser et s'étirer avec raideur, il remarqua les poils blancs sur son museau et autour de ses yeux. L'animal bâilla de nouveau, s'assit et l'observa à son tour.

Le lendemain de la bagarre, Ernie arborait bel et bien un coquard, mais il en plaisanta avec Bill, lui proposant de réfléchir à une éventuelle carrière dans la boxe, avant de lui conseiller plus sérieusement de se reposer. Il ne toucha pas à son petit déjeuner, parla à Rosemary de la nécessité pour lui d'aller en ville puis grimpa dans son pick-up. Il resta absent toute la journée et une bonne partie de la nuit.

Malgré sa gueule de bois, Bill s'acquitta de tous les travaux de la ferme et, le soir venu, il ne fut que trop heureux d'aller se coucher. Il n'en pouvait plus. Au moment où il enlevait ses bottes, il entendit gémir dans le couloir. Il ouvrit au chien, qui boitilla jusqu'à son coin de prédilection derrière la porte. Bill acheva de se déshabiller et se mit au lit, mais il ne s'endormit pas tout de suite. Il écouta la respiration laborieuse de son vieux compagnon puis se tourna de côté pour pouvoir l'observer. Angel ne dormait pas ; ses grands yeux sombres réfléchissaient la lumière de la lune qui entrait par la fenêtre.

« Ce chien est allé en enfer et il en est revenu, observa Rosemary le lendemain matin pendant que Bill nettoyait la chassie accumulée au coin des yeux d'Angel. Tu te rappelles son état quand on l'a trouvé ? »

Non, Bill ne s'en souvenait pas, mais il préféra mentir plutôt que de l'admettre.

« Ouais. Il est vieux. »

Rosemary se pencha pour caresser l'animal sous le menton.

« Il me connaît mieux que personne », dit-elle. Elle demeura songeuse quelques instants, puis ajouta : « Mieux qu'Ernie, même. Je ne supporte pas l'idée de le perdre, mais il ne vivra pas éternellement. Et l'aspirine que je lui donne pour son arthrite ne le soulage plus beaucoup. »

Alors que le chien levait vers lui ses yeux vitreux, Bill se remémora soudain le chiot presque mort qu'il avait été et son incroyable rage de vivre. Les Morriseau l'avaient découvert dans un fossé.

Incapable de soutenir le regard de l'animal, Bill détourna la tête. Un an et demi plus tôt, au volant de sa voiture, il avait abordé trop vite un virage et fait un tête-à-queue qui l'avait lui aussi précipité dans un fossé. Ensuite, il avait perdu connaissance. Wally Wykowski, venu à la ferme demander pourquoi son mécanicien ne s'était pas présenté au travail, lui avait porté secours.

Depuis maintenant deux semaines, il avait recouvré sa capacité de rêver mais il était hanté par d'horribles cauchemars. Des visions si terribles qu'il se réveillait en hurlant. Une nuit, il émergea du sommeil couvert d'une sueur glacée. Ce qu'il avait vu et ressenti n'était pas un songe. Cela s'était réellement produit.

Cette odeur au beau milieu de la nuit, reconnaissable entre toutes, mélange de diesel, de bière et de sueur rance. Cette grande main entre ses jambes, qui le serrait avec la force d'un étau. La douleur atroce, fulgurante, qui amenait ses yeux à se révulser… Il discernait la lueur rougeoyante de la cigarette dans l'obscurité, sentait la brûlure sur ses cuisses puis sur son pénis, et il hurlait… Mais la main se plaquait sur sa bouche. Cette même main qui tenait la cigarette. Des cendres chaudes tombaient sur son visage. Et les paroles résonnaient une nouvelle fois. Une litanie nocturne qui ne variait jamais.

« Il n'y a qu'un seul homme dans cette maison. »

« Un seul. »

« Un seul. »

« *Un seul.* »

Bill ne se souvenait de rien d'autre, sinon qu'il se réveillait toujours en sursaut. Souvent, son lit était mouillé, mais parfois il arrivait aux toilettes à temps, et alors c'était encore pire. Son bas-ventre l'élançait et il pissait par saccades des jets de feu.

Il n'en avait jamais parlé à personne parce qu'il ne savait pas si c'était réel. Les images semblaient sorties tout droit d'un cauchemar, il lui paraissait impossible de les expliquer à la lumière du jour. Pourtant, quand il se regardait, il voyait les traces honteuses sur son corps.

Bill avait tellement envie de boire qu'il envisagea d'avaler le sherry bon marché dont Rosemary se servait pour faire la cuisine il savait où elle rangeait la bouteille. Il était sorti de son lit et cherchait son pantalon quand Angel renifla et claqua des mâchoires comme s'il avait froid. Il recommença en fixant Bill du regard. Celui-ci, qui n'avait encore jamais vu un chien se comporter de la sorte, en conçut de l'appréhension. Angel, allongé devant la porte fermée, le laisserait-il passer ? Rien n'était moins sûr.

« Tu n'as pas été le seul dont il a fallu s'occuper ce soir-là », dit Rosemary au dîner. Elle paraissait étrangement à cran, remarqua Bill, et durant toute la journée elle n'avait cessé de s'approcher de la fenêtre pour observer l'allée.

« La veille, Angel est parti toute la nuit. Il est rentré juste avant qu'Ernie te ramène à la maison. Son flanc droit était criblé de petits plombs. Quelqu'un lui avait tiré dessus, tu te rends compte ? On ne sait toujours pas qui ni pourquoi. Dieu merci, ce n'était que de la grenaille, ajouta-t-elle en regardant Angel couché à ses pieds, et pas des balles à gros gibier… »

Bill avait dit à Ernie qu'il ne se rappelait pas grand-chose de cette nuit-là, et sur le moment, il n'avait pas menti. Les souvenirs lui revenaient par bribes, en général quand il travaillait. Mais ce soir-là, une scène entière resurgit dans sa mémoire. Il avait levé son fusil, furieux contre le chien. Ensuite, ce même chien était devenu un homme qui s'était consumé dans les flammes…

Il grimpa dans son lit et ramena ses genoux contre sa poitrine. Le lendemain, il avouerait tout à Rosemary. C'était lui qui avait tiré sur Angel.

Il aurait aimé ne pas avoir la bouche aussi sèche. Il aurait aimé qu'Ernie soit à la maison.

Dans la chambre, le chien prit une profonde inspiration, relâcha son souffle et posa la tête sur ses pattes de devant.

Il étudia le chien à la lueur de la lune. Autrefois, Angel avait le poil si noir qu'il se confondait avec la nuit ; seule sa respiration trahissait sa présence. À présent, son pelage semblait constellé d'étoiles blanches et son museau s'était teinté d'ivoire. Il était entré dans la saison de la vieillesse, l'hiver de l'âge.

Pourquoi le chien ne l'avait-il pas pris en grippe ? se demanda Bill. Il devait savoir que c'était lui, le tireur ; il avait certainement reconnu son odeur, sans compter qu'il l'avait vu dans ce champ. Lui-même aurait détesté de toutes ses forces quiconque aurait cherché à l'abattre.

Il songea à Angel gisant dans ce fossé quinze ans plus tôt, jeté par quelqu'un qui le croyait mort ou mourant. Heureusement, les Morriseau l'avaient sauvé.

« Ça n'a pas été facile de le tirer de là. »

Rosemary avait éclaté de rire.

« Il grognait et tentait de mordre mon mari. Mais il était

tellement affaibli… J'ai réussi à l'hypnotiser avec une lampe électrique et Ernie a pu le museler avec un bout de ficelle. N'empêche, il a fallu du temps à Angel pour s'habituer à lui.

– Il l'aime bien, aujourd'hui, non ?

– Oh, bien sûr. Mais ce n'était pas gagné d'avance. Et il préfère toujours les femmes. Ou les enfants qui ne l'embêtent pas… Tu aimes mieux les filles, hein ? » avait-elle roucoulé en flattant le chien. Et d'ajouter à l'intention de Bill :

« Il n'oublie jamais rien. »

Bill s'essuya le visage. Il avait creusé son propre fossé, pataugé dans la boue et la saleté de sa vie pendant que tout le monde allait de l'avant. Par chance, sa mère et les Morriseau l'en avaient retiré malgré la résistance qu'il leur opposait.

Il se redressa dans son lit et regarda par la fenêtre.

Il logeait dans ce qui était autrefois la chambre d'Ernie enfant. Derrière la vitre, il voyait la grange et le champ au-delà – le même panorama qu'avait contemplé son voisin un demi-siècle plus tôt.

L'image de son père lui traversa soudain l'esprit. Ce ne serait pas facile de rester sobre. Quel autre moyen trouverait-il pour se protéger contre le souvenir de cet homme au regard glacial, de la litanie nocturne qu'il entendait dans son sommeil ? Pour oublier les marques laissées par un père qui semblait déterminé à graver son empreinte dans la chair de son fils ? De son vivant, John Lucas était une belle ordure et les rumeurs à son sujet allaient toujours bon train dans la communauté. Elles n'épargnaient pas Bill non plus.

Il reporta son attention sur le chien. Aujourd'hui encore, Angel détestait la plupart des hommes. Son agressivité en leur présence était telle qu'il fallait l'attacher dès qu'un visiteur se présentait à la ferme. Il portait sur lui la trace des épreuves endurées : les bosses sur sa tête ; l'oreille déchirée comme si on l'avait passée dans une broyeuse à papier, qui flottait au vent tel un drapeau en lambeaux…

Bill s'essuya à nouveau les yeux.

Certains chiens maltraités devenaient tellement féroces qu'il fallait les abattre, ou tellement craintifs qu'ils s'aplatissaient en gémissant à l'approche des humains. Ce n'était pas le cas d'Angel. Il ne s'était jamais comporté en blessé. Avec le temps, il avait acquis une sorte d'épais collier de poils et une démarche lente, presque solennelle, qui semblait affirmer sa suprématie sur son territoire et sa détermination à en protéger les occupants. Eût-il été un loup ou un coyote, ses cicatrices et son âge l'auraient distingué des autres représentants de la meute. La force de son instinct de survie aurait fait de lui un personnage légendaire.

On aurait parlé de lui dans la région – de cette créature des bois dont la seule mention faisait frémir la plupart des chasseurs.

Si Ernie préféra s'absenter ce jour-là, ce n'était pas pour éviter une confrontation avec Bill mais pour ne pas courir le risque de laisser sa fureur l'aveugler au point de s'en prendre à ses proches.

Il tua le temps jusqu'à la tombée de la nuit en se rendant au lac Supérieur. Il avait emporté une de ses carabines, mais en entrant dans la quincaillerie de Washburn il songea que tirer, dans son état, pouvait se révéler dangereux. Il allait sortir du magasin quand il aperçut un rayon entier de battes de base-ball. Il en choisit six en bois, parmi les moins chères, avant de retourner en chercher deux en alliage, plus coûteuses mais plus résistantes. Puis il reprit le volant jusqu'à Bayfield, où il acheta un sandwich au corégone blanc et de grosses frites dans un restaurant au bord du lac. Assis sur un quai, il les mangea en regardant le ferry aller et venir entre le littoral et Madeline Island.

Il était minuit lorsqu'il se gara près du cimetière à la sortie d'Olina, à l'abri de grands ormes vénérables. Les battes fourrées sous le bras, guidé par le faisceau de la petite lampe électrique récupérée dans la boîte à gants, il se dirigea vers les sépultures les plus récentes.

La pierre tombale, une belle stèle de granit gris, était aussi propre et lustrée que le jour où elle avait été plantée en terre. À la décharge de Claire, celle-ci n'y avait fait graver que le nom. Pas de date de naissance ni de décès. Aucun message de tendresse. Pourtant, Ernie n'en revenait pas : tout cet argent dépensé pour un vulgaire morceau de pierre… De l'argent dont Claire et Bill auraient bien eu besoin. Mais le plus ironique, c'était que John Lucas reposait en un lieu appelé cimetière du Sacré-Cœur.

Il ramassa l'une des battes, la leva haut, écouta quelques secondes pour s'assurer qu'il était seul puis l'abattit sur la stèle. Sa massue improvisée se fendit au troisième coup. Il la jeta et en prit une autre, et encore une autre, qui subirent le même sort.

Les battes métalliques causèrent beaucoup plus de dégâts, faisant regretter à Ernie de ne pas en avoir acheté plus. Il était hanté par ce qu'il avait vu la veille au soir : les parties génitales mutilées, l'humiliation et la souffrance sur le visage de Bill… Galvanisé par la colère, il s'attaqua au nom gravé dans la pierre, fermant les yeux pour les protéger des éclats de granit qui jaillissaient à chaque coup. Quand la première batte fut devenue inutilisable, il s'arma de la seconde. Mais l'épuisement eut raison de lui avant qu'il ne la détruise à son tour. Sa chemise était trempée de sueur et un liquide chaud lui dégoulinait sur le menton. Il s'était mordu la lèvre jusqu'au sang, constata-t-il.

Il demeura encore sur place le temps de recouvrer son souffle et de rassembler les débris de bois. Sur le trajet du retour, il s'arrêta les jeter dans la Chippewa, où le courant les emporterait.

Rentré à la ferme, il alla dissimuler les battes métalliques dans un coin du fenil. Enfin, il pénétra dans la maison, prit une douche et se glissa dans le lit à côté de Rosemary. Quelques instants plus tard, il dormait à poings fermés.

« Pourquoi ne m'as-tu rien dit ? »

Nous étions déjà couchés, Ernie et moi, et je venais de passer de la pommade sur sa lèvre fendue. Deux jours s'étaient écoulés depuis qu'il avait découvert le secret de Bill.

« Parce que je craignais ta réaction », ai-je répondu, au bord des larmes.

Je ne me sentais pas bien non plus. Jamais je n'avais voulu être celle qui savait, qui devait faire connaître la vérité. Cela me rappelait l'époque où je rédigeais des lettres pour les soldats agonisants, où je couchais sur le papier leurs dernières paroles à leur famille. J'en avais assez d'être toujours la messagère porteuse des mauvaises nouvelles. Même si ce rôle ne m'était pas exclusivement dévolu, puisque c'était Ernie qui avait annoncé à Claire la disparition de Jimmy, et, plus tard, la mort de John.

Mais j'avais cependant gardé le silence pour une autre raison. Une très bonne raison : Bill lui-même n'avait pas abordé le sujet. J'avais fait cette découverte alors qu'il était inconscient et je n'avais pas le droit de la révéler à quiconque. Lui seul pouvait décider de la dévoiler ; voilà ce qu'Ernie devait savoir.

« C'était à Bill de t'en parler, ai-je chuchoté contre son cou. Pas à moi. »

J'avais néanmoins mis Claire au courant. Ou plutôt, je lui avais montré. Le quatrième jour, alors que Bill alternait les phases de conscience et d'inconscience. Nous étions assises l'une en face de l'autre, sur nos chaises respectives, quand j'avais soudain posé mon tricot.

« Claire ? avais-je lancé en me levant. Venez voir. »

J'avais lentement écarté les couvertures. Puis baissé le pantalon de pyjama de Bill. Claire avait regardé les hanches dénudées de son fils.

« Qu'est-ce que c'est ? avait-elle demandé en effleurant l'une des marques rouges.

– Des brûlures. Causées par une cigarette, je pense. »

Elle avait recueilli dans sa main le pénis mutilé.

« Je ne… je ne savais pas, avait-elle bafouillé. Bill ne se met jamais nu devant moi. Je ne me rappelle pas à quel moment il a commencé à se comporter comme ça. Il ne porte jamais de short, avait-elle poursuivi d'une voix sourde, même par grosse chaleur. »

En entendant Ernie s'activer dans la cuisine, en bas, j'avais remonté le pyjama de Bill et ramené la couverture sur lui.

« Suivez-moi, Claire. On a besoin de prendre l'air. »

Elle avait trébuché dans l'escalier et je l'avais rattrapée de justesse par le bras. J'avais dû lui enfiler son manteau, ses bottes et ses gants, puis je l'avais entraînée dehors. Quand nous nous étions avancées dans la neige, elle s'était effondrée contre moi, et, de nouveau, je l'avais soutenue. Ses lèvres s'étaient ouvertes, ses dents enfoncées dans le tissu de mon manteau. J'avais senti son cri contre mon épaule avant de l'entendre. La plainte déchirante d'une mère blessée. Cette fois, lorsqu'elle avait glissé entre mes bras, je n'avais pas eu la force de la retenir. Nous étions tombées à genoux toutes les deux.

Mes craintes étaient fondées. Quand j'ai vu le petit article paru dans le *Olina Herald* au sujet de la tombe vandalisée, j'ai compris tout de suite. Sur la stèle ébréchée et fendue en son milieu, le nom de John Lucas avait disparu. Le shérif Meyer pensait à un individu auquel le défunt devait de l'argent, mais pour le moment il n'avait aucune piste.

Je me suis revue le jour où Ernie était parti, souriant comme si son absence était normale pendant que je préparais le déjeuner et le dîner. Bill, qui avait une bonne gueule de bois, m'avait demandé où était mon mari et j'avais menti en répondant qu'il était parti voir un tracteur d'occasion à vendre près du lac Rice. Je n'avais aucune idée de l'endroit où Ernie se trouvait ni de ce qu'il avait en tête, mais je n'ignorais pas, en revanche, ce qui s'était passé la veille au soir. Les aboiements d'Angel m'avaient réveillée. J'avais assisté à toute la scène depuis la fenêtre de la chambre, ne sachant pas si je devais descendre pour calmer Bill et Ernie. Jamais je n'aurais pu prévoir ce qui était arrivé ensuite. Pourtant, je comprenais. Comment expliquer par des mots une chose pareille ? Bill n'avait pas d'autre solution que de montrer ce qu'on lui avait fait.

C'était une chance que John Lucas soit déjà mort. Sinon, Ernie l'aurait tué – peut-être en le pendant au bout d'une corde, peut-être à coups de poing, peut-être d'une balle dans le corps. Et mon mari m'aurait été enlevé pour avoir voulu faire justice. De toute façon, ce meurtre ne l'aurait pas soulagé, pas plus qu'il n'aurait effacé les marques infamantes sur le corps de Bill.

Claire ne nous a pas parlé de la stèle saccagée. Elle a cependant dit au prêtre qu'elle n'en rachèterait pas une neuve.

Pendant quelque temps, Ernie a de nouveau eu des difficultés pour sortir du lit le matin, et dans la journée, son regard me rappelait celui d'un poisson mort. Mais il finissait toujours par se lever. Il n'avait pas le choix. À cet égard, la présence de Bill dans la maison était une bénédiction pour nous. Il arrive parfois qu'on puisse faire pour les autres ce qu'on n'arrive pas à faire pour soi.

Ernie passait ses journées avec le fils, moi avec la mère. Nous avons arpenté inlassablement les champs, d'abord dans la neige, puis dans la boue du printemps. J'avais toujours vécu dans la région et j'habitais la ferme des Morriseau depuis presque quarante ans ; pourtant, je n'avais jamais pris le temps de me promener ainsi. Claire nous guidait. Elle connaissait le nom de tous les oiseaux, savait quelles plantes trouver en bordure de nos terres et pourquoi certains cèdres poussaient tordus. En sa compagnie, j'ai découvert que parcourir le même chemin encore et encore avait un effet apaisant. Je m'expliquais mieux désormais comment elle avait survécu à toutes ces années de solitude et de détresse. Quand vous tournez en rond, rien ne vous arrête ; vous pouvez continuer d'avancer jusqu'à ce que vos inquiétudes deviennent moins lancinantes, ou même s'estompent.

J'ai finalement compris pourquoi Claire n'était pas retournée à Milwaukee, sa ville natale, après la mort de son mari : cette terre n'avait jamais été celle de John, mais la sienne.

Au cours de l'hiver, du printemps et de l'été 1983, le foyer des Morriseau devint la résidence principale de trois personnes – la quatrième, Claire, faisant des allers-retours entre les deux fermes et ne dormant qu'une nuit de temps en temps sous le même toit que Rosemary, Ernie et Bill. Durant une brève période, Rosemary fut perturbée par ses mauvais souvenirs. Ils troublaient son sommeil, l'amenant à s'agiter et à rejeter les couvertures au pied du lit. Une nuit, elle repoussa Ernie avec tant de force qu'il se cogna la tête contre la table de chevet avant de dégringoler par terre. Il fallait aussi composer avec les cauchemars incessants de Bill. Souvent, la nuit, un, deux ou trois des autres occupants de la maison se précipitaient dans sa chambre quand ses hurlements déchiraient le silence.

Une semaine après s'être acharné contre la pierre tombale, Ernie emprunta une charrue à six socs, faite pour creuser de profonds sillons, et entreprit de déterrer les grenades liquides semées par John Lucas dans ses quarante acres. Il avait pris soin de fixer une caisse en bois derrière le siège de son tracteur. Chaque fois qu'il mettait au jour une bouteille ou que les socs en brisaient une, il arrêtait l'engin, dont il laissait tourner le moteur le temps d'aller la récupérer, intacte ou en morceaux. Si elle était encore pleine, il se débrouillait pour l'ouvrir et la vider sur place. La plupart des alcools de moins de vingt degrés étaient détruits. Seule une moitié du champ abritait des cachettes, découvrit-il à son grand soulagement, mais elle était tellement truffée de bouteilles qu'il en remplit six barils vides.

« Vous ne pourrez pas marcher pieds nus dans ce champ avant plusieurs années », dit-il à Bill et à Claire, sachant le sol constellé d'éclats tranchants.

Tout en labourant, il songeait à un moyen de prendre un nouveau départ avec Bill et se demandait ce que son propre père aurait fait dans une telle situation. Tandis que les socs s'enfonçaient dans la terre où s'enchevêtraient des racines de brome et de fléole des prés, il comprit que s'il avait eu une jeunesse paisible et heureuse, c'était en partie grâce à l'attitude de Claude Morriseau, qui ne s'appesantissait pas sur les actions des autres, surtout si elles visaient à le blesser. Il n'était pas dénué de compassion, mais, au lieu de se laisser dévorer par la haine, il préférait se tenir à l'écart des individus nuisibles, de sorte que leur méchanceté restait sans effet ou se retournait contre eux.

À cette époque, en particulier chez les Indiens vivant dans la réserve du Héron, tout acte de cruauté envers un enfant valait à son tortionnaire un traitement d'une brutalité égale. La réserve était une nation souveraine dotée de son propre tribunal où, bien souvent, l'accusé ne comparaissait même pas. D'abord, on établissait la preuve de culpabilité. Ensuite, on s'assurait qu'il disparaissait.

Pourrais-je encore regarder mon fils droit dans les yeux, moi qui n'avais pas été capable de le protéger ? Jamais je n'aurais cru possible d'éprouver de nouveau une douleur pareille à celle qui m'avait étreinte le jour où on m'avait annoncé la disparition de Jimmy. La douleur de ne pas savoir quelles avaient été ses dernières pensées. Ou s'il avait souffert.

En un sens, cette nouvelle épreuve était presque plus terrible. Durant une bonne semaine, mon estomac s'est révulsé chaque fois que je tentais d'avaler quelque chose. Je passais mon temps à fouiller ma mémoire à la recherche de signes que je n'avais pas remarqués à l'époque. Pourquoi n'avais-je rien vu ?

Comment un homme en arrive-t-il à mutiler une partie du corps censée procurer du plaisir et donner la vie ? Comment peut-il infliger cela à un petit garçon – son propre fils, qui plus est ?

Au risque d'en choquer plus d'un, j'en étais venue à estimer le sort de Jimmy plus enviable que celui de son frère. John aurait mieux fait de tuer Bill au lieu de distiller ainsi sa cruauté soir après soir, de le laisser vivre avec des cicatrices visibles, et au fond de lui une humiliation et une souffrance le privant de toute possibilité de chercher l'amour. Pourtant, les signes étaient bel et bien là. Moi aussi, j'ai des cicatrices. Certaines personnes parleraient de viol ; autrefois, je considérais cela comme une tactique de survie – fermer les yeux en attendant que John ait terminé. Mais jamais je n'aurais pensé qu'il puisse s'en prendre à Bill.

Je n'osais imaginer ce que mon fils avait enduré. Alors, pour tenter d'ériger un rempart entre la vérité et moi, je suis sortie me promener la nuit, dans notre champ ou dans celui des Morriseau. Une fois, au printemps, je suis même descendue jusqu'à la rivière. Ce soir-là, appuyée contre le parapet, j'ai réfléchi à ma vie en écoutant clapoter les flots sombres et en me demandant si mon corps flotterait jusqu'à Eau Claire ou s'il resterait coincé en aval par un rondin submergé.

Au retour, j'ai entendu des pas venant dans ma direction. Puis j'ai vu briller la flamme d'une de nos lampes à pétrole.

« Maman ? Qu'est-ce que tu fais là ?

– J'avais besoin de marcher.

– Dans le noir ? »

Comme je ne disais plus rien, Bill a levé sa lampe vers mon visage.

« Tu m'en veux beaucoup ? » a-t-il murmuré.

Moi, lui en vouloir ? Bouleversée, j'ai éclaté en sanglots si violents que j'ai perdu l'équilibre. J'avais l'impression que ma tête allait exploser tant elle m'élançait. Je suis tombée à quatre pattes comme un enfant, m'écorchant les paumes et les genoux, m'enfonçant de minuscules gravillons dans la peau. Une douleur que j'ai cependant accueillie avec joie. Je méritais de souffrir, et beaucoup plus encore, pour avoir failli à mon rôle de mère. J'aspirais de toutes mes forces à essuyer la colère de Bill.

« Comment… comment peux-tu dire ça ? ai-je bredouillé. C'est toi qui devrais m'en vouloir !

– Le pire, a-t-il chuchoté, c'est que je ne sais pas comment il se débrouillait pour entrer dans ma chambre. Je fermais la porte à clé et je la bloquais avec une chaise. »

Je me suis posé la question moi aussi. John s'absentait tous les jours et presque tous les soirs. Revenait-il quand nous étions endormis ? Se cachait-il sous le lit de Bill après le dîner ?

Quand je lui ai demandé combien de temps avait duré cet enfer, Bill a répondu :

« Je ne me rappelle pas. Mais je crois que ça s'est arrêté quand on m'a emporté dehors une nuit et que j'ai vaguement entendu quelqu'un éclater de rire. »

Ces paroles m'ont un peu soulagée. Quelle bénédiction qu'il se souvienne de cette soirée si particulière ! Au moins, j'avais à mon insu mis un terme à son supplice. J'ai failli lui parler de cette voix dans le champ qui m'avait ordonné de rire. Mais Bill avait déjà suffisamment de problèmes pour le moment ; il n'avait pas besoin en plus de soupçonner sa mère d'être folle.

« Que pourrais-je faire pour aider Bill ? »

La question exprimait une telle humilité… Comme si sauver mon fils de la mort par hypothermie n'avait pas suffi. La détresse d'Ernie se lisait sur son corps voûté. Il marchait comme si chaque pas lui coûtait d'immenses souffrances. Personne n'avait eu besoin de me dire qui avait brisé la stèle de John.

Au départ, je ne voulais même pas lui en acheter une. Nous n'en avions pas vraiment les moyens. Il ne méritait pas non plus d'être enseveli en terre consacrée. La catholique en moi se révoltait à cette pensée.

« Votre mari a été baptisé, voyons ! » s'était exclamé le père Wallace, choqué que je puisse émettre l'idée de ne pas enterrer

John au cimetière du Sacré-Cœur. Évidemment, il pensait aussi à lui-même. Son visage bouffi, constellé de petites veines éclatées, témoignait de ses propres excès de boisson. Puisqu'il refusait de les admettre chez lui, il n'y avait aucune raison pour qu'il ne fasse pas preuve du même aveuglement en bénissant la dépouille d'un autre ivrogne.

J'avais les mots au bout de la langue. « Jetez-le dans la fosse commune », avais-je envie de dire.

Mais je devais penser aux conséquences. La norme sociale à Olina exigeait que mon mari ait une sépulture décente. Le père Wallace était même prêt à organiser une collecte si je ne parvenais pas à trouver l'argent. Or une telle éventualité susciterait les ragots, je n'en doutais pas. Et je voulais épargner à Bill les questions indiscrètes.

Au fond de moi, j'enviais Ernie. Je comprenais ce qui l'avait poussé à saccager cette tombe. Je regrettais juste de n'y avoir pas pensé moi-même.

Quand John était encore en vie, je rêvais tous les jours de le tuer. De trouver un moyen de me débarrasser de lui sans me faire prendre. Après tout, ce ne serait que justice. Nous méritions de connaître la délivrance et le bonheur que seule sa mort nous apporterait. Aucun tribunal ne saurait jamais ce que nous avions vécu à cause de lui. Aucun ne pourrait le châtier à ma place ou à celle de mes fils.

J'ai beaucoup réfléchi à la question d'Ernie, d'autant que je me la posais moi aussi.

J'aurais pu aider Bill beaucoup plus tôt. Durant toutes ces années où je l'avais gardé pour moi, où je lui interdisais d'aller chez les Morriseau. Comme pour me punir de mon égoïsme et de mes craintes, le destin a voulu que ce soit Ernie qui le sauve, et pas moi. Je n'ai jamais dit à personne ce que j'avais fait avant de traverser les champs jusqu'à la ferme voisine ce soir-là : je m'étais aventurée dans le marais. Il commençait à geler, et pour gravir la pente enneigée de la crête je devais m'agripper à des branches basses quand il y en avait, ou, le plus souvent, progresser à quatre pattes. Parvenue au sommet, j'ai découvert que Bill n'y était pas. Je me suis tournée de côté pour descendre l'autre versant, mais je suis tombée et j'ai glissé tout droit. Je tentais désespérément de trouver une prise pour stopper ma chute quand mes reins ont heurté un objet dur. Je l'ai dégagé machinalement ; c'était une carabine.

Vous imaginez sans doute ce qui m'est passé par la tête. Paniquée, j'ai hurlé son nom. En vain. Il est inutile de crier en plein blizzard ; la neige étouffe les sons, les ensevelit comme tout le reste.

« Au secours ! Au secours ! » répétais-je, mais seul le vent me répondait. Puis est arrivé ce moment que j'ai traversé dans toutes mes crises de désespoir et qui pourtant me prend de court chaque fois : celui où je me sens impuissante, incapable de raisonner, stupide et honteuse, où je pleure parce que je ne sais pas quoi faire d'autre. Mais ensuite, invariablement, une force nouvelle m'envahit. L'instinct de survie, je crois. J'ai fini par me relever, et, dans ma précipitation, j'ai de nouveau chuté et glissé jusqu'au bas de la pente. Tant bien que mal, je me suis remise debout pour affronter le marais balayé par de grandes bourrasques de neige. C'est un miracle si je ne suis pas morte de froid cette nuit-là.

En atteignant la véranda des Morriseau, j'avais l'impression d'être Jivago lorsque, épuisé et transi, il rejoint enfin Lara dans ce petit village de l'Oural. J'ai martelé leur porte à coups de poing. Rosemary m'a ouvert, et soudain la chaude lumière jaune, caractéristique de toutes les cuisines de campagne, semble-t-il, m'a baigné le visage. J'étais à la fois muette de gratitude et folle de terreur.

Une autre pensée m'est venue un soir de mai où je débarrassais la vaisselle du dîner chez eux. Ce n'était pas une corvée pour moi. Le soleil couchant derrière la fenêtre me chauffait le visage pendant que je nettoyais la table, et je savourais le plaisir simple d'avoir partagé un repas en songeant combien c'était agréable de manger, de parler et de rire comme une personne normale. Bill m'avait paru de bonne humeur, il avait plaisanté, mais à un certain moment j'avais cru reconnaître sur son visage cette même expression grave qu'il arborait après la mort de Jimmy.

Après le dessert, Bill et Rosemary étaient partis désherber le jardin.

J'ai attrapé Ernie par le bras au moment où il s'apprêtait à sortir les rejoindre.

« Vous vouliez savoir comment aider Bill ? Eh bien, il n'a pas eu d'enfance. Que feriez-vous pour rendre heureux un petit garçon ? »

Au terme d'une longue journée passée à remettre en état la ferme des Lucas, Bill emmena Ernie dans sa chambre pour lui montrer son lit et celui de son frère. Il sortit la boîte à chaussures contenant ses souvenirs, et, sans un mot, les deux hommes contemplèrent le polaroïd de James, la petite sacoche de cuir abritant les franges du couvre-lit, la carapace de tortue, le collier abîmé d'un chien que les deux garçons adoraient autrefois et le gros paquet de lettres envoyées du Vietnam.

« Il ne m'a annoncé son départ que la veille au soir, murmura Bill.

– On l'a appris aussi à ce moment-là. Tu te rappelles ? T avais dîné avec nous et ton père est venu te chercher. »

Bill retourna la photo pour regarder le texte inscrit au dos.

« Il m'a raconté qu'il avait signé pendant l'hiver mais qu'il n'avait jamais imaginé s'en aller. Je n'ai pas compris : comment peut-on s'engager en pensant ne pas partir ?

– Je ne sais pas, Bill. Apparemment, ta mère n'était pas au courant non plus de sa décision. J'avoue que ça me dépasse ; c'était si inattendu de la part de ton frère ! Pas de s'engager, mais de ne rien dire à personne.

– J'ai cru qu'il… qu'il nous avait quittés parce qu'il ne nous aimait plus, bredouilla Bill, dont la voix se brisa. Parce qu'on n'était pas heureux. »

Ernie le força doucement à poser la tête sur son épaule.

« Non, Bill. Ça n'avait rien à voir. »

Ernie songeait au ramassis de banalités qu'ils entendaient au cours des réunions des Alcooliques anonymes le lundi soir. Parmi ces platitudes, « Lâchez prise et laissez Dieu décider » comptait parmi les plus insupportables. À chaque mention de la formule, Bill s'agitait sur sa chaise et Ernie se mordait la lèvre. Ces rencontres avaient l'avantage de montrer au jeune homme que d'autres luttaient pour rester sobres. Mais les références permanentes à Dieu irritaient Ernie au point qu'un jour il faillit même quitter la salle. Bill, le devinant exaspéré, demanda calmement à l'assistance :

« Et si on n'est pas croyant ?

– Hé, bonne question ! s'exclama une femme corpulente de l'âge d'Ernie. Ça me chiffonnait aussi.

– Eh bien, répondit l'un des organisateurs, l'air embarrassé, tâchez d'imaginer qu'il s'agit d'une force supérieure. »

Pour finir, Bill décida de se concentrer sur « À chaque jour suffit sa peine », une initiative appuyée par Ernie. Après tout, c'était aussi le credo officieux de la vie dans le Wisconsin du Nord, où le travail était au mieux saisonnier, où le tourisme fluctuait au gré des envies et des économies. Il pouvait s'appliquer également à l'agriculture, à une légère modification près : « À chaque jour suffit sa pierre. »

« Ici reposent les adeptes du “Lâchez prise et laissez Dieu décider”, ironisa Bill en indiquant le cimetière à la sortie de Cedar Bend qu'ils longeaient sur le trajet du retour.

– Les petits veinards », marmonna distraitement Ernie, préoccupé par le cours déprimant du bœuf et la nécessité de constituer des réserves de foin suffisantes pour l'hiver.

Ernie parcourut les titres sur l'étagère au-dessus du lit de Jimmy. *Walden Pond. La Ballade du café triste. Le cœur est un chasseur solitaire. Pour qui sonne le glas. Descends, Moïse. L'Attrape-cœurs*, et des nouvelles de Flannery O'Connor.

« Hé, où est passé *Huckleberry Finn* ? demanda-t-il en indiquant de la tête le rayonnage. Je crois bien aussi qu'il en manque un autre. Oh ! je sais. *L'Homme qui a tué le cerf*.

– Aucune idée, répondit Bill. Ils n'ont pas été renvoyés avec le reste de ses affaires. »

Bill se leva, rangea la boîte dans le tiroir de la commode et revint s'asseoir près d'Ernie.

« C'est moi qui les lui avais offerts, précisa ce dernier. Tu les as lus ?

– Non. James aimait les bouquins plus que moi. »

C'était un mensonge. Dans le souvenir d'Ernie, le jeune Bill avait souvent le nez dans un roman, quand il ne se blottissait pas contre Rosemary pour l'entendre lui lire des histoires.

« Faux, dit le vieil homme en le poussant du coude. Avant, je te voyais tout le temps plongé dans un livre.

– Peut-être.

– Peut-être ? Non, j'en suis certain. Tu devrais t'y remettre, ça te changerait les idées. »

Sans un mot, Bill se releva, ouvrit cette fois le placard et en retira la Marlin 30-30 qu'il tendit à Ernie.

« Elle appartenait à James, expliqua-t-il. Moi, je ne chasse pas. À mon avis, elle aurait besoin d'un bon nettoyage. »

Il avait menti à Ernie. Bien sûr qu'il aimait les livres, autrefois. Comme sa mère, qui en lisait tout le temps, et comme James. Pourtant, il y avait renoncé en terminale. Si Ernie avait insisté, Bill aurait sans doute prétendu qu'il ne savait pas pourquoi. Mais c'était faux.

Comment tenir un livre quand on a les mains tremblantes ? Quand on se sent hébété, flottant en dehors de la réalité ? Oh, ce n'était pas faute d'avoir essayé. Mais l'alcool qui circulait dans ses veines faisait naître une douleur sourde dans ses tempes. Les mots se chevauchaient sur la page, l'empêchant de leur donner un sens.

À la fin du mois d'août, Rosemary et Claire organisèrent une expédition shopping à Madison. Sa mère était tout excitée, constata Bill en la voyant agiter la main dans l'allée des Morriseau tandis que la voiture s'éloignait. En fin de journée, Ernie conseilla au jeune homme d'aller se coucher ; il attendrait le retour des deux femmes. Bill ne les entendit pas revenir, mais sa mère avait dû entrer dans sa chambre pendant la nuit, car à son réveil, le lendemain matin, Bill découvrit un roman sur sa table de chevet. *La Mort et l'archevêque*.

Quand il la remercia, au petit déjeuner, il vit son visage s'illuminer. Pourtant, il entama sa lecture seulement une semaine plus tard, alors qu'un orage les cantonnait à l'intérieur.

« Un soir de l'été 1848, trois cardinaux et un évêque missionnaire venus d'Amérique dînaient ensemble dans le jardin d'une villa située au milieu des monts Sabins qui surplombaient Rome… »

Il passa la nuit à lire.

Il avait l'impression de sentir la poussière de la mesa d'Acoma. Il s'imaginait croquant des graines de *piñon* sur le plateau, admirant l'immensité du ciel et de la terre déployée devant lui.

Blotti dans son lit, il n'avait qu'une vague conscience de la pluie cinglant la vitre, des branches de pin gémissant sous les bourrasques. Il était à Acoma. La nuit tombait après une chaude journée, les gens se rassemblaient. Il entendait leurs chants, leurs mélopées. Telle une famille nombreuse, ils allaient trouver ensemble le prêtre brutal en train de lire son bréviaire, puis lui ligotaient les mains et les pieds. Il essaya de se les représenter en train de hisser le religieux obèse jusqu'au sommet de la falaise et de le précipiter dans le vide.

Bill relut le roman plusieurs fois et s'attaqua ensuite à ceux de son frère. Ernie lui offrit un nouvel exemplaire de *Huckleberry Finn* et de *L'Homme qui a tué le cerf*.

Il avait oublié le plaisir de se plonger dans une histoire qui avait le pouvoir de le transporter loin de sa propre existence tout en renforçant le caractère réel de ce qu'il vivait. D'autres avaient éprouvé des sentiments comparables aux siens ou fait des expériences similaires. Les livres affirmaient que, belle ou laide, la vie avait de la valeur.

« J'aimerais que tu ailles à l'université, lui dit sa mère un soir. J'aurais tellement voulu que Jimmy y aille... Il était intelligent et tu l'es aussi. Tu sais, ajouta-t-elle d'un ton rêveur, c'est très différent du lycée – comme si tu avais le monde à portée de main. Et tu peux choisir d'étudier tout ce qui te plaît. »

Elle se leva et ouvrit l'un des placards de la cuisine. Avant de placer sur la table un gros bocal rempli de billets.

« Je l'ai découvert un jour où je nettoyais la grange. Ça devrait suffire à te payer les manuels du premier semestre. »

Abasourdi, Bill contemplait fixement le bocal. Tous ces soirs où il avait fait ses poches en vain pour trouver de quoi s'acheter de la bière ou du mauvais whisky, jamais il n'avait repensé à son trésor dissimulé dans la grange.

« Ton père a dû le cacher un jour et l'oublier. C'est drôle, non ? »

Sa mère pouffa. Une lueur de triomphe brillait dans son regard, comme pour signifier : « Je l'ai bien eu. » Bill se souvenait de lui avoir vu cette même expression des années plus tôt. *Tout va s'arranger*.

La gaieté de sa mère le gagnait peu à peu. Oui, c'était drôle. Mais pas comme elle le pensait.

« Nnnon, hoqueta-t-il en frappant la table du plat de la main. Papa n'y est pour rien. C'est... c'est James. C'est lui qui me l'a donné. Ça m'était sorti de la tête.

– Il t'a envoyé tout ça ? s'étonna sa mère.

– Ouais, répondit Bill en s'essuyant le visage sur sa manche.

– Tu avais quoi ? Huit ou neuf ans à l'époque ?

– Ouais.

– Et tu as tout gardé ?

– Ben oui.

– Seigneur ! »

Elle se couvrit la bouche, mais son rire s'échappa entre ses doigts.

« James m'avait bien recommandé de ne pas laisser notre cher papa l'utiliser pour faire une fiesta de bière ! »

Ce fut le coup de grâce. Sa mère laissa retomber sa main et donna libre cours à son hilarité. Bill, saisi d'un fou rire, frappa de nouveau la table.

Au bout d'un moment, Claire recouvra son sérieux.

« Je voudrais que tu comprennes quelque chose », dit-elle. Encore une fois, le choix de ses mots, plus que son intonation, exprimait sa détermination. Bill se concentra.

« Une petite ville ressemble beaucoup à un poulailler, reprit-elle. Elle n'aime ni le changement ni la différence et ne l'accepte pas facilement. Si une poule perd ses plumes ou si elle est blessée, les autres l'attaquent à coups de bec, parfois jusqu'à la mort. »

Machinalement, elle frottait le bocal comme s'il y avait eu un génie à l'intérieur.

« Dans une petite ville, c'est l'effet de la rumeur. Elle peut te tuer si tu n'y prends pas garde. Parfois, il vaut mieux partir pour se donner le temps d'évoluer ailleurs. À ton retour, les gens n'ont plus rien à dire parce qu'ils ignorent ce que tu as vécu. Ça les effraie, alors ils se taisent. »

Elle poussa le bocal au milieu de la table, puis se pencha vers son fils.

« Tu veux bien essayer d'aller à l'université ? Au moins un an ? À mon avis, tu auras une bonne surprise. »

Bill jeta un coup d'œil aux billets.

« D'accord, j'essaierai. »

Bill n'était pas un chasseur comme son frère. Mais il adorait la rivière. Il adorait l'eau.

Un matin, Ernie et lui s'installèrent sur le vieux pont en bois au-dessus de la Chippewa, les jambes dans le vide, pour manger les sandwichs aux œufs frits qu'ils avaient préparés avant de quitter la maison.

« On venait souvent ici, autrefois, raconta Bill. Terry était presque toujours avec nous. »

Il scruta les eaux en contrebas.

« On n'attrapait pas de poisson. James devait m'apprendre à pêcher à la mouche mais il ne l'a jamais fait. »

Il sourit à Ernie.

« Il disait tout le temps que t'étais le meilleur.

– Ça remonte à loin. Je n'ai pas pratiqué depuis belle lurette. N'empêche, si ça te tente encore, je peux t'apprendre… »

Pour commencer, Ernie lui confia une vieille canne à mouche et le regarda le soir la balancer d'avant en arrière. Bill possédait naturellement la technique du lancer, imprimant à son poignet un rapide mouvement comme s'il agitait une baguette. Au bout de deux semaines, il maîtrisait les rudiments de la pêche à la mouche et semblait bien parti pour dépasser son maître dans ce domaine. Presque tous les jours, en fin d'après-midi, ils se rendaient au bord de la Chippewa ou du lac proche de la crête, dont les eaux profondes et claires grouillaient de truites. Ne regardant pas à la dépense, comme il l'avait fait avec Jimmy, Ernie acheta à son élève une canne à mouche et un moulinet Orvis d'une valeur de six cents dollars. Au milieu de l'été, ils avaient étendu leur territoire d'activité, partant le week-end là où Ernie s'était rendu jadis avec Jimmy : la Namekagon, la Brule, le Flambeau Flowage et le lac Supérieur. Durant la semaine, accroupis sur de vieux journaux disposés sur le sol derrière la grange, les deux hommes vidaient et nettoyaient leurs prises. De temps à autre, ils jetaient un coup d'œil à Claire et à Rosemary qui se promenaient dans les champs avant le dîner. Une fois, Ernie se raidit quand un étrange cri perçant résonna dans le silence, pour se détendre aussitôt en reconnaissant, lui faisant écho, le timbre familier de sa femme. Jusque-là, jamais encore il n'avait entendu Claire rire. Comme s'il lisait dans son esprit, Bill murmura :

« Maman est seule depuis longtemps. »

Son nouvel appareil dentaire brillait au soleil. Ernie sourit. C'était tellement incongru de voir ces prothèses métalliques sur un adulte ! D'autant qu'à présent Bill s'était étoffé ; avec son mètre quatre-vingt-quinze, il était encore plus grand que Jimmy.

Ce même été, Ernie emmena Bill chez le médecin à Madison. Il insista pour s'entretenir d'abord seul avec le praticien, puis Bill entra se faire examiner.

Dans la salle d'attente, Ernie réfléchit à l'existence de son protégé en se demandant où elle allait le mener. Bill avait peut-être choisi la voie la plus difficile, puisqu'il avait refusé de fuir son chagrin, de quitter la maison comme son frère et de tout laisser derrière lui. Ernie songea à la façon dont lui-même considérait ses anciens camarades de classe restés toute leur vie à Olina : provinciaux, lâches, mesquins, balourds. S'en aller un moment et revenir plus tard constituait une expérience différente, offrait de nouvelles perspectives. En ce qui concernait Bill, cependant, le problème ne se posait pas dans les mêmes termes : à bien des égards, rester sur place et assumer l'héritage familial exigeait une discipline beaucoup plus rigoureuse que tenir le coup en territoire inconnu au milieu d'étrangers.

Enfin, le médecin ouvrit la porte de son cabinet et fit signe à Ernie de le rejoindre.

« Son appareil génital fonctionne normalement, déclara-t-il, ce qui lui permet d'uriner et d'avoir une érection. Mais, ajouta le praticien en secouant la tête, je doute qu'il puisse avoir un jour des enfants. Des testicules aussi endommagés ne sont plus en mesure de produire assez de sperme. Je peux toujours le soumettre à d'autres tests, bien sûr, mais à mon avis, ils ne feront que confirmer mon diagnostic.

– Il n'est pas possible de l'opérer ?

– Pour élargir les canaux des testicules, vous voulez dire ? »

Ernie hocha la tête.

« Les chances de réussite sont minimes. Alors, pourquoi lui imposer ça ? »

À deux ou trois reprises, il faillit parler de Jimmy à Bill, mais au dernier moment il se ravisa. Il ne savait pas si une telle initiative serait bien accueillie, et de toute façon le jeune homme ne semblait pas avoir envie d'aborder le sujet.

À la fin de l'été et au début de l'automne, il lui arriva plusieurs fois de surprendre Bill la canne à la main, en train de contempler fixement la rivière. Mais Ernie eut beau en scruter la surface, il ne vit jamais rien de particulier. Un jour, croyant entendre siffloter, il détacha son regard de la mouche qu'il accrochait à sa ligne pour essayer de déterminer l'origine du son. Il sentit un voile humide se déposer sur son visage. Il pensa à de la poussière d'eau venue de la rivière, mais lorsqu'il se fut essuyé avec un mouchoir, il constata qu'il n'y avait pas de vent.

Quand les deux hommes ne pêchaient pas, ils arpentaient la crête. Du sommet, ils pouvaient admirer la rive nord du lac. Souvent, Ernie sentait une odeur âcre lui chatouiller les narines. Enfin, il demanda à Bill :

« Tu ne sens pas de la fumée ?

– Si, quelquefois. »

Sans quitter du regard le lac, le jeune homme se mordilla la lèvre inférieure.

« Mmm... » marmonna Ernie, persuadé qu'il s'agissait du nouveau propriétaire de la ferme située de l'autre côté du lac. Sans doute devait-il faire brûler du bois ou des feuilles mortes... Toutefois, comment expliquer ces relents sulfureux ?

Il avait vécu dans le ventre de sa mère.

Bill y pensait tout en la contemplant. Ils dînaient en tête à tête, comme avant. Fasciné par les mouvements de la main maternelle, par le cliquetis produit par sa fourchette chaque fois qu'elle piquait un morceau de poulet rôti dans son assiette, il cessa de manger. En la voyant approcher de ses lèvres une nouvelle bouchée de viande, il songea soudain qu'il ne se rappelait pas l'avoir vue s'alimenter. En général, elle se contentait de rester assise en face de lui quand il prenait ses repas. *À quel moment se nourrissait-elle ?* se demanda-t-il. Elle devait bien avaler quelque chose de temps en temps, sinon elle ne serait plus là… Autrefois, elle était maigre. Quand il était tout gosse, elle lui paraissait même vide, ne tenant debout que grâce au café et aux réserves invisibles de son corps, comme si sa chair se repaissait d'elle-même.

Lui aussi avait un jour tiré d'elle sa subsistance. Un bébé n'est-il pas le parasite de sa mère, en un sens ? Il s'était développé en elle, il avait flotté dans l'habitat qu'elle lui offrait. Elle constituait alors son univers – la terre, le ciel, l'eau et l'air. Aujourd'hui, grâce aux échographies, les femmes ont la possibilité de connaître le sexe de l'enfant qu'elles portent. Claire avait-elle deviné qu'elle attendait un garçon ? Que deux fois dans sa vie, durant neuf mois, elle avait été à la fois féminine et masculine ?

Il la regarda boire un peu d'eau. Le silence entre eux était détendu, agréable. Au fond, se dit Bill, ils avaient presque toujours été tous les deux. Il se souvenait à peine de James à la table de la cuisine, de ses plaisanteries ou, parfois, de sa colère rentrée. La plupart du temps, il n'y avait que sa mère et lui.

Claire avait raison. C'était difficile de rester sobre dans cette petite ville qu'il n'aimait pas, car du coup il faisait plus attention aux autres – à leurs paroles et à leurs actes – et, en général, l'expérience se révélait douloureuse. À Olina, on disait *l'autre Lucas*. Pour le distinguer de son frère, le petit gars mort au Vietnam qui ressemblait tant à Elvis, qui avait été le Roméo de sa classe, qui possédait aisance et joie de vivre. Bill, c'était *l'autre*. Le fils de ce John Lucas qui continuait d'alimenter les conversations de bar presque huit ans après sa mort.

Et aujourd'hui, en ville, on parlait aussi de lui.

Wally Wykowski le reprit à la station-service Standard. Mais ce travail ne procurait plus à Bill la fierté qu'il avait ressentie quand il avait dix-sept ans. Au contraire, il le trouvait assommant, agaçant et même parfois pénible. Les habitants de la région, qu'il avait toujours connus, gardaient désormais leurs distances, et il les entendait murmurer, les voyait se pousser du coude. Ils n'avaient pas besoin de le lui dire en face ; de toute évidence, ils l'avaient jugé et condamné. *Tel père, tel fils.*

« Ignore-les, lui avait conseillé Ernie. Dire qu'ils se demandent pourquoi ils n'arrivent pas à joindre les deux bouts ! Ils auraient intérêt à faire travailler un peu plus leurs mains et un peu moins leur langue ! »

Alors Bill essaya de suivre les recommandations du vieil homme. De ne pas accorder plus d'importance aux autres qu'il n'en avait accordée à son père ; ce n'étaient que des désagréments inévitables, comme les turbulences de la météo. Mais il supportait d'autant moins les comparaisons avec John Lucas qu'il ne s'était jamais senti réellement apparenté à lui.

« De qui es-tu le fils ? » l'avait taquiné jadis Mme Schaefer, qui tenait le magasin de bricolage avec son mari, Sheldon. Ce jour-là, Bill, encore tout jeune, était exceptionnellement accompagné de ses deux parents. Il avait ôté son pouce de sa bouche et, sans un mot, il avait indiqué sa mère.

Oui, il s'était toujours considéré comme le fils de Claire Lucas. Pour lui, son père n'avait joué qu'un rôle mineur, voire insignifiant, dans sa création. Sa mère était l'incarnation du pays où il avait grandi et où il vivait encore aujourd'hui. Un pays rude, plein de pierres et d'océans dont les flots furieux menaçaient parfois de l'engloutir, au climat marqué par des sécheresses périodiques et des saisons étouffantes ou glacées, mais en même temps riche de merveilles, de promesses et de mystères. Une terre natale où il avait toujours sa place.

Et où il retourna après cette nuit de septembre.

La nouvelle institutrice avait amené sa Volvo pour une révision complète avant l'hiver. Elle revint une deuxième fois pour du liquide lave-glace, puis une troisième pour un paquet de cigarettes. Ce jour-là, elle proposa un rendez-vous à Bill qui, au grand dam des autres employés de la station, accepta nonchalamment. De taille moyenne, elle avait des cheveux blonds mi-longs et des yeux bleus. Ils se fréquentèrent pendant deux ou trois semaines, jusqu'au moment où Bill se sentit rassuré. Ils s'entendaient bien. Elle devait avoir des sentiments pour lui. Peut-être pouvait-il enfin baisser sa garde.

Elle avait posé sa bouche dans le cou de Bill. Il défaisait sa chemise. Puis elle ôta son chemisier, révélant un soutien-gorge en dentelle dont il chercha en vain l'agrafe dans le dos.

« Il s'ouvre devant », murmura-t-elle avant de lui mordiller l'oreille.

Il referma les mains sur ses seins. Elle lui baissa son pantalon. Il s'allongea sur le canapé en l'attirant à lui, tellement captivé par son plaisir qu'il ne sentit même pas son caleçon lui glisser le long des jambes. Quand elle se pencha vers son pénis durci, Bill émergea de sa bienheureuse torpeur et voulut se redresser, mais il était trop tard.

« C'est quoi, ça ? » s'écria-t-elle, pétrifiée.

Son regard exprimait le dégoût, et même l'horreur. Paniqué, Bill ferma les yeux.

« T'as une maladie de peau ? reprit-elle. Bon sang, c'est de l'herpès ? T'allais rien me dire, hein ? »

Il la repoussa, puis se rhabilla en hâte. Il se cogna plusieurs fois dans les murs en traversant les pièces sombres de la maison qu'elle louait. Avec l'impression d'être aussi maladroit et monstrueux que la créature de Frankenstein, il dévala les marches du perron et se précipita vers sa voiture.

Bill roula comme un fou d'Olina jusqu'à Cedar Bend. Il était deux heures du matin quand il arriva à la ferme chargé d'un troisième pack de six bières. Dans la cuisine, il heurta la table et renversa une chaise. Puis il se dirigea vers le salon éclairé, trop soûl pour se rendre compte que la lumière signalait la présence de sa mère.

« Bill ? Que s'est-il passé ? » demanda-t-elle d'une voix faible.

Il lâcha le pack, qui tomba sur le plancher avec un bruit sourd. Sans doute avait-il abîmé une latte, songea Bill confusément.

« Viens là, dit sa mère en le prenant par la main. Assieds-toi. »

Il s'exécuta, les yeux fixés sur la main maternelle, menue, pareille à un coquillage nacré au creux de sa large paume. Claire était si petite à côté de lui… Un vrai moineau. Un moineau épuisé.

« Que s'est-il passé, Bill ? Tu vas bien ? »

À travers le brouillard de l'ivresse, il eut un aperçu des années à venir. 1983 était déjà bien entamée. Il vivrait avec sa mère et travaillerait à la station Standard. Il éviterait les gens de la ville et jamais il n'approcherait de nouveau une femme. Comment pourrait-il oublier cette expression de dégoût ?

« Personne ne voudra jamais de moi », hoqueta-t-il.

Posant la tête sur les genoux de sa mère, il se laissa aller à son chagrin.

Après cette soirée, Bill avait redouté de retourner au travail et même de marcher dans les rues de la ville. Il n'imaginait que trop bien l'institutrice en train de chuchoter l'infâme secret à ses collègues, jusqu'à ce que la rumeur se répande dans tout Olina : « Bill Lucas est malformé. »

Mais si elle en parla, il n'en sut rien. En tout cas, personne à la station n'aborda le sujet. Bill ne chercha pas à la revoir, contrairement à elle.

« T'attache pas à cette fille-là », lui recommanda Wally un jour après qu'elle fut partie. Lorsqu'elle avait amené sa voiture pour la vidange, il avait confié la tâche à un autre mécanicien.

En attendant, Bill s'était réfugié derrière la station pour boire un Coca.

« Il paraît qu'elle a couché avec tous les gars du coin, reprit Wally. Maintenant, elle est obligée d'aller chasser du côté de Cedar Bend. »

Il gloussa en mâchouillant un cure-dents.

« À mon avis, elle a fait le coup aussi à Ray. Il est grincheux, depuis quelque temps. »

Bill garda le silence.

« C'est drôle, poursuivit son patron, elle a l'air gentille, comme ça, et vu qu'elle enseigne à des gosses et tout, on lui donnerait le bon Dieu sans confession. Mais apparemment, c'est une vraie garce. Quand elle s'est servie d'un homme, elle le jette. Une fois qu'elle aura labouré nos champs, je suppose qu'elle s'en ira voir ailleurs… »

Il assena une bonne claque sur l'épaule de Bill.

« Elle te méritait pas, mon gars. »

Parfois, sous la douche, Bill se frottait presque jusqu'au sang. Mais c'était l'intérieur de son être qu'il aurait voulu purifier. Rien ne pouvait le réconcilier avec lui-même. Il ne se sentait bien que dans les bois, au bord de la Chippewa ou sur la crête.

Sa mère s'affolait chaque fois qu'il quittait la maison pour s'aventurer dans la forêt et le marais. Il la devinait postée derrière la fenêtre de sa chambre pour l'observer. Il ne voulait pas lui faire de mal mais c'était plus fort que lui. Certains jours et certains soirs, il se sentait obligé de retourner vers la crête. Il n'aurait su dire quelle force l'y poussait, mais il lui obéissait instinctivement.

En novembre, l'avant-veille du premier anniversaire du jour où Ernie l'avait trouvé dans la forêt, Bill rejoignit son endroit de prédilection au sommet de la crête. Assis au milieu des quatre pins rouges qui avaient toujours délimité sa chambre imaginaire, il contempla le lac glaciaire.

Aujourd'hui, il comprenait mieux ce qui se passait en lui. Quand il venait en ce lieu, il retrouvait les visions et les sensations qu'il avait eues dans sa jeunesse, avant de se mettre à boire vers treize ans. Il regarda un souffle de vent rider la surface de l'eau. Le lac reflétait l'exacte couleur du ciel : gris acier.

C'était un immense glacier qui avait créé ce lac, lui avait raconté sa mère quand il avait cinq ans. Autrement dit, une énorme masse de glace en mouvement qui se déplaçait comme si des milliers de mains la poussaient par en dessous – un peu comme un mille-pattes, avait-elle ajouté. Dans leurs paumes étaient incrustés des boulders et des pierres anguleuses, et à mesure que les glaciers progressaient à travers le monde, il y avait de cela des millions d'années, elles avaient creusé des petits et des gros trous qui, au fil du temps, s'étaient remplis d'eau pour former des lacs. Bill s'était toujours représenté ces mains comme les maniques dont se servait sa mère pour nettoyer le four. Elle lui avait également affirmé que le sol sous ses pieds était vivant, et il se rappelait l'avoir cru, parce qu'il le sentait aussi au plus profond de lui.

Il s'étira, les yeux fixés sur les arbres qui filtraient la lumière déclinante du jour. Sa mère disait autrefois que s'il se tenait tranquille, il entendrait peut-être battre le cœur de la terre.

Ils étaient dehors ce matin-là, et sa mère, pieds nus, accroupie, ramassait des pierres dans l'allée. Bill la regardait les faire rouler entre ses mains, en étudier la forme et les jeter avant d'en choisir d'autres.

« Tu sais de quoi est fait le sol ? » demanda-t-elle soudain.

Il secoua la tête. Sa mère se comportait de manière étrange, parfois. Il connaissait le terme adéquat : *excentrique*. Quand les autres femmes d'Olina parlaient de cuisine, de coiffures ou de maquillage, de réunions Tupperware ou Mary Kay, de qui faisait quoi dans la communauté, la sienne voulait lui expliquer la composition du sol par une froide matinée de novembre. En tout cas, les expéditions shopping avec Rosemary avaient du bon : non seulement sa mère portait des vêtements plus jolis, mais elle semblait aller mieux. Malgré ses cheveux blancs et son visage marqué par les épreuves et les inquiétudes, elle possédait encore un charme indéniable, tout de délicatesse.

« C'est le résultat d'un mélange de géologie et de biologie. D'organismes et de roche. Ou si tu préfères, de corps et de cailloux. N'est-ce pas fascinant ? »

Il sourit. La gaieté maternelle était contagieuse.

« Tu as raison, maman. C'est fascinant. »

Bill se redressa dans son lit. Il lui faudrait partir bientôt. Le ciel virait à l'anthracite, lui rappelant cette lointaine soirée de février où la lune nimbait le paysage d'une clarté opalescente. James l'avait tiré de son lit et emmené dehors bien avant l'aube, disant juste que c'était *la nuit des renards*.

Le champ derrière la grange disparaissait sous une couche de neige gelée qui scintillait dans une lumière presque crépusculaire. Bill avait entendu plusieurs aboiements aigus et brefs provenant de cette direction. James l'avait juché sur ses épaules. « Tu les vois ? avait-il demandé. Tu les vois danser ? »

Oui, une renarde et un renard se pourchassaient dans la

neige, courant en cercles et se dressant sur leurs pattes de derrière comme pour entamer une danse. Sous les yeux des deux frères, la femelle avait fini par se coucher tandis que le mâle se plaçait sur elle en lui mordillant le cou. Ils étaient restés soudés l'un à l'autre pendant ce qui avait paru une éternité à Bill.

Il avait tiré sur la capuche de son aîné.

« Qu'est-ce qui se passe ? Pourquoi ils se battent ?

– Ils ne se battent pas, Bill. C'est la période des chaleurs, ils font des renardeaux. »

Dérouté et mal à l'aise, Bill avait vu le mâle se dégager brusquement avant de mordre de nouveau le cou de la femelle.

« J'ai su qu'ils étaient là quand je les ai entendus aboyer », avait expliqué James en faisant descendre son cadet.

Celui-ci s'était attardé près de la clôture. La nuit lui semblait féerique, ainsi baignée par le clair de lune et égayée par la musique du vent dans les pins.

« Tu vas attraper froid », avait ajouté son grand frère, et il s'était baissé pour le reprendre sur ses épaules.

Bill s'était détendu peu à peu au rythme de la démarche de James. Sœur Agnes leur avait dit que Dieu vivait dans le ciel avec la Vierge Marie et leur fils Jésus. Elle avait dit aussi que la Vierge était douce, gentille et aimait beaucoup les petits enfants. D'après James, ce n'étaient que des bêtises, des trucs qu'on apprenait dans toutes les écoles catholiques, mais Bill n'en trouvait pas moins magnifique la statue de la Vierge Marie à l'église. Alors il avait ôté une de ses moufles pour agiter la main au cas où elle le regarderait.

Riant tout seul, il ôta les aiguilles de pin et les feuilles mortes collées à sa veste. Il fallait être un gamin bien naïf pour conserver une foi innocente en la Vierge Marie après avoir vu des renards s'accoupler frénétiquement. « La copulation s'inscrit dans le cadre des stimuli naturels qui affectent même les humains », leur avait appris son professeur de biologie au lycée.

Il s'allongea de nouveau, roula sur le flanc et se perdit encore une fois dans la contemplation du lac.

Une semaine plus tôt, il avait emmené sa mère sur la rivière. Tout en pagayant, il l'avait regardée plonger une main dans l'eau, puis la retirer de temps à autre pour laisser les gouttelettes ruisseler le long de ses doigts. Elle semblait de bonne humeur, et pourtant il aurait juré qu'un souci la tourmentait. Elle n'avait cependant abordé le sujet qu'après leur partie de pêche, au moment où il fixait le canoë sur le toit de sa nouvelle camionnette d'occasion.

D'une poche de sa veste, elle avait retiré un objet.

« Je l'ai depuis des années, mais j'attendais le bon moment pour te la donner. »

Elle lui avait fourré dans la main une plaque métallique attachée à une chaîne.

« Un vétéran reparti à la recherche des prisonniers de guerre en 1978 l'a vue au cou d'un petit garçon des montagnes, avait-elle expliqué. Tout près de ce qui était autrefois la base de combat de Khe Sanh, où se trouvait Jimmy. Tu sais, c'est cet aumônier venu ce jour-là avec Ernie nous annoncer la disparition de ton frère. »

Bill avait caressé la plaque militaire de James, dont les bords épais semblaient avoir en partie fondu.

« Tu comprends ce que ça signifie ? » avait demandé sa mère, adossée à la portière.

Il comprenait surtout qu'elle lui confiait ces plaques

maintenant dans l'espoir de mettre un terme à ses expéditions dans les bois.

« Je sais bien que James est mort, maman. »

Il avait soupiré.

« Je peux les garder ? »

Elle avait hoché la tête en fouillant de nouveau dans sa poche.

« Prends ça aussi. »

Cette fois, elle lui avait tendu deux médailles, la Purple Heart et la Bronze Star.

« Elles ne représentent pas grand-chose. Mais au moins, Jimmy, lui, les a gagnées. »

Après une courte pause, elle avait ajouté :

« Ton père a menti. Il ne s'est jamais battu pendant la Seconde Guerre mondiale.

– Je m'en doutais. »

Bill avait empoché plaque militaire et médailles avant de passer le bras par la vitre de la cabine pour attraper deux canettes de soda. Ils avaient bu en écoutant le murmure de la Chippewa à côté d'eux. Les dernières feuilles jaunes des bouleaux tombées dans la rivière tournoyaient à la surface des eaux vives.

Que serait devenu James s'il avait vécu ? se demandait Bill. Serait-il rentré avec autant de blessures visibles qu'invisibles, comme tellement d'autres vétérans du Vietnam ? Dans quelques mois, fin janvier, ce serait l'anniversaire de sa mort.

« Comment as-tu su qu'il était mort ? avait-il chuchoté.

– “ Porté disparu au combat ” est une expression pour le moins ambiguë... »

Les bras croisés, sa mère avait contemplé la rivière.

« Combattre en temps de guerre implique l'utilisation de bombes et d'armes. Si quelqu'un disparaît dans de telles circonstances, c'est qu'il lui est arrivé quelque chose d'innommable.

– Il n'aurait pas pu être fait prisonnier ?

– Non. »

Elle avait secoué la tête.

« Ton frère ne se serait jamais laissé capturer. On torture les prisonniers de guerre, et ça, il ne l'aurait pas supporté. »

Bill avait vidé sa canette d'un trait avant de la jeter à l'arrière du pick-up. Il aurait aimé demander à sa mère si elle aussi sentait parfois la présence de James. Il n'osait cependant pas lui poser la question.

D'autant qu'elle lui opposait maintenant un visage fermé. Oh, il connaissait bien cette expression : elle ne dirait plus rien. Avant, il croyait à une stratégie de sa part pour le forcer à sortir de son mutisme. Mais, avec le temps, il lui était venu à l'esprit qu'elle appartenait à une génération et à une culture peu portées sur les grands discours, et qu'elle faisait figure d'exception en se montrant plus loquace que la grande majorité de ses semblables. Il lui en coûtait sans doute beaucoup de sortir de cette réserve profondément ancrée en elle, et elle avait besoin d'un répit avant de reprendre la parole.

À la mi-novembre, Angel se mit à décliner rapidement, ne réussissant à se traîner dehors que lorsque le besoin d'uriner ou de déféquer devenait trop pressant. Il parvenait tout juste à descendre les marches de la véranda. Ses excréments de vieux chien dégageaient une odeur tellement puissante que, même après les avoir enlevés à la pelle, Ernie devait répandre de la chaux aux endroits souillés. Un soir, une semaine avant Thanksgiving, Angel se coucha sur sa couverture sans plus se relever, ni pour boire ni pour manger. Si Rosemary s'était profondément attachée au chien, ce fut cependant Bill qui réagit le plus mal à la mort imminente de l'animal. Il s'était réinstallé à la ferme familiale dès la fin de l'été, mais il passa les cinq dernières nuits de la vie d'Angel à dormir, enveloppé dans un sac de couchage, dans la cuisine des Morriseau. Le chien rendit l'âme à l'aube, trois jours avant Thanksgiving.

Le cœur serré, Ernie regarda sa femme et Bill accablés de chagrin près de la dépouille déjà raide. Il avait toujours considéré comme un miracle l'incroyable vitalité de leur chien. Il ne demanda jamais à Rosemary combien elle dut payer ni comment elle se débrouilla afin de le faire incinérer à temps pour Thanksgiving.

Ce jour-là, les Morriseau avaient invité leurs voisins à partager leur repas de fête. Ernie aida Claire en cuisine pendant que Rosemary et Bill s'habillaient chaudement. Il les accompagna sur la véranda, puis les regarda traverser tristement leur champ pour se rendre dans le marais. Bill portait l'urne contenant les cendres d'Angel et Ernie pensait savoir où ils allaient les disperser.

Deux heures plus tard, il mettait la table avec Claire quand des chants ponctués d'éclats de rire résonnèrent au-dehors.

De la fenêtre, Ernie vit sa femme et Bill avancer bras dessus, bras dessous, la tête de Rosemary arrivant pratiquement sous l'aisselle du jeune homme. La mélodie lui était familière.

« Orbison, dit Claire à côté de lui, comme si elle avait lu dans ses pensées. *In Dreams*.

– Je n'avais pas entendu cette chanson depuis des années… »

Un sourire aux lèvres, sa voisine hocha la tête.

« C'était un des disques préférés de Jimmy. »

1998

Bill observe son fils qui joue dans la cour avec le chien. Le croisé labrador et colley s'arrête parfois pour aboyer comme s'il voulait lancer un défi au petit garçon. Celui-ci s'immobilise à son tour, éclate de rire et tape des pieds ; aussitôt, l'animal reprend sa course. Bill, assis sur les marches de la véranda pour se protéger de la chaleur, se sent détendu. Les quelques années passées lui semblent remonter à une éternité ; la vue de son fils lui donne une conscience aiguë de la place qu'il occupe aujourd'hui et du chemin parcouru pour y arriver.

Sa mère avait raison. La vie dans une petite ville se révèle parfois difficile et décourageante. Durant cette première année de sobriété, Bill découvrit qu'ils étaient nombreux dans la communauté à ne pas voir sa guérison d'un bon œil ; en un sens, il les trahissait, puisqu'il refusait le rôle qu'on lui avait assigné, les empêchant ainsi de projeter sur lui l'échec de leur propre existence. Ils auraient voulu le condamner pour le restant de ses jours à reproduire les erreurs de son père. Le message était aussi simple et clair que les phrases de son premier manuel de lecture : *Regardez-le courir. Regardez-le tomber.*

Un jour, il terminait son service à la station quand il se moucha et remarqua pour la première fois que le mucus était noir comme l'huile des moteurs qu'il changeait. Les yeux fixés sur l'épaisse substance toxique souillant son mouchoir, il songea à la façon insidieuse dont elle le privait peu à peu de sa santé. Ce même soir, il remplit son dossier de candidature pour l'université du Minnesota. Si ses notes de terminale n'étaient pas fameuses, vu qu'il n'allait pas souvent en cours, ses résultats aux tests d'admission furent excellents.

Pourtant, la séparation fut difficile. Il n'oublierait jamais la vision de sa mère, de Rosemary et d'Ernie devant Bailey Hall, sur le campus St Paul, se préparant à monter dans la berline des Morriseau pour rentrer. Ils paraissaient tous les trois sur le point de défaillir tant l'émotion les submergeait. Sa mère se tordait les mains d'un air absent. Ernie se moucha. Rosemary se balançait d'un pied sur l'autre. Ils auraient fait n'importe quoi pour lui dans leur désir de réparer les torts qu'on lui avait causés et de lui apporter du bonheur. Ils s'efforçaient d'ériger un rempart entre le passé et lui, d'agir comme les pluviers qui feignent d'avoir une aile brisée pour tromper les prédateurs – souvenirs douloureux et mauvais esprits – afin de lui donner une chance de s'en sortir. Bouleversé, Bill ne put prononcer une parole. Alors, il les serra dans ses bras, prit son sac et se dépêcha d'entrer dans le dortoir pour ne pas avoir l'occasion de changer d'avis.

Il avait pris la bonne décision.

Les études comblèrent un vide en lui. Parce qu'elle représentait un défi, chaque nouvelle matière lui permettait de s'élever. Il adorait apprendre. Cette boisson-là avait un goût inimitable. Toutes ses bonnes notes étaient autant d'épées brandies à la face des ennemis réels ou imaginaires qui peuplaient sa tête et il voulait tous les éliminer afin de purifier son cerveau. Comme pour lui éviter le mal du pays, sa mère lui envoya un bocal rempli de terre provenant de la ferme familiale. Bill le plaça dans sa chambre, sur le rebord de la fenêtre au-dessus du bureau, où il devint le symbole de ce que lui-même voulait faire dans la vie. Il deviendrait expert en géologie et en biologie animale – les deux seules choses qui ne l'avaient jamais trahi : les animaux et le sol qu'ils foulaient.

Il envisagea un moment d'aller s'établir à l'Ouest mais le désir de rentrer chez lui l'emporta. Il lui sembla entendre les mots dans son sommeil : *Ne t'en va pas.* Il savait que ses chances de décrocher un poste dans le nord du Wisconsin, au service de la Chasse et de la Pêche, étaient quasiment nulles, car en général cet organisme envoyait ses nouvelles recrues faire leurs armes ailleurs. Néanmoins, il avait un plan : il expédia une première lettre de candidature peu après son entrée à l'université, puis il renouvela sa demande tous les ans jusqu'à l'obtention de ses diplômes. Il se spécialisa dans la faune et la flore du Wisconsin du Nord. Il y était né, arguait-il dans ses lettres ; il connaissait tous les problèmes de la région et les éventuelles solutions à apporter. Il était déterminé à étudier sans relâche, à ne pas fréquenter de fille et à ne surtout laisser personne le détourner de sa vocation.

Elizabeth était rousse. Pourtant, il ne trouvait pas de terme pour définir la nuance exacte de sa chevelure, un problème auquel il réfléchissait parfois lors de leurs conversations. Elle l'accusait alors de ne pas faire attention à ce qu'elle disait, mais il l'écoutait, même s'il restait fasciné par la teinte particulière

– et pourtant étrangement familière – de ses cheveux et de ses yeux mordorés.

Il s'attachait trop à elle. L'intensité de ses sentiments l'effrayait. Ils s'étaient rencontrés dans un cours de sciences du sol, et malgré son appréhension, il s'était senti immédiatement attiré par elle. Elle suivait un double cursus, en sciences du sol et en géologie. Elle aimait la terre au moins autant que Claire Lucas, mais, si les deux femmes se ressemblaient à certains égards, elles étaient cependant bien différentes. Au début, Bill lui annonça qu'il cherchait seulement son amitié.

« Il y a de multiples strates en toi », dit-elle un jour. Ils mangeaient une tarte en buvant un café au restaurant Vescio, à Dinkytown, près de la banque du campus.

« Ne creuse pas trop profondément, ou tu risques de ne pas apprécier ce qu'il y a en dessous », répliqua-t-il, sarcastique.

Le sourire d'Elizabeth s'évanouit.

« Chaque fois qu'on blague, tu finis toujours par me sortir une remarque de ce genre. Pourquoi ?

– Désolé. Je voulais juste dire que… » Il chercha ses mots. « … que je ne suis pas un saint. J'ai des mauvais côtés.

– Je ne parlais pas de ça. »

En silence, il termina sa part de tarte au citron meringuée. Elle avait l'apparence et le goût du plastique, songea-t-il au moment où la serveuse leur apportait la note.

« C'est de la vraie meringue ? demanda-t-il.

– Non, ça s'appelle du placo-flan », rétorqua-t-elle avant de s'éclipser. Du *placo-flan* Bill contempla les miettes dans son assiette. Qu'avait-il mangé ?

Elizabeth insista.

« Je ne parlais pas des bons ou des mauvais côtés, reprit-elle, mais des diverses strates de la personnalité. Tout part de là », ajouta-t-elle comme pour le mettre au défi de la contredire.

Il s'attachait trop à elle. Il était plus qu'effrayé : terrifié, littéralement.

Un jour, pourtant, il lui vint à l'esprit que même s'il n'avait jamais eu vraiment besoin des autres, sa mère finirait cependant par mourir. Ernie et Rosemary aussi. Les trois êtres qui lui importaient le plus dans la vie n'étaient pas éternels.

Elizabeth et lui restèrent amis pendant un an avant de devenir amants ; ils se marièrent deux ans plus tard. Avec le recul, Bill était stupéfait par l'obstination dont elle avait fait preuve. Il l'avait repoussée, il l'avait même découragée par des paroles cinglantes, pour essayer aussitôt après de la ramener à lui par des excuses et des mots doux.

Un soir, assis tous les deux sur le canapé d'Elizabeth, ils buvaient du Seven-Up et se détendaient après une séance de cinéma. Elizabeth évoquait le divorce de ses parents et le fait qu'elle ne voyait pas souvent son père quand, soudain, elle s'interrompit.

« Hé, je viens de penser à quelque chose. Tu ne m'as jamais rien dit sur ton père. Tu l'as connu ? »

Il lui avait parlé de sa mère, d'Ernie et de Rosemary. Il lui avait aussi parlé de James comme s'il était toujours en vie. Quand il lui racontait une histoire sur son aîné, il ne butait pas sur les mots. Il souffrait, pourtant ; la mort de son frère était une tragédie dont il ne se remettrait pas. Mais Bill ne croyait ni au paradis ni à l'enfer. Il croyait aux systèmes naturels et artificiels. Aux territoires. Et la mort pouvait en occuper plus d'un.

Les défunts que l on a beaucoup aimés, avait-il compris,

demeurent toujours en nous. Au lieu de disparaître, ils se développent dans une autre dimension. Lui-même avait contribué à ce processus en plaçant son frère au milieu d'une zone fertile qu'il connaissait bien : dans son esprit, James avait traversé la rivière et sillonnait les bois. C'était son habitat naturel.

Mais son père ? Avant de répondre à Elizabeth, il songea aux rescapés de l'Holocauste et à toutes les victimes de tortures qui avaient dû, pour survivre, trouver un moyen de maîtriser les souvenirs inoubliables de l'horreur. Comme il l'avait fait lui aussi sans en avoir conscience. De même qu'il avait choisi pour son frère un univers d'amour et de vie, il avait cantonné son père à un univers de mort. Il avait enfermé les restes momifiés de John Lucas dans une sorte de vitrine de musée à l'intérieur de sa tête. Où rien, jamais, ne pourrait le ressusciter.

En attendant, les mots ne lui venaient pas facilement pour décrire ce qui était inscrit sur son corps. À aucun moment il ne regarda Elizabeth pendant qu'il parlait. Lorsqu'il se tourna enfin vers elle, redoutant de lire le dégoût sur son visage, il découvrit tout autre chose.

Une admiration mêlée de respect.

« Laisse le chien tranquille un moment ! » crie-t-il à son fils.

L'enfant a l'air tellement heureux, aujourd'hui… Comme s'il ne s'était rien passé. Dans la nuit, il a fait un cauchemar. Toujours le même. Ses cris sont si perçants que Bill se réveille en général dès le deuxième ou troisième. Tout en s'efforçant de calmer le petit garçon, il s'est demandé une fois de plus si celui-ci se souvenait des dix-huit premiers mois de sa vie. Si leur mystère serait dévoilé un jour.

La plupart du temps, il se contente de le bercer pour le rendormir. Mais parfois, il doit s'allonger près de lui en le serrant dans ses bras.

Il se rappelait encore cette nuit où il s'était battu avec Ernie. Et le matin suivant, quand il s'était réveillé à côté de lui. Quand il avait découvert ce visage masculin à quelques centimètres seulement du sien, les paupières closes et les joues couvertes d'une barbe naissante gris argent. Autrefois, très rarement, il était arrivé à James de grimper dans le lit de son cadet après un cauchemar. Lorsqu'il avait senti le souffle d'Ernie sur sa figure, Bill s'était souvenu du réconfort que lui procurait la proximité de son aîné.

Ce jour-là, c'est son petit garçon aux yeux noirs qui l'a tiré du sommeil en lui tapotant l'épaule.

« Réveille-toi, papa », a-t-il chantonné. Son haleine sentait les cookies au chocolat.

Grâce à sa persévérance et à son entêtement, Bill finit par décrocher la place de ses rêves dans le Wisconsin du Nord, où il alterna travail de terrain et demandes de subventions pour financer ses recherches. Liz eut de la chance aussi, puisqu'elle obtint dans le même État un poste de spécialiste des sciences de la Terre au Service de l'Environnement. Après leur mariage, elle n'utilisa aucun moyen de contraception dans l'espoir que Bill n'était pas stérile. Mais elle ne tomba pas enceinte. Il en fut secrètement soulagé.

« On pourrait tenter l'adoption », dit-elle.

Il fit non de la tête. Elle ne voulait cependant pas en démordre et il en résulta une terrible dispute entre eux.

« Tu ne deviendras jamais un monstre. Tu ne reproduiras pas le comportement de ton père », lui chuchota-t-elle cette nuit-là, au lit. Il garda le silence, heureux qu'elle ne puisse pas voir son visage dans l'obscurité.

Le soupir d'Elizabeth résonna avec force.

« Il faut des enfants pour remplir cette grande maison. Et ta mère aimerait des petits-enfants. Sans compter, ajouta-t-elle en lui tapotant le menton, que tu ferais un excellent papa. Personne ne te demande d'être parfait. Sauf toi, bien sûr… »

Le lendemain matin, ils n'en reparlèrent pas, se bornant à prendre leur petit déjeuner sans dire un mot. Ce dimanche-là,

Bill et Ernie avaient prévu d'aller pêcher dans la Chippewa avant les premiers grands froids.

Ils remontèrent le courant à bord du nouveau canoë ultraléger de Bill. Celui-ci voyait bien que son vieux compagnon forçait sur son bras gauche, car il avait mal à l'épaule droite. Ernie avait soixante-dix ans passés et Bill aurait voulu qu'il se contente de profiter de la promenade en bateau, pour une fois. Mais rien à faire, Ernie tenait à pagayer.

Ils n'avaient pas abordé la rivière par le vieux pont forestier, préférant s'y rendre en voiture par un ancien sentier coupe-feu plus au sud. Il leur fallait par conséquent retourner plus en amont, et ils longèrent les rives sablonneuses que Bill et son frère avaient hantées enfants. Tout était tranquille à l'exception du clapotis régulier des pagaies fendant l'eau. Soudain, Ernie s'immobilisa, les yeux fixés sur la grève.

« Au printemps, dit-il, je suis venu ici cinq jours de suite pour voir si les tortues avaient pondu, mais je n'en ai pas vu une seule. Je n'ai même pas repéré de traces. Au fond, enchaîna-t-il sans laisser à Bill le loisir de répondre, je pensais que rien ne changerait jamais ; elles déposaient déjà leurs œufs ici quand j'étais gosse. Mais il y a peut-être un problème avec la rivière… »

Non, pas avec la rivière, songea Bill. Le pont forestier avait toujours attiré les bandes d'adolescents, mais outre les canettes de bière jonchant la route, il avait récemment découvert des préservatifs usagés, des seringues, des mégots de cigarettes et même quelques restes de joints. De plus, la croyance persistait dans les campagnes que les tortues-alligators étaient des prédateurs indésirables au même titre que les blaireaux, les loups et les coyotes. Pas mal d'habitants de la région les abattaient à vue, affirmant pour se justifier qu'elles nuisaient à la population de sandres dorés ou dévoraient trop de canetons sauvages. Bill soupçonnait également les gamins d'avoir pillé les nids pendant des années, lançant les œufs contre le pont pour s'amuser, et les vieilles femelles susceptibles de revenir d'être mortes depuis longtemps.

« Non, ce n'est pas la rivière, dit-il à haute voix, même si la qualité de l'eau laisse à désirer. Charlie, notre spécialiste, prétend que les tortues-alligators peuvent survivre même en milieu pollué. D'ailleurs, on en trouve toujours au bord du Mississippi près de Minneapolis. »

Le vieil homme haussa les épaules puis se remit à pagayer. Quand ils passèrent sous le pont, le bruit des pagaies se répercuta sous la voûte et Bill crut aussi entendre l'écho de leur souffle. Ils remontèrent la Chippewa jusqu'au moment où il lui sembla que la courbure des épaules d'Ernie s'accentuait.

« Si on faisait une pause ? lança-t-il. J'ai faim. »

Ils s'installèrent au milieu d'un bosquet de bouleaux blancs, toujours magnifiques même sans leur feuillage. Ernie attaqua aussitôt le sandwich confectionné par Liz, à la saucisse de gibier et au cheddar. Bill se borna à l'observer.

« Tu avais peur d'être père ? demanda-t-il soudain. Je veux dire, quand Rosemary tombait enceinte, ça t'effrayait ?

– Non, je n'avais pas peur, répondit Ernie, qui cessa de manger. Mais j'ai commencé à paniquer après la première fausse couche, et par la suite, chaque fois que Rose arrivait au quatrième mois. Une fois, elle est allée jusqu'au sixième. J'étais terrifié à l'idée qu'elle puisse mourir en couches ou que la grossesse n'aille pas jusqu'à son terme. Et au bout d'un moment, la colère l'a emporté et je lui en ai voulu. C'était idiot, bien sûr. Rose n'y était pour rien. Malheureusement… » Il poussa un profond soupir. « … la déception fait parfois faire des choses stupides. »

Conscient du regard de son compagnon, Bill mordit dans son sandwich.

« Liz voudrait adopter un enfant, avoua-t-il enfin. On s'est disputés à ce sujet. »

Ernie hocha la tête, reprit une bouchée de sandwich et avala un peu de café.

« Eh bien… » Il s'éclaircit la gorge. « Ça me paraît normal qu'elle veuille une famille. Mais si tu n'as pas envie d'être père, ne te force pas. À moins que toi, tu n'aies peur ? »

Bill contempla ses bottes.

« Je ne sais pas trop… »

Peu désireux de prolonger cette conversation, il saisit la Thermos pour remplir sa tasse. Au même instant, un souvenir lui revint en mémoire, évoqué par la vue des berges sableuses.

« Tu te rappelles ce que tu m'as dit le soir où tu as tué cette tortue ? »

En guise de réponse, Ernie fit non de la tête.

« Tu as mentionné une légende racontée par ton père, selon laquelle les tortues avaient créé le monde, précisa Bill. Ça m'a toujours intrigué.

– Je ne me souviens pas d'avoir tué une tortue, murmura Ernie, l'air perplexe. Tu es sûr de ce que tu avances ?

– Ne t'inquiète pas, je t'expliquerai. Tu ne l'as pas tuée pour le plaisir. Mais vas-y, parle-moi de cette légende. »

Ernie pressa son épaule douloureuse.

« C'est l'une de celles qui m'ont le plus marqué. C'était ma préférée quand j'étais gosse. Mon père en rajoutait pour me faire rire. J'ai voulu l'apprendre par cœur, mais il me l'a racontée si souvent que je n'en ai même pas eu besoin. De toute façon, me disait-il, chaque conteur met toujours un peu de lui-même dans ses récits. »

Il tendit sa tasse à Bill. Celui-ci inclina la Thermos pour le resservir, puis lui fourra dans la main deux comprimés d'ibuprofène qu'Ernie avala avec une gorgée de café.

« Tu sais, reprit le vieil homme avec un sourire rusé, si je voulais une histoire, il fallait que j'apporte une friandise à mon père. »

Bill secoua la tête.

« Pas question, pense à ta tension ! Ah, Rosemary me tuerait si elle me voyait, dit-il néanmoins en sortant de sa poche une barre chocolatée.

– Hé, j'en emportais toujours quand je partais chasser avec ton frère ! » s'exclama Ernie.

Il mordit dans le chocolat puis but encore un peu de café, savourant manifestement le mélange des saveurs. Enfin, il esquissa un geste vers la rivière.

« Autrefois, il y avait de l'eau partout, commença-t-il. Sous la forme de grands lacs et d'océans où vivaient tous les animaux. Parmi eux, beaucoup pouvaient néanmoins surnager ou monter à la surface pour respirer et regarder le ciel habité par un esprit. Ils appelaient celui-ci Femme-Ciel.

« Un jour, poursuivit-il, quand un vent humide se mit à souffler, ils comprirent que c'était le soupir de Femme-Ciel et qu'elle avait pleuré. Ce jour-là, elle leur parut fatiguée et malheureuse. Inquiets, ils se rassemblèrent pour réfléchir au moyen de lui rendre le sourire. Ils eurent bien une idée, mais avant d'entreprendre quoi que ce soit, ils demandèrent à Plongeon-Huard d'aller trouver Tortue géante dans les profondeurs. Il dut y retourner plusieurs fois avant de réussir à convaincre Tortue de les aider. Enfin, elle monta à la surface et proposa d'accueillir Femme-Ciel sur son dos. »

Ernie réclama encore du café.

« Quand je vois ce temps gris, dit-il, je sais que j'ai du travail à faire à la maison avant l'hiver… »

Il porta sa tasse à ses lèvres.

« Donc, enchaîna-t-il, toutes les créatures aquatiques proposèrent à Femme-Ciel de descendre vivre avec eux. Elle accepta, quitta sa maison dans les nuages et vint s'établir sur le dos de Tortue, où tout le monde la rejoignit. Une fois installée, elle se tourna vers les animaux autour d'elle en demandant : " Lequel d'entre vous pourrait m'offrir une poignée de terre provenant du fond de l'eau ? "

« Castor fut le premier à plonger. Mais il émergea bientôt en toussant et en disant qu'il n'y parviendrait pas. Alors, Pékan essaya, pour échouer à son tour. Martre et Vison tentèrent ensuite leur chance, avant de déclarer l'eau trop profonde. Sachant qu'il pouvait rester sous la surface plus longtemps, ils pressèrent Plongeon-Huard de prendre la suite. Celui-ci demeura invisible un long moment, et enfin reparut, les pattes vides. Il faisait trop noir là-dessous, affirma-t-il, il ne voyait pas où il allait. Tous les animaux baissèrent la tête, accablés de honte. Ils avaient invité Femme-Ciel mais se révélaient incapables d'accéder à sa requête.

« Soudain, ils entendirent une petite voix : " Moi, je veux bien essayer. "

« C'était Rat-Musqué. Tous les autres éclatèrent de rire.

« " Toi ? s'écria Vison. Peuh ! je suis beaucoup plus fort que toi. Et j'ai plus de graisse sur mes poils pour me permettre de glisser dans l'eau. Sans compter que je sens meilleur !

« – Tu empestes, oui ! " répliqua Rat-Musqué, car tout comme Vison, Pékan et Martre, il avait des glandes de musc. Mais alors qu'il se rengorgeait, fier de son odeur, il se rendit compte que seuls ceux de son espèce la trouvaient plaisante.

« “ Vison a raison, intervint Pékan. Nous sommes beaucoup plus forts que toi et nous n’avons pas réussi. Tu es le plus faible d’entre nous. Tu échoueras aussi. Ne nous fais pas perdre notre temps. ”

« Femme-Ciel et Rat-Musqué se regardèrent.

« “ Je veux bien essayer ”, répéta-t-il, avant de sauter du dos de Tortue. Tous les autres animaux s’esclaffèrent et plaisantèrent en attendant son retour. Mais le temps passa. Peu à peu, les rires commencèrent à sonner creux. Enfin, les animaux s’affolèrent et regrettèrent de s’être moqués de Rat-Musqué, car ils le croyaient noyé. Ils avaient abandonné tout espoir et se préparaient à présenter leurs excuses à Femme-Ciel quand Rat-Musqué reparut à la surface. Seul le frémissement de ses moustaches indiquait qu’il était encore en vie. Dans une de ses pattes, il tenait la poignée de terre demandée par Femme-Ciel.

« Tandis que Vison, Pékan et Martre tapotaient le dos de Rat-Musqué pour l’aider à expulser l’eau de ses poumons, Femme-Ciel prit la terre pour la répandre sur Tortue. Puis elle lui donna vie d’un souffle. Sous les yeux des animaux stupéfaits, la carapace se transforma en île pouvant accueillir de nombreuses créatures, y compris les Hommes. Femme-Ciel s’adressa ensuite à Tortue :

« “ Merci de m’avoir aidée à construire ma maison. J’appellerai cet endroit Mishee Mackinokong, qui signifie le Pays-du-Dos-de-la-Grande-Tortue. En récompense, je te donnerai la possibilité de comprendre et de parler le langage de tous les êtres, petits ou grands. Ils viendront à toi pour te demander d’interpréter leurs pensées et de les envoyer à d’autres. Il te faudra procéder lentement, avec la limpidité de l’eau de source. Ainsi, tout le monde saura que tu as le pouvoir de connaître et de partager les pensées. ”

« Tortue inclina la tête, flattée par cet honneur, puis partit à la nage… »

Avec une grimace, Ernie se redressa pour soulager la douleur dans ses reins.

Un frisson parcourut Bill, qui ramena ses genoux contre sa poitrine.

« Et Rat-Musqué, alors ? Il n'a rien obtenu ? »

Ernie éclata de rire.

« À l'époque, j'ai posé la même question à mon père. Il m'a juste répondu que Femme-Ciel avait adressé un clin d'œil à Rat-Musqué. Conclusion, ajouta-t-il avec un sourire, en brandissant son index sous le nez de Bill, ne sous-estime jamais un rat musqué. Quand tous les autres animaux partent chercher mieux ailleurs, le rat musqué reste et se débrouille pour survivre. »

Il scruta une nouvelle fois le ciel puis reporta son attention sur Bill.

« On ferait mieux d'y aller si on veut pêcher aujourd'hui. »

Alors qu'ils se dirigeaient vers leur coin favori, Ernie demanda :

« À propos, où est passée cette carapace de tortue dont tu te servais comme d'un bouclier quand tu étais petit ? Et cette épée que James t'avait fabriquée ? »

Pris au dépourvu par la question, Bill remonta soudain le cours du temps. Durant quelques secondes, il n'eut plus trente-neuf ans mais huit. Le chagrin l'assaillit avec les souvenirs, lui nouant la gorge. Heureux qu'Ernie ne puisse pas se retourner pour le regarder, il baissa les yeux et serra les dents.

Il avait presque l'impression de sentir à nouveau cette épée dans sa main, la terre chaude sous ses pieds, l'exaltation de tout son être. Le frottement de la corde du bouclier contre son avant-bras. La brûlure du soleil et l'impression de sécurité procurée par l'ombre de la grande carapace...

Un claquement contre la coque du canoë le ramena à la réalité.

« Hé, tu vas perdre ta pagaie, Billy ! »

Celui-ci la rattrapa juste avant qu'elle ne lui échappe. Ernie, qui avait tourné la tête, l'observait du coin de l'œil. Bill allait répondre « Je ne sais pas » quand il se rappela l'épée attachée à la corde et la carapace s'éloignant doucement au fil de l'eau, comme portée par des milliers de mains invisibles. Il s'apprêtait à raconter l'anecdote quand son compagnon reprit la parole :

« Tu sais, lança-t-il par-dessus son épaule, je ne t'ai pas encore dit certaines choses surtout parce que je n'avais pas envie de te bousculer. Mais écoute-moi, d'accord ? La vie continue, c'est comme ça. Tu as parfois l'impression que tu peux l'arrêter, mais ce n'est pas vrai. Pendant quinze ans, après la mort de ton frère, j'ai essayé d'ignorer ce que j'avais devant les yeux. Résultat, j'ai fait du mal à Rosemary, à toi et même à ta mère. Et je m'en suis fait beaucoup aussi. »

Il soupira.

« J'aurais dû parler à ton frère. J'aurais dû aller le trouver pour le raisonner le soir où ton père nous a appris qu'il s'était enrôlé. Mais il m'a fallu vivre avec le regret de tout ce que j'avais négligé. Et aujourd'hui, je ne veux pas répéter cette erreur avec toi. Alors je te le dis : n'aie pas peur, Bill. Tu es quelqu'un de bien. Mon père aurait eu la même opinion. Et il t'aurait conseillé de profiter de la vie. »

Liz et Bill avaient fait pas mal de voyages après leur mariage, dont un long périple en voiture à travers les États-Unis pour leur lune de miel.

Rien ne les avait cependant préparés à la réalité de Bogotá. Comme s'il avait une prémonition, Bill multiplia les crises de hoquet durant tout le vol jusqu'en Colombie. Les spasmes qui lui contractaient la poitrine étaient si violents qu'il garda seulement quelques vagues souvenirs du trajet. Plus tard, dans le taxi qui les emmenait à l'hôtel, il se sentit perdu, complètement hors de son élément. Le chauffeur roulait vite, sans se soucier le moins du monde du code de la route. Conduire dans ce pays signifiait avant tout aller du point A au point B, quitte à heurter quelque chose ou quelqu'un.

S'ils étaient partis avec l'intention de trouver un enfant, ils se trompaient. Ce furent les enfants qui les trouvèrent. Les deux fillettes dégageaient un tel magnétisme que Liz et Bill ne purent résister. Ils avaient été choisis, et non le contraire, leur semblait-il. Les bébés les adoptèrent dès le premier instant. Isabella se mettait à pleurer chaque fois qu'ils s'éloignaient de son berceau, aussi passèrent-ils les deux premiers jours auprès d'elle, à l'apaiser, sans vraiment se rendre compte de la séduction qu'elle opérait ainsi sur eux. Ce fut tout le contraire avec Maria. Elle occupait un berceau un peu plus loin, et ses boucles brunes la rendaient adorable. Elle les regarda d'un air à la fois endormi et satisfait avant d'esquisser un sourire indolent. Jamais elle ne fermait les yeux en leur présence, les observant tranquillement tour à tour. Les deux petites, âgées de six mois, étaient vives et gaies. Bill aida sa femme à remplir les formulaires, mais, incapable de rester longtemps en place, il se levait parfois pour déambuler dans l'orphelinat. Comme sa haute taille semblait impressionner les enfants, il prenait soin de marcher et de parler doucement.

Les orphelins étaient répartis dans l'établissement en fonction de leur âge, et il se surprit souvent à arpenter le couloir de ce qu'il avait baptisé la « péninsule des bébés ». Alors qu'il l'empruntait pour la quatrième fois, il perçut d'un bruit derrière le chœur de reniflements et de pleurs. Comme si un corps changeait de position sur un matelas pour suivre ses mouvements.

Il s'immobilisa soudain et découvrit un garçonnet d'environ dix-huit mois agrippé aux barreaux de son lit. Il ne bougea pas lorsque Bill s'approcha et lui caressa les doigts. Il n'émit pas non plus le moindre son. Bill passa une main dans les boucles noires du petit, sourit puis lui effleura la joue et lui essuya les lèvres avec son mouchoir. À aucun moment l'enfant ne se départit de son expression grave.

Ce soir-là, Bill rêva du petit orphelin sur son lit, ballotté par des flots houleux. Il se tenait toujours aux barreaux, une lueur d'espoir éclairant ses yeux en amande.

« J'aimerais aussi emmener ce petit garçon », dit-il le lendemain en montrant le lit. Elizabeth, qui parlait suffisamment bien l'espagnol pour pouvoir mener une conversation, demanda des renseignements au travailleur social chargé de les accompagner. Cet enfant avait été abandonné devant l'entrée de service six mois plus tôt, à moitié mort de déshydratation et de faim, expliqua-t-il. Il refusait toujours de parler et n'avait appris que très récemment à se tenir debout. Il était malade, ajouta l'homme en se tapotant la tempe, cherchant sans doute à décourager Bill.

Mais celui-ci restait persuadé que le garçonnet n'était ni autiste ni faible d'esprit, comme le sous-entendait le travailleur social. Il n'aurait pu expliquer à sa femme d'où lui venait cette certitude. Tous les jours, quand Bill arrivait, il découvrait l'enfant agrippé aux barreaux de son lit. Et tous les jours, il échouait à amener un sourire sur ses lèvres. Liz et lui passèrent leur dernier mois en Colombie à multiplier les démarches, car l'adoption d'un troisième enfant allait à l'encontre des règles établies. Bill appela à Milwaukee l'agence qui leur avait servi d'intermédiaire et fut mis en relation avec un avocat spécialisé dans ce genre d'affaire. Finalement, après de nombreux coups de téléphone et quelques transactions bancaires, le couple parvint à persuader l'orphelinat de faire une exception et de le laisser emmener les trois bambins.

Il sentit à peine la crampe dans sa jambe sur le vol du retour. Liz garda auprès d'elle les deux fillettes endormies pendant que le petit garçon, debout sur les cuisses de Bill, lui pressait les mains sur le torse. Ils restèrent ainsi une bonne demi-heure, les yeux dans les yeux. Peu à peu, cependant, les paupières de l'enfant se firent lourdes. Ses jambes se dérobèrent, et enfin, il se blottit contre la poitrine de son père adoptif.

« Il est têtu », commenta Liz. Elle changea de position les deux fillettes dans ses bras, puis éclata de rire.

« Bon sang ! Avec toi, je ne sais jamais à quoi m'attendre. Au départ, il était question d'adopter un seul enfant. Maintenant, on en a trois. Une vraie portée ! Quand je pense que tu avais peur de devenir père ! Comment vas-tu faire ? »

Bill haussa les épaules. Il était lui-même dépassé par les événements. Pourtant, jamais il n'avait éprouvé un tel calme.

« On s'en sortira. »

Son fils, incapable de suivre le chien, se calme peu à peu. À force de jouer dans la cour chauffée par le soleil, ses pieds bruns sont couverts de terre.

« Mets tes chaussures, répétait souvent sa mère à Bill. Ou sinon, ajoutait-elle toujours d'un air menaçant, tu attraperas des vers. »

Son fils avait des vers. Bill le changeait à l'aéroport de Tampa quand il avait découvert ce qui ressemblait à des grains de riz sur le derrière de l'enfant et dans ses fèces.

« On s'en occupera au retour, avait déclaré Liz. Je ne veux pas explorer Tampa à la recherche d'un médecin ou d'une clinique. Pour l'instant, je n'ai qu'une envie : rentrer. Et puis, si on se procure des médicaments maintenant, il risque d'être malade pendant le vol. »

L'air dégoûté, elle avait glissé la couche souillée dans un petit sac en plastique qu'elle avait jeté dans la poubelle des toilettes.

Les trois enfants souffraient de malnutrition, et pendant deux jours terribles Bill et Liz s'étaient même demandé si les fillettes n'avaient pas la tuberculose. Trois mois après son arrivée aux États-Unis, leur fils parla pour la première fois. Ou plutôt, il émit un petit gloussement. Il s'était hissé sur le rebord de la fenêtre du salon pour coller son nez à la vitre. Sans bruit, Bill s'approcha de lui par-derrière et jeta un coup d'œil dehors.

Des oiseaux. Des oiseaux picoraient des graines dans la mangeoire installée à leur intention.

Son fils, crasseux et en nage, vient se blottir dans ses bras. Ils demeurent tous les deux assis sur les marches de la véranda en regardant le chien se coucher à l'ombre du grand orme près du poulailler. Comme presque tous les petits garçons, son fils a de longues jambes maigrichonnes sur lesquelles les genoux forment deux grosses boules osseuses.

Bill ne se souvient pas d'avoir jamais approché son propre père comme l'a fait l'enfant – en sachant à quoi s'attendre, certain qu'il n'a rien à craindre. Il frotte sa joue sur les boucles noires de son fils en écoutant sa mère et sa femme bavarder et rire à l'intérieur de la maison. Il songe à la façon dont Liz le touche.

Quand elle le caresse, il ressent du plaisir. Elle se glisse sous lui comme un canoë, le soulève, et au moment de jouir, il a l'impression de s'envoler. De vivre une expérience bénie. Après, il s'enivre de l'odeur de leurs deux corps, à la fois salée et sucrée. Liz prend toujours garde, quand elle le tire du sommeil, de ne pas tout de suite refermer les doigts sur son pénis.

Si ses testicules n'ont pas grossi, les traces de brûlure en revanche se sont estompées avec le temps. Il ne se sent pas délivré pour autant du dégoût de lui-même qui le submerge parfois. De ce sentiment d'être souillé. Dans ces moments-là, il redoute de toucher sa femme ou ses enfants et il se raidit chaque fois qu'ils s'approchent de lui. Il aimerait les fuir, mais, curieusement, ils réclament son attention avec encore plus d'insistance. Ils le serrent plus fort et plus souvent dans leurs bras. Cherchent à lui attraper les mains. Comme s'ils savaient d'instinct qu'ils ont le pouvoir de le sortir de son isolement et de l'empêcher de sombrer à nouveau dans l'alcool. Les petits grimpent sur ses genoux avant d'aller prendre leur bain et se lovent contre lui. Tout crottés, ils lui soufflent au visage leur haleine parfumée au lait et laissent leurs doigts courir sur sa peau, lui transmettant peut-être un mystérieux message.

Bill n'est pas le seul bénéficiaire de ces attentions.

Les enfants ont aussi une façon particulière de toucher leur grand-mère. Claire Lucas n'est plus tout à fait cette femme que Bill a connue dans sa jeunesse. Elizabeth, consciente du lien particulier entre la mère et le fils, a insisté pour qu'elle reste vivre avec eux. Ils ont réaménagé la maison et construit une extension afin d'offrir à Claire des pièces indépendantes, mais les portes en sont rarement fermées. Elle a ainsi la possibilité de voir et d'embrasser ses petits-enfants tous les jours. Même quand elle ne s'absente que quelques heures, ils l'accueillent à son retour comme si elle était le soleil, et eux, de petites lunes en orbite autour d'elle. Ils se battent pour pouvoir s'asseoir sur ses genoux.

« Chacun son tour », les réprimande-t-elle, manifestement ravie d'être ainsi convoitée tel un trésor. Ils lui apportent des livres et, inlassablement, elle leur fait la lecture.

Pourtant, lorsqu'elle les regarde manger, se baigner ou jouer, Bill décèle de temps à autre dans ses yeux le reflet d'une profonde détresse, d'une douleur fugace mais intense qui fige ses traits pendant quelques secondes. Ou une lueur d'envie lorsqu'il prend sa femme dans ses bras pour l'embrasser.

Ce qui n'empêche pas Claire de lui répéter chaque jour à quel point il l'a rendue heureuse. Parfois, ignorant le vacarme ambiant, les conversations incessantes à la table du dîner ou les cris des enfants, Bill échange un sourire avec sa mère. Ou encore, lorsqu'ils vont se promener dans les bois avec Liz et les enfants, il se range tout naturellement à sa hauteur. Il sait que rien n'a changé : un lien unique les unit toujours. Chacun connaît l'histoire de l'autre, ses blessures et ses cicatrices. Des cicatrices susceptibles de se rouvrir à la moindre parole malencontreuse, au moindre geste n'ayant de signification que pour eux. Ils sont conscients, même quand ils s'enlacent, de cet espace entre eux occupé autrefois par quelqu'un d'autre.

Ses deux filles sortent de la maison et, en les apercevant, son fils recouvre aussitôt toute son énergie. Il se libère de l'étreinte paternelle pour courir les rejoindre. Frère et sœurs se poursuivent à une allure si rapide que Bill voit leurs petits visages s'empourprer. Parfois, ils sont tellement absorbés par leurs jeux qu'ils deviennent sourds aux appels de leurs parents. Bill devine sans peine ce qu'ils éprouvent. Ils se sentent invisibles et invincibles. Immortels. Leur imagination n'a pas de limites, et durant un moment, ils se perdent dans le monde qu'ils ont créé et qui les comble.

Par ce temps chaud et humide, Bill n'a pas le courage de faire grand-chose. Peu importe, il trouve du plaisir à demeurer ainsi immobile à observer les alentours. Il contemple la terre dans l'allée, les lis tigrés chargés de longs boutons qui ne tarderont pas à s'épanouir, puis ferme les yeux un moment et se revoit à huit ans jouant dans la cour. C'est tout juste s'il n'entend pas le tourne-disque de son frère dans le fenil. Il rêve beaucoup, parfois durant la journée mais le plus souvent la nuit. Les songes les plus perturbants pour lui sont ceux dont il émerge avec une question en tête, qu'il oublie dès l'instant où il reprend conscience. Il sait qu'on lui a demandé quelque chose, mais il ne se rappelle plus quoi.

Il ouvre les yeux.

Le rire de ses enfants flotte jusqu'à lui. Ils s'élancent vers la grange d'un rouge passé et disparaissent derrière le bâtiment. Bill devine qu'ils vont jouer dans le coin où James et lui s'amusaient autrefois. Où on peut les entendre mais pas les voir. Ils l'ont découvert tout seuls.

Ils font preuve d'une curiosité insatiable, touchant tout ce qu'ils rencontrent lors de leurs expéditions. Herbe, arbres, fleurs, barrières. Ils explorent inlassablement tous les coins et recoins de la ferme, pataugent dans le lac et la rivière… Si Bill est toujours hanté par certaines images douloureuses quand ses yeux se posent sur la grange ou à d'autres endroits de la cour, celles-ci s'atténuent cependant peu à peu. La ferme se transforme grâce aux enfants et à leur magie.

Le temps viendra bientôt où ils poseront des questions auxquelles Liz et lui auront bien du mal à répondre.

Dans l'univers darwinien que Bill connaît par son travail, où seuls les plus forts sont capables de survivre, ces trois bambins constituent une énigme. Il sait que les mères d'Isabella et de Maria ont été retrouvées mortes peu après avoir abandonné les fillettes. Sans doute la mère de son fils a-t-elle péri elle aussi. Un jour ou l'autre, il va devoir leur parler de la cruauté du monde. Du désespoir et de la pauvreté qui anéantissent tout, même l'amour. Mais il leur expliquera aussi que la gentillesse existe. Que la biologie ne détermine pas forcément la destinée et que la chance se présente parfois dans les pires conditions ; pour preuve, ils sont vivants aujourd'hui. Même la nature n'est pas aussi impitoyable qu'elle le paraît. Les arbres morts offrent aux ratons laveurs des abris pour échapper à leurs prédateurs. Les sconses découragent leurs poursuivants en les aspergeant de liquide malodorant. Les bois grouillent de cachettes. Ses enfants s'en sont aperçus en jouant entre eux ou en voulant faire une farce à leurs parents. Il leur est toutefois plus difficile de tromper l'instinct de leur grand-mère. À la grande surprise de Bill, le plus souvent elle sait exactement où les trouver.

Peut-être aura-t-il plus de difficulté à formuler une vérité qu'il a ignorée pendant longtemps : les jeunes s'épanouissent sur n'importe quel sol prêt à les nourrir. Liz avait raison, il a en lui suffisamment de strates pour permettre à ses enfants de prendre racine, et parfois seule sa présence suffit à les rassasier. Il n'imagine plus la vie sans eux. Ils donnent un caractère sacré à tout ce qui les entoure. Ils ont même assuré son salut.

Un éclat de rire résonne soudain près de la grange et les trois bambins reparaissent. Ils se précipitent vers lui en faisant la course comme s'il était un précieux trophée à remporter.

Bill regarde les boucles de son fils se soulever, agitées par un souffle de vent que lui-même ne sent pas sur son visage.

Il lui semble percevoir un aboiement, mais quand il tourne la tête vers Enrique – il ne sait pas où les enfants sont allés chercher ce nom –, celui-ci dort toujours près du poulailler.

Un jour, alors qu'elles pêchaient dans la rivière, de l'eau jusqu'aux chevilles, ses deux filles se sont mises à siffloter. Bill ne leur avait jamais appris. Liz non plus. Ernie n'a rien dit, mais il a incliné la tête de côté. Il l'a entendu aussi, Bill en est sûr. Ce troisième sifflement qui venait se mêler aux notes hésitantes des fillettes.

2000

Je me demande toujours comment certaines personnes survivent aux épreuves de la vie – aux guerres, aux maladies, aux liaisons, aux rumeurs, au chômage, à l'alcoolisme, à leur conjoint, à leurs parents, à leurs enfants voire à l'absence d'enfants. Ou, quand je pense à Angel, comment les animaux font pour ne pas dépérir, réduits comme ils le sont à la merci des humains. Comment ils parviennent encore à manifester ce que nous prenons pour des marques d'amour à notre encontre.

Au fond, j'étais persuadée que Bill resterait célibataire, qu'il serait trop absorbé par ses recherches et sa carrière, et bien sûr trop meurtri pour chercher l'amour. Mais nous l'avions sous-estimé. L'année de sa licence, il nous a causé un choc en arrivant à la maison pour Thanksgiving accompagné d'une jeune femme. Une tornade rousse qui avait néanmoins bien les pieds sur terre. Nous sommes tous tombés sous le charme. Sans compter qu'elle paraissait folle de Bill.

Il y a six ans, nous avons joint nos économies à celles de Claire afin que Bill et Liz puissent se rendre en Colombie et y passer le temps nécessaire à l'adoption d'un enfant.

Quand nous sommes allés les chercher à l'aéroport de

Minneapolis-St Paul, ils nous ont présenté deux fillettes de six mois et un garçon de dix-huit.

« On n'a pas eu le choix, a déclaré Bill en levant les bras pour mieux feindre l'impuissance. Je ne parle pas un mot d'espagnol, je ne le lis pas non plus. On a signé les papiers sans savoir. Comment j'aurais pu deviner que *tres* voulait dire " trois " ?

– Vous leur avez trouvé un prénom ? a demandé Claire une fois remise de sa stupeur.

– Pas encore », a répondu Liz.

Sur le manteau de notre cheminée trône une photo prise le jour de leur baptême. Bill nous avait dit de soigner notre tenue, mais sans préciser où nous allions. Ernie, Claire et moi sommes montés dans notre voiture, Bill et Liz avec les enfants dans le pick-up.

Perchées sur nos talons hauts, Claire et moi avons vaillamment suivi la petite troupe et descendu la pente sableuse jusqu'à la Chippewa, nous tenant par la main pour ne pas nous affaler sur nos popotins fripés, comme deux vieilles toupies ridicules. Ernie, en nage, tirait sans cesse sur la cravate qu'il ne portait plus depuis des années et semblait dérouté par la vue des mocassins tout neufs à ses pieds. Alan Willis, le meilleur ami de Bill depuis l'université, aujourd'hui photographe spécialisé dans les paysages, était là aussi.

Rien n'est plus agréable que le spectacle d'une rivière au printemps, surtout dans une nature encore sauvage. Pendant des années, j'ai essayé en vain de trouver un mot pour qualifier la couleur de cette saison – cette nuance particulière de vert tendre qui tire sur le jaune. Ce jour-là, le soleil jouant parmi les feuillages nous a donné à tous des envies d'éternité.

J'ai tenu l'une des petites filles et Claire l'autre. Puis Liz a placé le petit garçon dans les bras d'Ernie. Pendant que le photographe nous mitraillait, Bill a plongé dans la Chippewa un bol en céramique. Il n'a jamais été doué pour les discours. Alors il a versé un peu d'eau sur la tête des trois enfants en disant simplement :

« L'eau, c'est la vie. »

Sur ce, Liz et lui ont fait monter les larmes aux yeux de leurs aînés : les fillettes ont été prénommées Isabella Rosemary et Maria Claire, le garçonnet James Ernest.

Tous trois ont la peau d'une belle couleur de chocolat au lait, et, en présence de leurs parents, il est évident qu'ils sont adoptifs. Mais quand nous sortons de la ville ou quand nous allons tous manger au restaurant, c'est à Ernie que tout le monde les croit apparentés.

Pourtant, Ernie n'est toujours pas heureux.

Jimmy demeure pour lui un mystère.

Les fins heureuses sont comme les gros lots d'une tombola. On peut acheter des billets dans l'espoir de gagner, mais cela n'arrive pas souvent. N'empêche, certains continuent d'espérer sur leur lit de mort.

Oh ! il existe des fins heureuses, même si ce ne sont pas forcément celles dont on rêvait. Je suis bel et bien devenue mère, puis grand-mère, dans des circonstances que je n'aurais jamais pu prédire ni prévoir, grâce à la générosité de deux femmes. Ernie est le seul grand-père que ces trois galopins connaîtront jamais du côté de Bill, et s'il n'est pas aussi démonstratif que moi, je sais qu'il tient à eux plus qu'à sa vie.

Reste cet enfant perdu.

Ernie, assis sur la véranda, frissonne. Il contemple notre champ. À son âge, une pneumonie pourrait lui être fatale... Il est toujours tourmenté, et il n'y a rien que je puisse dire, semble-t-il, pour soulager sa conscience. Pendant des années, il a lu tout ce qu'il trouvait sur le Vietnam pour essayer de mieux cerner ce conflit et ainsi accéder à une certaine sérénité, mais, au fond, cela n'a fait qu'aggraver les choses.

« J'aimerais le voir juste encore une fois. Pour comprendre », m'a-t-il dit l'autre soir après le dîner. Il s'était enveloppé dans le châle que j'avais tricoté. « Comment expliquer que je n'aie jamais vu Frank LaRue ? Ou Patterson ? Ni McDougal, Scofield ou Krenshaw ? C'étaient mes meilleurs copains. Et ils sont tous morts jeunes, pendant la guerre… »

Sans me laisser le loisir de répondre, il a repris la parole d'une voix cette fois altérée par la colère :

« Quel salaud, ce Westmoreland ! Remarque, les autres ne valaient pas mieux. Johnson, McNamara, Nixon, Kissinger… Même Kennedy au début. Ah ! Westmoreland et Johnson la voulaient, leur foutue bataille de Khe Sanh ! Bon sang, quels crétins ! Les Nord-Vietnamiens ont dû bien rigoler… On a bombardé toute la région, gaspillé des milliers de vies… Mais Westmoreland n'en avait que pour les grandes batailles de la Seconde Guerre mondiale. Après deux cents ans d'histoire, il n'avait toujours pas assimilé les méthodes du combat à l'indienne. Giap, si. Il a massé des troupes dans la région pour créer une diversion. Et ce cher Westy a mordu à l'hameçon, bien sûr ! En laissant Saigon et la moitié sud du pays sans protection. Jimmy et tous ses copains n'étaient que des putains d'appâts ! a-t-il craché. Ils sont morts pour rien. Bordel de merde ! En 1966, ils savaient déjà que c'était une erreur. *Pourquoi n'ont-ils pas tout arrêté ?* »

Cette rage et cette amertume ne lui laissent aucun répit. Étrangement, notre guerre ne lui inspire pas les mêmes sentiments ; il a en quelque sorte lâché prise. Mais le Vietnam, il l'emportera dans la tombe.

« Pourquoi Jimmy s'est-il montré ce jour-là ? Qu'est-ce qu'il attendait de moi ? » m'a-t-il demandé.

J'aime mon mari, mais ce n'est qu'un homme. Il a beau compter parmi les meilleurs d'entre eux, il est parfois terriblement obtus. Sans les femmes, ce monde serait parti à vau-l'eau depuis longtemps. Nous avons toujours dû interpréter les signes à leur place.

Après avoir approché ma chaise de la sienne, j'ai pris son visage entre mes mains déformées par l'arthrite.

« Pourquoi crois-tu qu'il t'est apparu ? Pour te punir ? »

Ses lèvres tremblaient. J'avais conscience de viser juste, de toucher cette blessure qu'il portait en lui depuis des années.

« Tu n'as jamais pensé qu'il voulait te prévenir ? À mon avis, s'il nous a caché qu'il s'était engagé, c'est parce qu'il savait que tu tenterais de le faire changer d'avis. Tout comme il savait que son père accepterait de signer ces papiers pour se débarrasser de lui. »

J'ai caressé les cheveux blancs de mon mari en m'émerveillant de cette beauté qui est encore la sienne à soixante-seize ans. Mais cette souffrance sur ses traits… Mon Dieu, je ne supporte pas de le voir torturé ainsi.

« Je suis sûre qu'il voulait t'épargner, ai-je murmuré. Ensuite, le pire est arrivé. Comme beaucoup de jeunes en difficulté, il avait besoin de se confier. Sauf qu'il n'avait pas de père pour le protéger. N'oublie jamais, ai-je dit quand ses larmes ont mouillé mes mains, qu'il est venu *à toi.* »

Oh, Billy. Billy Babouin.

Ne gâche pas tout! aurais-je voulu hurler quand il a tiré sur le chien. C'était tellement inattendu de sa part que j'avais du mal à le croire. Pourtant, je l'ai bel et bien vu ce jour-là, et je me suis demandé pourquoi je ne m'en étais jamais aperçu avant – cette façon de marcher, de se tenir, comme s'il risquait de se désarticuler à tout moment.

J'aurais donné n'importe quoi pour être à sa place. Pour pouvoir sentir et toucher la sphaigne, les pins blancs et les cèdres du marais. Mâchonner une feuille de gaulthérie et voir au printemps fleurir les anémones des bois. Descendre jusqu'à la Chippewa par une belle journée d'été et aller à la pêche. J'avais le mal du pays, un sentiment que je n'imaginais pas éprouver de nouveau après ma mort. En même temps, regarder mon frère se transformer en une nouvelle version de notre père m'était insupportable. Je me rendais compte de l'impuissance de notre mère. Que pouvait-elle faire ? Pointer une arme sur la tête de Bill en lui ordonnant d'arrêter de boire ?

Je devais agir. Effrayer mon petit frère, comme au bon vieux temps, lui flanquer une telle frousse qu'il ferait volte-face et se dépêcherait de retourner à sa vie. Je devais l'empêcher de renoncer.

Je suis fatigué. Tout ce que j'ai en moi fonctionne au ralenti, me déserte peu à peu. J'ai fait ce que j'avais à faire. Les Yards croient que leurs ancêtres vivent sur les hauts plateaux, sous la forme de bons esprits ou de mauvais, mais tous attachés à leur terre. Je suis comme eux. Les Brus et les autres tribus se battront jusqu'à la mort pour demeurer où ils sont, et ils ont raison. C'est leur pays, leur âme – une âme ravagée par les bombes et les flammes. Mais quelqu'un doit rester pour la voir reverdir.

J'ai perdu mes deux livres, *Huckleberry Finn* et *L'Homme qui a tué le cerf*, à Khe Sanh. À moins qu'on ne me les ait piqués. C'est cependant une phrase de Mark Twain extraite d'un autre ouvrage que j'ai en tête. Sœur Maria nous l'a lue un jour en classe. C'était ma prof préférée au lycée parce qu'elle avait un sens de l'humour bien à elle. Elle nous a cité ce passage en sachant que Twain s'en prenait volontiers à la religion. Je ne l'ai jamais oublié.

Il a dit : « Je crois que nous ne devenons réellement et authentiquement nous-mêmes qu'après notre mort – et encore, quand nous sommes morts depuis des années et des années. Les gens devraient commencer par mourir, ils seraient honnêtes beaucoup plus tôt. »

Ce qui m'était apparu à seize ans comme un tissu d'âneries s'est éclairé d'un jour nouveau après mon décès.

Si je n'ai pas été un bon fils ni un bon frère dans la vie, j'espère avoir été un meilleur fils et un meilleur frère dans la mort. J'ai continué de mener cette existence singulière pour une raison que je ne comprends pas bien, mais l'énergie qui m'anime diminue peu à peu. Tant mieux. Je suis enfin libre de prendre mon essor, de me détacher de mon être comme nous détachions de leur carapace les tortues-alligators pour récupérer leur chair. C'est exactement ce qui se passe. Mes molécules flottent parmi les pins et les cèdres ou sombrent dans la Chippewa. Certaines se déposent sur le corps des êtres que j'ai aimés et quittés.

Ainsi, je ne serai plus jamais séparé d'eux.

Remerciements

Ceci est une œuvre de fiction, par conséquent tous les personnages de ce roman sont fictifs et toute ressemblance avec des personnes réelles, vivantes ou mortes, serait pure coïncidence. La salle de bal de la VFW dans East Wisconsin Avenue à Milwaukee ainsi que la réserve du Héron ont été inventées dans le seul but de servir cette histoire.

Si la bataille de Khe Sanh a réellement eu lieu à la fin du mois de janvier 1968 – au début de l'offensive du Têt – et n'a fait que redoubler de violence alors que les combats se déplaçaient vers Huê, les protagonistes décrits ici sont purement fictifs, de même que certains des événements censés se produire autour de la base de combat. Les soldats sont tous issus de mon imagination, aussi leurs opinions et leurs émotions au sujet de la guerre du Vietnam et les conflits plus spécifiques dans lesquels ils sont impliqués le sont-elles aussi. Il y avait bien des aumôniers militaires au Vietnam, mais celui de ce livre est fictif ; à cet égard, sa situation personnelle et ses actes, qui ne reflètent pas tout à fait la politique militaire officielle, sont ceux d'un prêtre fictif traversant une crise de doute. Ce qui est bien réel, en revanche, c'est que la bataille de Khe Sanh, tout comme notre engagement au Vietnam, a été terrible et que de nombreuses pertes ont été déplorées dans chaque camp. Ce qui est bien réel aussi, c'est que ce conflit hantera toujours les Américains, surtout ceux qui sont allés se battre et les proches des victimes. Nous échouons, en tant que nation, à tirer la leçon de nos erreurs.

Outre ma propre expérience d'adolescente dont le frère aîné est parti combattre au Vietnam et qui a enduré de longues nuits d'inquiétudes à son sujet en compagnie de sa mère et de ses frères et sœurs, je dois beaucoup à de nombreux ouvrages qui m'ont été précieux dans mes recherches. Pour tenter d'étudier cette guerre sous différents aspects, j'ai consulté : *Putain de mort*, de Michael Herr ; *The End of the Line*, de Robert Pisor ; *Fire in the Lake*, de Frances FitzGerald ; *Semper Fidelis : The History of the United States Marine Corps*, d'Allan R. Millett ; *La Guerre du Pacifique*, de John Costello ; *Operation Buffalo : USMC Fight for the DMZ*, de Keith William Nolan ; *Combat Chaplain : A Thirty-Year Vietnam Battle*, de James D. Johnson ; *Chaplains with Marines in Vietnam, 1962-1971*, par le commandant Herbert L. Bergsma, CHC, U. S. Navy ; *Valley of Decision : The Siege of Khe Sanh*, de John Prados et Ray W. Stubbe ; *Free in the Forest : Ethnohistory of the Vietnamese Central Highlands, 1954-1976*, de Gerald Cannon Hickey ; *The Montagnards of South Vietnam : A Study of Nine Tribes*, de Robert L. Mole ; *Reading Athena's Dance Card : Men Against Fire in Vietnam*, de Russell W. Glenn ; *The Battle of Leyte Gulf 23-26 October 1944*, de Thomas J. Cutler ; *Turbulent Times and Enduring Peoples*, édité par Jean Michaud ; *Vietnam : A History*, de Stanley Karnow ; *Our Vietnam*, de A. J. Langguth ; *The Encyclopedia of Vietnam War : A Political, Social and Military History*, édité par Spencer C. Tucker ; *They Called Them Angels : American Military Nurses of World War II*, de Kathi Jackson ; *A Chorus o*

Stones, de Susan Griffin ; *No Time for Fear : Voices of American Military Nurses in World War II*, de Diane Burke Fessler ; *Ojibway Heritage*, de Basil Johnson ; et *Farming and Cutover ; A Social History of Northern Wisconsin, 1900-1940*, de Robert Gough. Je suis également reconnaissance au Vietnam Project de m'avoir fourni la terminologie nécessaire.

Un merci tout spécial au rédacteur en chef et aux employés du magazine *Leatherneck* (la revue officielle du Corps des marines) pour leurs réponses pleines de tact et de sensibilité à mes questions douloureuses sur les procédures permettant d'identifier les marines tués et d'informer leurs familles ; et au professeur Edward Griffin qui a relu le manuscrit et m'a donné un point de vue fondé sur son expérience de l'armée.

Certaines parties du roman sont parues sous une forme légèrement différente dans *The Bellingham Review* et *Glimmer Train*. J'ai reçu un soutien et des encouragements formidables de la part des propriétaires et rédactrices en chef de *Glimmer Train*, Linda B. Swanson-Davies et Susan Burmeister-Brown, dont la revue fait connaître des histoires qui n'auraient peut-être jamais été publiées sans elle.

Toute ma reconnaissance à Marly Rusoff, mon agent, pour son enthousiasme et sa foi en ce livre, et à Kathryn Court et à Ali Bothwell, chez Viking Penguin, pour leur assistance éditoriale, leur soutien et leur enthousiasme. Bien des remerciements aussi à Steven Barclay et à Kathryn Barcos, pour leurs recommandations et leur extrême gentillesse ; et à William Merwin pour ses généreux conseils.

J'aimerais remercier les personnes suivantes pour leur confiance, leur amour et leur soutien indéfectible : Peg Johnson, Heather McIver, Dawn York, W. Kent Krueger, Trudy Lapic, Scott et Lisa King, Craig et Sal Johnson, Deb Swackhamer,

Jan Philibert, Gwen Ellis, Paul Ellis et Viola Kien, Barbara Stoltz, Tracy Ellis et sa famille, Edith Mucke, Betty Johnson, Alan et Jeannie Steffen, Theresa Durand, Patricia Galiger Schoenborn ; mes « autres » parents, Darlene et Miles Galiger ; Brian et Jody Hayman, William et Margaret Hunt, Doris et David Preus, Dan Guenther et Margaret Pennings, Patti Brierbauer et Donna Cotter. J'ai bénéficié durant mes premières années d'université de la formation et de l'enseignement précieux des professeurs Charles Sugnet et Michael Dennis Browne, et, plus récemment, de l'aide extraordinaire des professeurs Shirley Nelson Garner, Toni McNaron et Madelon Sprengnether. Également un grand merci à Kent Bales, directeur du département d'anglais à l'université du Minnesota, ainsi qu'à toute l'équipe, de même qu'à Margaret Yzaguirre, du College of Liberal Arts. Je suis également reconnaissante à ma mère, Relindes Catherine Alexander Berg, et à toutes les femmes ayant contribué à mon éducation qui étaient (ou sont encore) elles-mêmes des guerrières.

Malheureusement, Tom Lapic, collaborateur du sénateur Paul Wellstone et époux de Trudy Lapic, est mort dans l'accident d'avion du 25 octobre 2002 et n'a donc pas pu voir sortir ce livre auquel il avait tellement cru. Il connaissait néanmoins les problèmes philosophiques et moraux liés aux questions abordées dans ce roman et il a œuvré toute sa vie pour réparer les torts commis.

Ce roman a bénéficié en 1997 d'une bourse accordée par l'État du Minnesota

Achevé d'imprimer sur les presses de

BUSSIÈRE

GROUPE CPI

à Saint-Amand-Montrond (Cher)
en juillet 2008

Mise en pages : Bussière

N° d'impression : 082207/1.
Dépôt légal : juin 2007.

Imprimé en France